유능한 교사의 성경교수법

Church Next ❺

유능한 교사의 성경교수법

초판 발행 | 2008년 6월 23일
초판 8쇄 | 2020년 9월 2일
저자 | 강용원
펴낸이 | 박신웅
펴낸곳 | 도서출판 생명의양식
등록 | 1998년 11월 3일, 서울시 제22-1443호
주소 | 137-803 서울특별시 서초구 고무래로 10-5 (반포동)
전화 | (02) 533-2182
팩스 | (02) 533-2185

총판 | 생명의말씀사
전화 | (02) 3159-7979
팩스 | (080) 022-8585

교열 | 이기룡
북디자인 | 이성희

ISBN 978-89-88618-30-1 03230

www.qtland.com

Church Next ⑤

유능한 교사의 성경교수법

강 용 원 지음

생명의 양식

발간사 'Church Next' 시리즈를 펴내면서

한국교회가 위기에 처해 있다는 경종이 계속되고 있습니다. 우리 사회에서 교회의 신인도가 크게 추락하고 있고, 무엇보다도 젊은이들이 교회를 떠나고 있으며 어린이들과 청소년들의 수가 급격하게 줄어들고 있습니다. 다음 세대의 한국교회를 생각할 때 큰 위기가 아닐 수 없습니다.

한국교회가 이러한 위기상황임에도 불구하고 우리는 여전히 한국교회를 사랑하며 교회교육을 사랑합니다. 칠흑 같이 어두운 밤에 작은 등불이 더욱 빛나는 것을 아는 우리들은 이제 다시 한국교회의 미래를 위한 희망의 씨앗을 뿌립니다. 하나님의 교회는 본질적으로 교육하는 교회여야 하고, 교육과 훈련을 통해 다음 세대를 계속하여 양성할 수 있음을 알기 때문입니다. 교회의 교육 발전을 위해서는 잘 훈련되고 구비된 교사들이 필요하고, 그들이 교육을 새롭게 할 수 있습니다.

이제 우리는 한국교회 교육의 새로운 부흥을 기대하며, 교회의 미래를 준비하는 교회학교 교사 교육과정으로 'Church Next' 시리즈를 간행합니다. 한국교회에서 학문적이고도 실천적인 기독교교육으로 잘 무장된 복음주의권 기독교교육학자들과 교육전문가들을 중심으로 성경과 신학, 기독교교육학 이론과 실천의 에센스를 뽑아 모두 8권의 시리즈로 기획, 출판합니다. 지난 23년 동안 14,000명의 훈련된 교사와 평신도 리더들을 양성하고 배출한 경험을 토대로 한국교회의 교사 양성을 위한 새로운 교육과정으로 제시합니다. 이 시리즈의 저자들은 신학과 기독교교육의 이론에서 정통하면서도 교육실천의 현장에서 오랜 경험과 축적된 경험이 교사로 입문하는 이들에게 의미있는 도움을 줄 것입니다. 이 시리즈의 여덟 권의 교재로 1년 두 학기 동안 교사들을 훈련할 수 있으며, 교사들이 개인적으로 전문교사로 성장하는 일에도 많은 도움이 될 것입니다. 이 시리즈가 한국교회 교회교육을 새롭게 하고, 교회의 다음 세대를 양성하는 일에 크게 쓰여질 것을 믿습니다.

2008년 3월

기획 · 책임편집자 _ 나삼진

머리말

총회교사대학의 교재개편 작업의 일환으로《유능한 교사의 성경교수 방법론》을 필자가 맡아서 새롭게 발간할 수 있게 된 것을 기쁨으로 생각한다. 이 책은 그 동안 강의에 활용하였던 자료들을 중심으로 약간의 보완을 거쳐서 만들어진 것이다. 필자는 일선 교회학교에서 수고하는 교사들을 마음에 두고, 가능하면 이해하기 쉬운 서술이 되도록 노력하였다. 그러나 기독교교육을 공부하는 학도들을 위한 방법론의 입문서로서도 활용가능 하도록, 너무 가볍지 않게 논의를 진행하였다.

본서는 총 4부로 구성되었다. 서론 격으로 '성경교수의 목적과 중요성' 을 다룬 후, 성경의 이해를 위해서 '성경은 어떤 책인가' 와 성경해석의 기본 원리를 취급하였다. 또한 성경교수를 담당하는 교사의 기본적 자질과 성경교수의 기본원리, 성경교수-학습 과정을 다루었다. 이어서 모든 성경연구의 기본이 되는 '귀납적 성경연구방법 및 지도' 를 다룬 후, 창의적인 교수방법을 3장으로 나누어 '기본 교수방법', '그룹을 통한 교수방법', '창조적 활동을 통한 교수방법' 으로 서술하였다. 덧붙여 최근의 상황에 부응하기 위하여 '교수매체의 활용' 과 '사이버 시대의 성경교수' 를 취급하였다.

오늘날의 교회학교는 어려운 상황에 봉착하고 있다. 교육을 교회의 본질적인 요소로 생각하기보다 다만 부차적인 것으로 취급하려는 생각, 성경적 가치관을 따르기보다는 세속적 가치관에 끌려가는 부모들, 하나님 순종을 거부하는 세상 문화에 쉽게 동화되어 자라나는 세대들, 어느 하나 기독교교육을 가능케 하는 일들을 찾아보기 힘든 것 같다. 그러나 이러한 현실에서 절망할 것이 아니라, 오늘의 상황을 오히려 가능성으로 바라보면서, 하나님 사랑, 인간 사랑, 가르침 사랑의 열정으로 무장된 교사를 확보할 수 있다면, 아직 절망하기에는 이르다는 생각을 하게 된다.

"한 학생의 생애를 파멸시키기에는 한 명의 교사로서 족하다" 는 말이 표현하듯이, 교사가 미치는 영향력이란 생각 이상으로 강력하다. 참으로 오늘의 교회교육을 새롭게 할 수 있는 길이 있다면, 준비된 교사를 확보하는 일이라고 확신한다. 바라기는 이 책이 영성과 전문성을 갖춘 교사를 양성하는 일에 작은 보탬이 된다면 이보다 더한 기쁨은 없을 것이다.

끝으로 이 책의 출판을 가능케 해주신 총회교육원장 나삼진 목사님께 감사를 드리고, 실무를 담당한 이기룡 목사님께도 감사를 드린다. 특히 이 책의 발간을 위한 구상의 단계에서부터 원고를 정리하는 모든 단계에 나와 함께해 준 홍성수 목사님께 마음으로부터 고마움을 표하고자 한다.

2008년 1월을 보내면서

멀리 오륙도가 보이는 고신대학교에서

저자 _ 강용원

차례

Contents

| 제1부 |

성경교수의 기초

1장

성경교수의 목적과 중요성

현대에는 수많은 교수방법들이 개발되고, 이를 보조하는 매체들이 개발되고 있다. 그러나 그러한 도구들이 성경교수 자체를 대체하는 것은 아니다. 모든 시대에 있어서 성경교수의 필요성과 중요성은 사라지지 않는다. 그것은 성경 자체가 가지는 독특한 특징에 기초한다. 성경은 하나님의 말씀으로 모든 시대에 그대로 적용되는 삶의 절대 기준이다. 이런 절대성은 급격한 시대의 변화와 발달에 따라 영향을 받는 성질의 것도 아니다. 반대로 모든 시대가 그 다양성과 변화에도 불구하고 이 절대 기준인 성경의 판단을 받아야 하는 것이다.

시대가 변한다고 성경교수의 필요성과 그 가치가 줄어드는 것은 아니다. 오히려 다원화되고 상대화되는 이 시대에 절대적인 성경의 가치는 더욱 더 증대하고 있다. 전통적인 가치관이 무너지고 참된 인간성을 잃어버린 시대에 하나님의 말씀인 성경은 변함없이 세상을 향한 참된 진리이며, 여기에 참된 소망이 있다. 따라서 성경을 교수하는 일을 맡은 교사들은 성경을 성실하게 연구하며 준비하여 학생들을 진리로 인도하며 바로 세우는 일에 더욱 주력해야 할 것이다.

교회는 성경을 가르치고 배우는 곳이며, 그리스도인들은 배운 대로 순종할 의무를 가진다. 이처럼 성경을 배우고 이에 순종하는 것은 그리스도인에게 요구되는 가장 핵심적인 일이다. 이제 성경공교수의 의미, 유익, 목적을 검토하면서 성경교수의 중요성에 대해 살펴보기로 한다.

1. 성경교수의 의미

교수는 일반적으로 어떤 것을 알고 있는 사람이 모르는 사람에게 일단의 지식을 전달하여 주는 행위로 본다. 이런 점에서 볼 때 학습은 제공되는 것이다. 그런데 학습은 단순히 제공되는 것으로만 이루어지지는 않는다. 배우는 자들도 가르치는 자와 같이 역동적인 참여를 해야 한다. 학생들은 노력하고, 생각하고, 이해하면서 배우는 것이다. 콜만(Lucien E. Coleman, Jr.)은 성경교수에 대하여 돕는 것, 안내하는 것, 성경을 해석하는 것이라는 세 가지 활동으로 설명한다.[1)]

첫째로 성경교수는 학생이 잘 배우도록 돕는 것이다. 이것은 지식을 전달한다거나 학습을 제공한다거나 혹은 정보를 나누어주는 것과는 다르다. 가르친다는 것은 스스로 어떤 것을 잘 하도록 옆에서 돕는 일이며, 이를 위해서는 인내하면서 생각을 자극하고 방향지어 주는 일이 필요하다.

---

1) Lucien E. Coleman, Jr., 《유능한 성경교사가 되는 길》(*How to Teach the Bible*), 이상대 역 (서울: 요단출판사, 1982), pp. 19-31.

다른 사람이 배우도록 돕는 것을 가르침이라고 본다면 가르치는 자는 말하는 것에만 관심을 가져서는 안되며 배우는 자가 잘 이해하고, 배운 것을 행하는 것에도 강조점을 두어야 한다. 소크라테스는 비록 그가 상당한 지식을 소유하였으나 그의 지식을 단순하게 학생들에게 알려주는 것만으로 그치려하지 않았다. 그는 학생들이 그들 자신의 힘으로 지식을 탐구해야 한다고 주장했다. 그래서 학생들이 궁극적으로 바른 결론에 이르도록 질문을 던지므로 진리의 탐구가 가능하도록 도와주었다. 이러한 교수법은 산파술(maieutic method)이라 불린다. 여기서 maieutic이라는 단어는 '산파로서 봉사한다'는 헬라어 동사에서 유래된 용어이다. 산파가 어머니로 하여금 아이를 낳도록 돕는 것과 마찬가지로 교사인 소크라테스의 의도는 그의 학생들의 마음으로부터 사상을 산출하는 것이었다. 산파는 어머니를 돕는 위치에 있다. 산파가 아무리 뛰어나다고 해도 아이를 낳는 것은 어머니이다. 이것을 교수활동에 적용할 때 교사는 언제나 학생이 잘 배울 수 있도록 도와주는 위치에 있어야 한다.

둘째로 성경교수는 안내하는 것이다. 성경교수는 성경의 세계로 여행하려는 여행자들을 안내하는 일과 같다. 어떤 사람이 한 번도 방문해 보지 않았던 곳으로 여행을 가려고 한다. 그런데 그 여행자에게는 안내자도 없고, 안내역할을 대신할만한 지도도 없다. 그러면 그 여행자는 낯선 지역에 적응하는 데에 수많은 시간을 소요해야 할 것이다. 물론 그런 많은 시간을 통해 여행자는 그 지역의 구조와 특징에 대해 조금은 터득할 수 있다. 그러나 그는 그런 배움에 이르기까지 수많은 혼란을 겪어야 할 것이다. 그런데 그 지역을 잘 아는 사람이 길안내를 맡아준다면 그와 같은 혼란을 피할 수 있다. 마찬가지로 성경에 대해 전혀 알지 못하는 사람이 무작정 성경책만 가지고 공부를 한다면 성경에 대해 무엇인가 알아내는 데에 수많은 시간이 걸린다. 그리고 그가 알아낸 지식이 과연 바른 것인지를 깨닫는 데에도 많은 시간이 걸린다. 그러므로 성경을 공부하는 데에는 좋은 안내자가 필요하다.

이와 같이 성경교수의 최선의 방법은 교사가 좋은 안내자로서의 역할을 감당하는 것이다. 여기서 안내자는 돕는 자와 같이 스스로가 주도하지 않아야 한다는 점을 기억해야 한다. 안내자는 여행자를 대신하여 모든 일을 하지는 않는다. 안내자가 여행자를 어느 한 장소에 머무르게 하고 그가 여행자 대신 마을 곳곳을 대신 여행한 후에 여행 기록을 전달해 준다면 그것은 아무 의미가 없는 여행이 될 것이다. 안내자가 옆에 있더라도 실제 여행은 여행자가 해야 한다. 그러므로 성경교수는 교사가 학생대신 성경을 공부하는 것이 아니다. 교사는 학생이 성경의 세계를 잘 여행하도록 때로는 나아가게 하고, 때로는 돌아서게 하면서 정로를 잃지 않게 도와주는 것이다.

셋째로 성경교수는 성경을 해석하는 것이다. 성경을 해석한다는 것은 성경교수의 필수 구성 요소이다. 교사는 오래전 처음 전하여진 과거의 말씀의 의미를 현대인들이 바르게 이해하도록 돕는다. 성경말씀이 바르게 해석되고 그 의미하는 바가 정확히 이해될 때 성경말씀은 더욱더 명확하게 실천될 수 있는 것이다. 사람들로 하여금 하나님의 말씀의 권위아래서 그 말씀을 실천하면서 살도록 하는 것이 성경교수의 본래의 목적이기 때문이다.

이와 같이 성경교수는 교사가 조력자, 안내자, 해석자가 되어 학생들을 진리의 길로 인도하며, 그 진리에 순종하여 살게 하는 모든 활동이다. 수영을 가르칠 때에 교사는 말로만 설명하지 않는다. 말로 설명하면서 시범을 보인다. 또한 시범을 보이는 것으로 그치지 않고 학생이 실제 수영할 수 있도록 이끈다. 그리고 능숙하게 수영을 할 때까지 인내하면서 잘못된 동작들을 순간순간 교정해 주는 것이다. 성경교수에서도 교사는 학생대신 공부하는 것이 아니라 학생이 성경을 배우고 또 그 말씀에 순종하도록 조력하며 안내하며 해석하여 바른 삶을 살도록 도와야 한다.

2. 성경공부의 유익

헨드릭스와 헨드릭스(Howard Hendricks & William Hendricks)의 공저《삶을 변화시키는 성경연구》는 성경공부를 해야 할 이유를 다음 세 가지로 설명한다.[2]

첫째로 성경공부는 영적 성장에 필수적이다. 베드로전서 2:2에는 "갓난아이들같이 순전하고 신령한 젖을 사모하라. 이는 이로 말미암아 너희로 구원에 이르도록 자라게 하려 함이라."고 말씀하고 있다. 순전하고 신령한 젖은 성경을 말한다. 성경은 신령한 양식이며, 성경을 공부한다는 것은 그 양식을 먹는 것이다. 그러므로 갓난아이들이 배고플 때마다 젖을 먹기를 원하고 이 젖을 먹으므로 성장하는 것처럼 그리스도인은 말씀을 먹음으로 성장한다.

둘째로 성경공부는 영적 성숙에 필수적이다. 성장과 성숙은 모두 자란다는 의미를 갖고 있다. 그러나 성장은 키가 크고, 몸이 무거워지는 것과 같이 자연적으로 자란다는 말인 반면 성숙은 지적으로 혹은 영적으로 깊어진다는 의미를 담고 있는데 이것은 곧 내적인 힘을 의미한다. 그런데 여기서 영적 성숙이란 말은 보다 구체적으로 말하면 영적 분별의 능력을 말한다. 히브리서 기자는 이런 영적 분별력에 대해 가르친다. 히브리서의 독자들은 신앙생활을 한 지 오래 되었으나 아직도 하나님의 말씀의 초보에 머물러 있음을 지적하는 것이다(히 5:11-14). 영적 성숙은 젖을 먹던 어린 아이의 시기를 벗어나서 단단한 식물을 소화할 수 있는 성숙한 상태에 있는 것을 가리킨다. 성숙한 자는 하나님의 말씀을 기초로 영적 지각을 훈련받음으로 선악을 분별한다. 성경공부는 이처럼 그리스도인이 초보의 수준을 지나서

---

2) Howard G. Hendricks & William D. Hendricks,《삶을 변화시키는 성경연구》(*Living by the Book*), 정현 역 (서울: 파이디온 출판사, 1993), pp. 31-37.

성숙한 신앙을 이루게 한다.

셋째로 성경공부는 영적 생활에 필수적이다. 성경은 하나님의 감동으로 된 것으로 교훈과 책망과 바르게 함과 의로 교육하기에 유익하다(딤후 3:16-17). 그러므로 성경공부를 통해 하나님의 사람으로 온전하게 되며 선한 일을 행하기 위한 충분한 준비를 하게 된다. 이처럼 성경공부는 영적 생활에 필수적인 것이다.

엘머 타운즈(Elmer Towns)는 성경공부를 통해 얻을 수 있는 유익을 열 가지로 정리한다.[3] 성경공부는 신앙생활에 힘을 주고, 구원의 확신을 주며, 하나님과 우리의 관계를 견고히 한다. 또 성경공부는 기도 응답을 받게 하고, 죄를 극복할 수 있는 힘을 제공하며, 내적 기쁨을 준다. 성경공부는 평화를 가져다주고, 올바른 삶의 결단을 내리게 하며 다른 사람들에게 복음을 전할 수 있게 한다. 궁극적으로 성경공부는 성공적인 기독교인의 삶을 살게 해준다. 이러한 열 가지 유익들은 그리스도인이 왜 성경을 공부해야 하는지에 대한 필요성을 구체적으로 열거하고 있다. 또한 이런 유익들은 곧 성경공부의 목적이기도 하다. 이런 열 가지는 영적인 성장과 영적인 성숙 그리고 영적인 생활과 관련된다. 신앙생활에 힘이 되고, 구원의 확신을 얻으며, 하나님과의 관계를 견고히 하는 것, 또한 기도 응답을 받는 것, 죄를 극복하는 힘을 얻는 것, 내적 기쁨을 누리는 것, 바른 결단을 내리는 것, 복음을 전하는 것 등은 모두 영적 생활과 관련되면서 동시에 영적인 성장과 성숙을 이루는 가운데 얻는 요소들이기도 하다. 이러한 요소들은 성경이 가르치는 바대로 합당한 그리스도인의 삶을 살게 하는 것으로 집약된다.

---

3) Elmer Towns, 《하이 임팩트 성경공부》(*How to Create and Present High-Impact Bible Studies*), 조계광 역 (서울: 생명의 말씀사, 2002), pp. 14-18.

3. 성경교수의 목적

성경공부는 그리스도인에게 필수적인 일이며, 풍성한 유익을 가져다준다. 그러므로 성경을 교수하는 일은 대단히 가치 있는 일이며, 교회교육에 있어서 가장 핵심적인 일이다. 크리스웰(W. A. Criswell)은 성경을 가르치는 이유에 대해 하나님의 말씀이 살았고 운동력이 있다는 말씀을 들어 설명한다(히 4:12-13). 하나님의 생명은 그 말씀 안에 있다. 이 말씀은 우리의 참된 모습을 비추는 거울이다. 또 이 말씀은 주님의 생명과 활력을 담고 있는 씨앗이다. 하나님 말씀은 심령을 꿰뚫는 검으로, 우리를 죽음에서 구원하실 수 있는 주님 앞에서 우리의 죄를 낱낱이 드러내신다. 하나님 말씀은 인간의 몸을 입으신 예수 그리스도 안에 있는 생명을 우리에게 전달하는 살아있는 말씀이다. 그러므로 영생은 하나님 말씀을 믿는 것에서부터 시작한다.[4]

성경을 믿는 것은 성경을 배울 때에 일어난다. 또한 성경을 믿는 이는 꾸준히 이 성경을 배움으로 그 믿은 바를 확인하고 강화해 나가야 한다. 여기서 성경을 배우는 과정은 곧 성경교수가 일어나는 현장이다. 성경은 생명을 담고 있고, 또 그 생명으로 죽은 영혼을 살리려는 목적을 가지고 있다. 이 고귀한 목적이 성경공부를 통해 성취될 것이 기대된다. 또한 성경을 배우는 자는 성경을 공부할 때 그 성경이 담고 있는 신성한 사건 앞에 자신을 드러낼 때 이 목적의 성취가 가능하게 된다. 즉 성경공부를 하는 목적은 학습자를 하나님과 인간 사이의 대화로부터 귀결되는 신성한 사건들에 노출시키게 하기 위함이다.[5]

---

4) W. A. Criswell, *Why I Preach That the Bible is Literally True* (Nashville: Broadman & Holman, 1955), p. 24.

5) Wayne R. Rood, *The Art of Teaching Christianity: Enabling the Loving Revolution* (Nashville: The Parthenon Press, 1980), p. 166.

성경은 하나님과 인간 사이의 교제를 보여준다. 성경에 등장하는 많은 이야기들은 저마다 하나님과 인간의 관계에 대한 교훈을 가르친다. 학습자는 성령의 조명 아래 주의 깊게 성경을 묵상함으로 하나님과 인간관계에 대해 배우며 자신의 삶에 적용하게 된다.

이처럼 성경을 가르치는 것은 하나님에 대한 인간의 합당한 반응을 이루게 하는 목적을 가진다. 골로새서 1:28에는 "우리가 그를 전파하여 각 사람을 권하고 모든 지혜로 각 사람을 가르침은 각 사람을 그리스도 안에서 완전한 자로 세우려 함이니"라고 말씀하고 있다. 이 말씀은 성경교수의 목적에 대해 중요한 가르침을 제공하고 있다. 교육의 목적은 그리스도 안에서 각 사람을 완전한 자로 세우는 것이다. 이를 위해 각 사람을 권하고 모든 지혜를 동원하여 가르친다. 이때 가르침의 내용은 예수 그리스도를 전파하는 것인데, 이는 곧 성경을 가르침을 말한다. 예수 그리스도는 성경의 중심이기 때문이다. 목적이 잘못되었거나, 목적을 상실한 가르침은 아무런 의미가 없다. 분명한 목적, 또 합당한 목적에 따라 가르칠 때 그 가르침이 의미가 있고 거기에 바람직한 열매를 얻기를 기대할 수 있다.

성경을 교수한다는 것은 그리스도인의 본연의 목적을 이루는 것과 일치한다. 그것은 그리스도인이라는 말이 내포하는 의미와 같이 그리스도 안에서 완전한 자로 나아가는 것이다. 이 점에서 모든 성경교수는 하나같이 이 목적을 지향한다. 이 점에서 성경교수는 단순히 지식을 하나 더 늘이는 것으로 끝나지 않는다. 성경교수는 각 사람의 변화를 이루기를 지향한다. 그래서 각 사람을 일일이 권면해야 하고, 모든 지혜를 동원해야 하며, 마침내 그리스도 안에서 완전한 자로 세우기까지 가르쳐야 하는 것이다. 바울은 이러한 가르침을 위해 성령님께 순종하여 힘을 다하여 수고한다고 고백한다(골 1:29). 그러므로 성경을 가르치는 교사는 한 사람 한 사람을 살피고 권하여 그리스도 안에서 완전한 자로 세우고자 하는 성경교수의 목적을 이루기에 힘써야 한다.

4. 성경교수에 있어서 연구의 중요성

성경교수는 성경을 가르치는 일인데, 성경을 가르치기 위해서는 먼저 성경연구가 필연적으로 선행되어야 한다. 그리스도인이라면 대강 두 부류로 나눌 수 있는데, 하나는 신앙을 이제 막 시작한 초보자로 성경을 배우는 학생의 위치에 있고, 다른 하나는 신앙의 연륜이 있는 자들로 성경을 가르치는 교사의 위치에 있다. 그러나 학생이거나 교사이거나 이들 모두가 공통적으로 해야 할 일이 하나 있는데, 그것은 부단히 성경을 연구하는 것이다. 특별히 교사는 성경공부의 필요성을 현실적으로 절실하게 인식하는 사람이다. 매주 교회학교에서 성경공부를 인도해야할 책임이 있으므로 그에게 성경연구는 현실적인 과제이다. 성경에도 "네가 진리의 말씀을 옳게 분변하며 부끄러울 것이 없는 일군으로 인정된 자로 자신을 하나님 앞에 드리기를 힘쓰라"(딤후 2:15)고 말씀하고 있다. 그러므로 교사는 언제나 성경 말씀을 연구하여 가르치는 일에 주력해야 한다.

콜슨(Howard P. Colson)은 교사가 성경을 연구하는 일의 중요성을 다섯 가지로 설명한다. 교사의 성경연구는 교사 자신에게 중요하며, 교사의 하는 모든 일에 중요하며, 교사의 가르침을 받는 학생에게 중요하며, 교회를 위해 중요하며, 예수 그리스도와 그의 나라를 위해 중요하다.[6]

첫째, 성경연구는 교사 자신에게 중요하다. 하나님께 헌신한 그리스도인이라면 자기의 영적 성숙에 관심을 가지는 일은 당연한 일이다. 그리스도인의 영적 상태와 능력의 성장은 신실한 성경연구와 실제적인 순종에 의해 자신을 준비시켜 나갈 때 이루어진다. 오랜 시간이 흘러도 변화와 능력이 없는 그리스도인은 성경을 떠났기 때문이다. 그러므로 기도하는 마음으로

---

6) Howard P. Colson, 《성경교수준비법》(*Preparing to Teach the Bible*), 정학봉 역 (서울: 요단출판사, 1978), pp. 13-27.

신실하게 성령의 인도하심을 따라 성경을 읽고 연구하는 것은 영적 성숙을 가능케 하는 요인이다. 성경연구는 먼저 성경읽기 시간을 따로 가지는 것부터 시작해야 한다. 물론 성경읽기가 성경연구와 동일시되는 것은 아니다. 그러나 성경연구를 제대로 하려면 날마다 성경을 읽는 일이 기초가 되어야 한다. 또한 규칙적인 성경읽기와 함께 성경을 연구하기 위한 정규적인 시간을 따로 가지는 것이 중요하다. 교회학교 교사는 매주 성경공부를 인도하므로 적어도 일주일에 한 번 정도는 따로 시간을 떼어서 성경 연구하는 일에 투자해야 한다. 매일 성경을 읽고 또 일정한 시간을 내어 성경을 연구할 때에는 언제나 기도가 뒷받침되어야 한다. 기도와 성경연구는 결코 분리될 수 없다. 단순하게 생각해 보면 기도는 인간이 하나님께 말하는 것이고, 성경은 하나님께서 인간에게 말씀하시기 때문에 기도보다는 성경이 우선된다고 볼 수 있다. 그러나 그리스도인은 성경을 떠나서는 올바른 기도를 할 수 없다. 또한 기도를 하지 않고 성경을 이해할 수 없다. 그러므로 그리스도인은 언제나 성경읽기와 성경연구를 기도하는 가운데 부단하게 훈련해야 한다.

둘째, 성경연구는 교사가 하는 모든 일에 중요하다. 일반적으로 교사의 경험이 많은 사람이 학생들을 잘 가르칠 수 있다. 학교 교사의 경험이 많고 그래서 학생들을 잘 가르치는 사람이 교회학교 교사를 한다면 다른 사람들보다 훨씬 유능하게 자신이 맡은 반을 지도할 수 있다. 그런데 이 교사가 성경연구를 하지 않고 성경적 통찰이 부족하다면 합당한 교사라고 할 수는 없다. 교사로서 가르침의 기술이 있다고 해도 정작 가르침의 핵심 내용인 성경을 제대로 모른다면 그는 교사의 직분을 결코 감당할 수 없다. 물론 교사의 개인적 실력과 가르치는 기술도 중요하다. 그러나 교사의 자격 요건에는 이런 것들보다 교사의 성경연구가 중대한 준비 요소로 자리해야 한다. 교사가 한 주 동안에 성경연구에 투자하는 시간이 다른 어떤 일들을 통해 준비하는 것보다 더욱 결정적으로 성경교수에 있어서 영적 가치를 더 크게 결정할 수 있다.

에지(Findley B. Edge)도 교사의 성경연구의 중요성을 강조한다. 즉 교사는 필연적으로 그가 아는 성경과 기독교 신앙에 근거하여 가르치지 않을 수 없다. 가르침을 받는 학생들이 어떤 연령층이건 상관없이 교사 자신은 그가 가르치는 성경을 알아야 하고, 성경을 가르치기 위해 주의를 기울여 연구해야 한다. 유아, 유치, 초등, 청소년 등과 같은 연령층에게 하나님, 교회, 인간의 죄, 그리고 구원에 대해 무엇을 어떻게 가르칠 것인가는 대단히 중요한 문제이다. 이를 위해서는 바른 신앙에 기초한 신학을 바탕으로 성경을 가르쳐야 한다.[7]

교사는 단지 가르치는 일에 유능하기만 하면 되는 것은 아니다. 교사는 부단한 성경연구를 기초한 성경이해와 통찰을 구비해야 한다. 그럴 때에 학생들을 성경말씀 앞에 바르게 세울 수 있고, 학생들에게 영적인 영향력을 행사할 수 있다. 성경연구에 소홀한 교사에게서 장차 교회와 그리스도에게 헌신된 영혼들이 양산되기를 기대하는 것은 무리한 일이다. 따라서 교사들이 성경을 소홀히 생각하거나 제대로 성경연구를 훈련하지 못하여 진실한 신앙과 영성이 쇠퇴하지 않도록 경각심을 갖고 준비해야 한다. 오래 전에 크리소스톰(John Chrysostom)은 "성경을 모르는 것이 우리의 모든 죄악의 근본이다"라고 하였다.

셋째, 성경연구는 교사의 가르침을 받는 학생에게 중요하다. 교회학교 학생들의 영적인 훈련은 자연히 그들의 교사에게 의존된다. 그렇다면 교사는 잘 준비되어야 한다. 그러나 모든 교사가 성경을 전문적으로 연구하는 학자와 같은 지식을 가져야 하는 것은 아니다. 그것은 가능한 일이 아니며, 또 절대적으로 필요한 일도 아니다. 실제로 성경교수를 전문가에게 전적으로 맡기는 일은 가능하지 않다. 성경공부란 본질적으로 함께 깨달음을 나

7) Findley B. Edge, *Teaching for Results* (Nashville: Broadman Press, 1956), pp. 68f.

누는 행위이기 때문에 전문적인 성경연구자가 성경공부를 인도하는 것이 유익한 점이 있겠으나, 준비된 지도자라면 소그룹에서 효과적인 성경공부를 인도할 수 있다. 훌륭한 성경교수는 비슷한 연령대의 학생들이 모인 소그룹에서 그 반을 담당하는 교사와 함께 공부할 때에 이루어질 수 있다. 이런 점에서 적은 수의 대그룹보다는 많은 수의 소그룹을 구성하여 교육하는 것이 성공적이다. 이 점에서 훌륭한 성경교수를 위해서는 전문적인 학자보다는 수많은 준비된 교사를 활용하는 것이 더욱 효과적이다. 또한 준비된 교사를 얻기 위해서는 교사들에게 전문적인 성경교육을 제공해 주어야 하며, 교사 자신이 성경연구의 필요성을 절감하고 이 일에 몰두해야 한다.

한편 성경연구를 충실히 실천하는 교사는 학생들에게 좋은 자극을 준다. 열심히 연구하는 교사에게서 배우는 학생들은 자연히 성경을 열심히 배우고자 한다. 그러나 교사가 성경연구에 열심을 잃어버리면 학생들 역시 흥미를 잃고 더 이상 성경을 배우려 하지 않을 것이다. 성경을 사랑하고 학생들과 함께 열정을 다해 성경을 알아가려는 교사가 있을 때 학생들에게 변화가 일어나고 성숙이 일어나는 것을 볼 수 있다.

넷째로 성경연구는 교회를 위해 중요하다. 하나님의 말씀을 전하는 것과 가르치는 것은 교회의 할 일이다. 이 일을 잘 감당하기 위해서는 성경을 가르치는 교사의 역할이 중요하다. 교회는 모든 교사들이 최선을 다하도록 요구할 뿐만 아니라 성경을 잘 가르칠 수 있는 제반 여건을 구비하기 위해 부단히 노력해야 한다.

그러나 무엇보다 중요한 것은 교사가 개인적으로 훌륭한 성경교사가 되기 위해 성경을 충실히 연구하는 일은 실제적으로 교회를 위한 중요한 봉사가 된다는 점이다. 설교자가 주일 설교를 위해 오랜 시간을 연구하고 묵상하고 기도하므로 준비하는 것은 교회를 위한 봉사이다. 마찬가지로 교사가 주일에 가르칠 성경공부를 위해 따로 시간을 내어 준비하는 것 역시 교회를 위한 실제적인 봉사가 된다. 비록 전문 훈련을 받지 않은 평범한 교사라고 하더라도 그 마음에 신실함을 가지고 성경연구를 실천하는 사람은 교회를 위해 훌륭한 봉사를 하고 있음에 분명하다.

모든 성경은 하나님의 감동하심으로 된 것으로 진리를 가르치고, 잘못된 것은 책망하고, 허물은 고쳐주며, 의로 교육하기에 유익한 책이다. 이 성경으로 하나님의 사람이 모든 선한 일을 할만한 준비를 하게 된다(딤후 3:15-17). 이런 중요한 일의 기초는 교사가 진지하게 또 성실하게 성경을 정기적으로 연구할 때 가능하며, 이와 같은 성경연구가 교회를 바로 세우는 일에 기여하는 것이다.

다섯째로 성경연구는 예수 그리스도와 그의 나라에 중요하다. 교사가 성경을 연구하는 일이 교회를 위한 중요한 봉사라고 하면, 이 일은 동시에 예수 그리스도와 그의 나라를 위해서도 중요한 봉사가 된다. 어린 아이로부터 노년에 이르기까지 모든 연령층을 대상으로 성경의 가르침을 전달하는 것보다 더 의미 있는 일은 없다. 어떤 연령에 있건 또는 어떤 환경에 있건 그가 있는 자리에서 하나님의 뜻을 찾고 정체성을 발견하는 일보다 더 절실한 것은 없다. 그런데 이런 일은 성경을 연구하고 가르칠 때 일어난다. 교사로서의 경험이 많고 뛰어난 교수 기술을 갖춘 사람이라도 성경을 제쳐놓고 사람들을 바로 세울 수는 없다. 또한 성경이 없이 그리스도에게로 사람들을 인도할 수 없다. 그러므로 성경을 연구하는 일은 교회와 더 나아가 하나님 나라를 위한 중요한 봉사가 된다.

♱ 학습 문제

1. 성경교수의 의미는 무엇인가?

2. 성경공부의 필요성에 대해 말해 보라.

3. 성경교수의 목적과 유익은 무엇인가?

4. 성경교사로서 성경을 연구하는 일의 중요성은 무엇인가?

〈읽을 거리〉

마크 스톰, 《성경 교향곡》, 오광만 역, 서울: IVP, 1993.

엘머 타운즈, 《하이 임팩트 성경공부》, 조계광 역, 서울: 생명의 말씀사, 2002.

하워드 콜슨, 《성경교수준비법》, 정학봉 역, 서울: 요단출판사, 1991.

2장

성경은 어떤 책인가?

성경은 기독교의 경전으로 구약과 신약으로 구성되어 있다. 성경은 하나님께서 천지를 창조하시고 하나님과의 교제와 영광을 위해 하나님의 형상을 따라 사람을 만드셨으나, 사람이 하나님을 반역하였고, 이에 대해 하나님은 구원역사를 이루어나가시는 분이심을 보여주고 있다. 성경에는 오랜 역사를 배경으로 많은 인물들이 등장한다. 구약성경은 천지창조로부터 인간의 범죄와 에덴에서의 추방, 노아 홍수 사건, 아브라함으로부터 시작되는 이스라엘 민족의 형성, 출애굽 사건, 이스라엘 왕국의 형성과 분열, 포로생활과 귀환에 대한 이야기를 담고 있다. 신약성경은 예수 그리스도의 사역과 교회의 형성과 확산에 대해 이야기하면서 마지막에 이루어질 하나님 나라를 보여주고 있다. 이와 같이 하나님의 구원을 보여주는 성경은 그리스도인에게 하나님께 어떻게 반응해야 하며, 세상에서 어떻게 살아야 할지를 잘 가르쳐준다. 본 장에서는 성경의 성격과 교훈 그리고 구조에 대해 살펴보기로 한다.

1. 성경의 진정성

'절대적인 것은 없다'는 것을 절대적인 것처럼 받아들이는 현대에 있어서 성경을 하나님의 계시로 받아들일 수 있는 여지는 거의 없다. 이런 분위기 속에서 제기된 끊임없는 문제는 "성경은 과연 믿을만한 책인가?"라는 문제이다. 성경의 진정성에 관한 의문은 근대 이후 인간의 이성에 절대 권위를 부여하면서 더욱 가속화 되었다. 이성은 모든 것을 판단할 수 있는 위치를 차지하였고, 결국 인간의 산물이 아닌 하나님의 계시인 성경마저도 판단하게 되었다. 이 결과 성경은 역사적으로 신뢰할 수 없고, 많은 오류가 있으며, 단지 도덕적으로 교훈을 주는 책이란 결론에 도달하게 되었다. 그러나 수많은 비평 속에서도 성경의 역사성 문제는 거듭 확인되어 왔으며, 세상적인 도전에도 불구하고 그 신뢰성은 더욱 강화되어 왔다. 성경의 신뢰성에 관한 의문은 통일된 총체, 하나님의 계시, 하나님의 감동으로 기록된 것이란 사실을 신중하게 고려할 때에 해소된다.[8]

첫째, 성경은 통일된 총체이므로 신뢰할 수 있다. 특정한 주제에 대한 전문가들이 많이 있는데, 그 전문가들 사이에서조차 그들이 연구하는 주제에 동의하는 사람을 찾기는 어렵다. 성경은 한 권이면서도 한 권 속에 66권이라는 책이 묶어져 있다. 이 66권의 책들은 1,600년 이상의 긴 세월에 걸쳐서 서로 다른 다양한 배경들을 지닌 40여명 이상의 사람들에 의해 기록되었

8) Howard G. Hendricks & William D. Hendricks, 《삶을 변화시키는 성경연구》(*Living by the Book*), 정현 역 (서울: 파이디온 출판사, 1993), pp. 38-42.

다. 그럼에도 불구하고 성경은 하나님과 인간과의 관계를 주제로 하나의 통일성을 지닌 한 권의 책이다. 성경의 각 책, 각 단원, 각 단락, 각 절은 다른 책, 단원, 단락, 절들과 함께 통일된 하나님의 진리를 계시해 준다. 각 부분들이 서로 연관된 하나의 총체를 이루는 것이다.

둘째, 성경은 하나님의 계시이므로 신뢰할 수 있다. 성경이 하나님의 계시이기 때문에, 이것은 허상이나 추측이나 가정이 아니다. 인간이 가설을 세우고 이론화한 것이라면 예기치 않은 변수를 만날 때 그 이론은 수정되어야 한다. 그러나 성경은 하나님의 계시이기 때문에 절대 진리이며 다른 어떤 것에 의해 변경되지 않는다.

셋째, 성경은 하나님의 감동으로 기록되었으므로 신뢰할 수 있다. 워필드(B. B. Warfield)는 "성경은 하나님의 말씀이다. 그러므로 성경이 말하는 내용은 곧 하나님이 말씀하시는 것과 동일하다"고 했다. 이것은 성경의 영감성을 말한다. 성경이 하나님의 말씀인 까닭은 하나님께서 말씀하시고자 하는 것들을 성경에 기록하였기 때문이다. 인간이 성경을 기록했다는 사실 때문에 성경을 하나님의 말씀으로 받아들이지 않는 사람들도 있다. 성경을 믿지 않는 사람들은 성경은 역사 속에서 영감을 지닌 사람들이 기록한 것을 모은 훌륭한 책으로 생각한다. 이런 견해는 성경을 여타의 종교에서 귀중하게 여기는 경전들이나 오랜 세월 좋은 작품으로 읽혀진 고전들 중 하나로 보는 것이다. 그런 작품들도 저자의 영감이 담겨 있다. 그러나 성경은 그런 영감이 아니라, 하나님의 영감으로 기록된 것이다. 인간 저자는 하나님의 감동 아래 성경을 기록하였다. 원저자는 하나님이다. 그 하나님의 감동을 받은 인간들이 성경을 기록한 것이다. 이 점에서 성경의 저자는 이중적이며, 또 성경은 오류 없이 정확하게 기록된 것이다. 베드로후서 1:21에서 "예언은 언제든지 사람의 뜻으로 낸 것이 아니요 오직 성령의 감동하심을 입은 사람들이 하나님께 받아 말한 것임이니라"라는 말씀은 성경의 영감성을 잘 표현하고 있다.

2. 성경의 계시적 성격

하나님은 인간에게 자신을 계시하실 때에 자연과 성경의 두 가지 다른 방식으로 계시하신다. 그런 점에서 성경이 없을지라도 자연 자체가 살아 계시고 참되신 하나님을 계시해 주고 있다. 그러나 자연을 통해서 하나님을 아는 것은 불가능하다. 이는 인간이 본성의 빛을 따라 하나님의 선하심과 지혜와 능력을 어느 정도 발휘하여 하나님을 감지할 수는 있으나, 그 본성은 죄로 인하여 타락하였으므로 참 하나님을 바르게 알 수는 없기 때문이다. 그런 점에서 하나님은 성경을 통해 자신을 계시하셨다. 또한 오직 성경에만 하나님의 구원이 계시되어 있으므로, 참되고 구원에 이르게 할 하나님에 대한 지식을 얻고자 한다면 성경이 절대적으로 필요하다. 이러한 성경의 계시적 성격은 웨스트민스터 신앙고백서 1장에 나타나 있다.[9)]

본성의 빛(light of nature)과 창조와 섭리의 사역 가운데 하나님의 선하심과 지혜와 능력이 분명하게 나타나 있어서, 아무도 하나님을 모른다고 핑계할 수가 없다. 그러나 그러한 것들은 하나님과 그의 뜻을 아는 지식을 주는데 있어서 불충분하다. 하지만 그 지식은 구원을 얻는데 필요하다. 그래서 주님은 여러 시대에 그리고 여러 가지 방식으로 자신을 계시하시고, 자기의 교회에 자신의 뜻을 선포하시기를 기뻐하셨으며, 그 후에는 진리를 더 잘 보존하고 전파하기 위해서, 그리고 육신의 부패와 사탄과 세상의 악에 대비하여 교회를 더욱 견고하게 하며, 위로하시기 위해서 바로 그 진리를 온전히 기록해 두게 하셨다. 이같은 이유로 성경이 절대적으로 필요하게 된 것이다. 그리하여 하나님께서 자기 백성에게 자신의 뜻을 직접 계시해 주시던 과거의 방식들은 이제 중단되었다. 이로 인하여 성경이 절대적

---

9) G. I. Williamson, 《웨스트민스터 신앙고백서 강해》(*The Westminster Confession of Faith*), 나용화 역 (서울: 개혁주의신행협회, 1993), p. 9.

으로 필요하게 된 것이다.

한편 웨스트민스터 소교리문답 제2문은 성경에 관하여 이렇게 설명한다.[10)]

> 제2문 | 하나님께서 우리가 당신을 영화롭게 하며 즐거워하는 방법을 우리에게 알려주시기 위해 어떤 규칙을 주셨는가?
>
> 답 | 구약과 신약 성경에 함의된 하나님의 말씀은 어떻게 우리가 그분을 영화롭게 하며 즐거워하는가를 우리에게 알려주는 유일한 규칙이다.

하나님을 영화롭게 할 수 있는 길은 인간 편에서는 알 수 없다. 이것은 높은 학식으로는 깨달을 수 없다는 점을 분명히 한다. 그러나 아무리 학식이 낮은 사람이라도 이 참된 지식을 가질 수 있다. 그러므로 지식이 많거나 적거나 바른 지식을 갖기 위해서는 하나님께서 주신 성경을 배워야 한다. 하나님은 두 가지 방편으로 인간에게 지식을 주신다. 하나는 자연계시(시 19:1, 롬 1:20)라 부르고, 또 하나는 특별계시라 부른다. 인간은 자연 법칙을 통해 하나님의 피조 세계에 관해 많은 것을 알 수 있다. 그런데 자연계시를 통해 얻은 각각의 사실들은 하나님 말씀의 빛 아래 해석되어야 한다. 그렇게 하지 않으면 그 자체로는 분명한 목적과 의미를 알 수 없다. 아담이 범죄한 것은 하나님의 말씀을 거부한 것이다. 그래서 그로부터 인간은 특별계시를 거부하고 자연 계시만을 발전시키게 되었다. 이것이 과학적 방법인데 이는 시험적이고 불완전한 방법이다. 그래서 개별적인 사실들을 많이 밝혀내었으나 그것들의 진정한 의미는 알지 못하게 되었다. 이런 상황 속에서 구원을 받을 수 있는 길은 오직 성경만이 알려준다. 이런 점에서 성경은 특별계시이고 이 성경을 통해 우리는 하나님을 영화롭게 하는 삶을 배운다.

---

10) G. I. Williamson, 《웨스트민스터 소요리문답강해》(*The Westminster Shorter Cathechism*), 유태화 역 (서울: 크리스찬출판사, 2006), p. 7.

하나님의 말씀이 신구약 성경에 "함의되어 있다"는 말은 성경에서 발견하는 모든 말들은 모두 하나님에게서 온 것임을 의도한 것이다. 여기서 세 가지 유형의 이해 방식이 있다. 첫째는 자유주의 또는 고전적 현대주의이다. 이는 성경 안에 하나님의 말씀도 있고 인간의 말들도 있다고 본다. 그리고 그 결정은 인간에게 달려 있다고 본다. 둘째는 종종 바르트주의라고도 하는 신정통주의 또는 신(新)현대주의이다. 이는 성경 전체가 오류가 있는 인간의 말이라고 한다. 그런데 이러한 인간의 말을 읽을 때 하나님께서는 인간이 그것을 참 하나님의 말씀으로 마음에 받아들이도록 인간의 말을 사용하신다고 믿는다. 성경의 어느 부분이든지 인간을 위한 하나님 말씀의 수단이 된다고 보는 것이다. 셋째는 개혁주의이다. 이는 역사적 기독교 신앙의 견해이다. 이 견해는 개개의 단어를 포함하여 성경 전체가 하나님의 진리라고 믿는다. 즉 영감을 입지 않은 부분이 없는 것이다. 불신자가 성경을 읽더라도 그것은 모두 하나님 말씀인 것이다.[11]

이와 같은 하나님의 말씀인 성경이 지닌 특징에 대하여 세 가지로 설명할 수 있다. 첫째, 성경에는 오류가 없다. 이때 성경의 모든 진술을 특정 상황이나 배경에서 취하지 않고 전체적인 맥락에서 보아야 한다. 그럴 때에 성경에는 오류가 결코 없다. 어떤 이는 번역상의 문제를 거론하기도 한다. 그런데 이때의 무오류성은 일차적으로 원본에서 오류가 없다는 것이다. 둘째, 성경은 명료하다. 하나님은 구원에 이르는 분명한 길을 성경 말씀을 통해 모든 사람에게 알려주신다. 사실 성경의 어떤 부분은 이해하기 어려운 곳도 있다. 그런 까닭에 오랜 세월 수많은 연구가 이루어져왔음에도 해결되지 못한 부분들이 있다. 그러나 성경이 명료하다는 것은 하나님의 구원을 보여주고, 그 구원에 이르도록 사람들을 인도하는 일에 있어서 성경이 불분명하여 그 목적을 달성하지 못하는 경우는 결코 없다는 것이다. 성경

---

11) *Ibid.*, pp. 9-11.

은 구원에 이르는 길에 대해 명료하며 누구나 그 길을 성경을 통해 알 수 있다. 셋째, 성경은 충족하다. 무엇을 더 알기 위해 성경 자체에 어떤 것을 첨가할 어떤 이유도 존재하지 않는다. 성경 하나만으로 충분하다는 것이다(계 22:18-20, 딤후 3:15-17). 이것은 성경의 충족성을 보조하기 위하여 다른 어떤 수단을 필요로 하지 않는다는 의미이다. 특히 성경 자체에 대한 신뢰성에 의문을 제기하는 현대 사상에 대하여 성경의 자기충족성은 매우 중요한 믿음이다. 인간이 성경을 받아들이든지 혹은 그렇지 않든지 성경은 그 자체로 충족하며 완전한 계시이다.

3. 성경의 교훈

성경은 하나님의 계시이다. 이것이 성경의 본질이며 성격이다. 그렇다면 하나님의 계시인 성경은 무엇을 중점적으로 교훈하고 있는가? 웨스트민스터 소교리문답 제3문은 성경의 교훈에 대하여 다음과 같이 설명한다.[12]

> 제3문 | 성경의 요긴한 교훈은 무엇인가?
> 답 | 성경은 인간이 하나님에 관하여 믿어야 하는 것이 무엇이며, 하나님께서 인간에게 요구하시는 의무가 무엇인지를 요긴하게 가르친다.

사람들이 성경으로부터 모든 것을 배울 수 있는 것은 아니다. 성경은 인류의 완전한 역사를 가르쳐주지 않는다. 또 현대의 다양한 영역의 전문적인 정보를 제공해 주지도 않는다. 심지어 성경은 예수님에 대해 모든 세세한 사실조차 알려주지 않는다. 사실 성경은 이런 정보들을 우리에게 전달

12) *Ibid.*, p. 14.

할 목적을 가지고 있지는 않다. 성경은 이런 것 외에 어떤 분명한 목적을 갖고 있다.

성경이 모든 것을 알려주지는 않지만 모든 것에 대하여 매우 중요한 사실을 말해 준다. 이는 성경이 언급하는 것을 참고하지 않고서 인간이 어떤 것에 대해 진정한 이해에 도달할 수 없음을 말한다. 하나님을 인정하지 않는 사람은 자신과 세계를 알고자 할 때 하나님을 배제시킨다. 그러나 하나님을 인정하는 사람은 하나님의 피조 세계를 관찰한다는 점에서 언제나 하나님과의 바른 관계 속에서 진리를 추구하게 된다. 그러므로 모든 진정한 지식의 본질은 하나님과의 바른 관계 속에서 이루어져야 한다. 이에 대한 참 빛을 제공하는 것이 성경이다. 우리는 성경의 가르침을 따라 비로소 하나님께 영광을 돌리는 길을 배우며 실천할 수 있다.

현대에서는 각 사람이 자신이 소망하는 것이면 무엇이나 신앙할 권리가 있다고 하면서 신앙의 주체를 인간 자신에게로 가져왔다. 그러나 인간에게 기원을 둔 신앙은 성경이 가르치는 하나님을 섬기지 않는다(요이 9). 그러므로 먼저 인간이 하나님에 관하여 믿어야 할 것 곧 신앙의 대상을 성경에서 분명하게 알아야 한다. 또한 한 사람이 진실한 신앙을 가질 때, 그는 하나님께서 명령하신 것을 행해야만 한다는 사실을 명심해야 한다. 열매 없는 신앙이란 거짓이다(약 2:14, 17, 26). 믿음이 가장 우선하는 것이며, 이 믿음이 바른 실천을 가능케 만든다. 만약 바른 실천을 도출하지 않는 믿음이라면 그 믿음은 잘못된 것이다.

4. 성경의 구조

전술한 바와 같이 성경은 한 저자에 의해 기록된 것이 아니다. 40명이 넘는 저자들이 1,600년에 걸쳐 각기 다른 사회, 정치, 문화, 경제적 배경 속에서 하나님의 역사를 독특한 시각과 문체로 표현한 작품들로 구성된 집합체이다. 또한 성경이 고대에 기록되었으므로 그 언어는 현대에는 사용되지 않는 것들인데, 곧 고대 히브리어, 아람어, 헬라어이다. 유대교와 가톨릭교회 그리고 개신교의 구약성경 분류는 차이가 나는데 그것을 대비하면 다음과 같다.[13]

유대교	로마 가톨릭	개신교
TaNaK	구약성경	구약성경
토라(Torah)	오경(Pentateuch)	오경(Pentateuch)
창세기, 출애굽기, 레위기, 민수기, 신명기	창세기, 출애굽기, 레위기, 민수기, 신명기	창세기, 출애굽기, 레위기, 민수기, 신명기
예언서(Neviim)	역사서(Historical Books)	역사서(Historical Books)
전기예언서(former Prophets) 여호수아, 사사기, 사무엘서, 열왕기서 후기예언서(latter Prophets) 이사야, 예레미야, 에스겔, 12 소 예언서	여호수아, 사사기, 룻기, 사무엘상 · 하, 열왕기상 · 하, 역대상 · 하, 에스라, 느헤미야, 토빗(Tobit), 유딧(Judith), 에스더	여호수아, 사사기, 룻기, 사무엘상 · 하, 열왕기상 · 하, 역대기상 · 하, 에스라, 느헤미야, 에스더
성문서(Kethuvim)	성문서(Writings)	성문서(Writings)
시편, 욥기, 잠언, 아가, 룻기, 애가, 전도서, 에스더, 다니엘, 에스라-느헤미야, 역대기	욥기, 시편, 잠언, 전도서, 아가, 솔로몬의 지혜서, 벤 시락의 지혜서(Wisdom of Jesus the son of Sirach)	욥기, 시편, 잠언, 전도서, 아가
	예언서(Prophets)	예언서(Prophets)
	이사야, 예레미야, 예레미야 애가, 바룩, 에스겔, 다니엘, 호세아, 요엘, 아모스, 오바댜, 요나, 미가, 나훔, 하박국, 스바냐, 학개, 스가랴, 말라기, 마카비 상, 마카비 하	이사야, 예레미야, 예레미야 애가, 에스겔, 다니엘, 호세아, 요엘, 아모스, 오바댜, 요나, 미가, 나훔, 하박국, 스바냐, 학개, 스가랴, 말라기

13) Walter A. Elwell (ed.), *Baker Encyclopedia of the Bible* (Grand Rapids: Baker Book House, 1988), Vol. 1, pp. 301-302.

성경은 서기 90년에 24권이, 서기 369년에 또 다른 27권이 정경으로 확정되었다. 유대교는 90년에 확정된 24권을 그들의 경전으로 삼았고, 기독교는 유대교의 24권과 369년에 확정된 27권을 모두 받아들인다. 겉으로 보기에 성경은 단지 한 권이다. 그런데 성경은 여러 종류의 글들이 모여 있는 도서관과 같다. 성경의 영어 표기인 The Bible은 'books' 라는 뜻의 헬라어 'biblia' 에서 유래했다. 성경은 유대교와 기독교 공동체들에 의해 거룩한 글들로 고백된, 여러 종류의 문학들이 집합된 도서관이다.

유대교는 신약성경 없이 구약성경만을 정경으로 받는데, 총 24권인 이 책들은 율법서(Torah), 예언서(Neviim), 성문서(Kethuvim)로 이루어져 있다. 그리고 이 세 부분의 히브리어 첫 글자를 따서 '타낙'(TaNaK)이라 부른다. 이 타낙이 창세기로부터 시작해서 역대기로 끝나는 것은 유대인들이 예루살렘의 회복이란 희망을 안고, 그 소망의 성취를 염원하는 신앙인임을 증거하기 위함으로 생각된다(대하 36:23). 그런데 개신교의 구약성경은 말라기로 끝나면서 이것이 곧 신약성경의 첫 책 마태복음과 자연스럽게 연결된다. 이런 배치는 말라기에서 오랫동안 기다리던 하나님께서 오시기 전에 이를 알릴 선지자 엘리야를 예언하는데 그것이 신약에서 성취됨을 보여주는 것이다(말 3:1, 4:5). 말라기의 예언은 하나님께서 오시는 날이 크고 두려운 날 곧 진노와 심판의 날이 될 것이라 선언한다. 그런 점에서 구약성경 전체는 앞으로 다가올 두렵고 무서운 하나님의 심판의 날을 고대하는 것으로 끝나게 된다. 그런데 이와 같은 하나님의 심판의 날은 예수 그리스도의 오심을 통하여 새로운 국면을 맞게 된다. 곧 구약의 예언의 성취는 예수 그리스도를 통해 이루어진 것이다. 그리고 예수 그리스도의 오심은 하나님의 심판의 예고에도 불구하고 복음의 기쁜 소식을 보여주므로 하나님의 사랑을 확증하고 있다(막 1:15).[14]

---

14) 이원우, 《성서: 거룩한 글들의 도서관》(서울: 살림 출판사, 2005), pp. 25-28.

신약성경 27권은 복음서(4권), 역사서(1권), 바울서신(교회서신, 13권), 공동서신(일반서신, 8권), 예언서(1권)로 분류된다. 복음서 중에서 앞의 세 책들 곧 마태복음, 마가복음, 누가복음을 비슷한 성향을 가진다고 하여 하나로 묶어서 공관복음이라 하고 요한복음을 앞의 것과 구분하여 제4복음서라 하기도 한다. 또한 공동서신은 바울 이외의 여러 저자들이 쓴 서신들이므로 붙인 이름이다. 한편 역사서는 사도행전의 역사적 성격을 반영한 분류 명칭이고, 예언서는 요한계시록의 묵시적 성격을 반영한 분류 명칭이다.

구약성경은 정확히 몇 사람의 저자에 의해 기록된 것인지 알 수 없다. 그런데 신약성경의 저자는 모두 9명이다. 복음서는 후에 저자의 이름을 따라 불리었는데, 마태, 마가, 누가, 요한과 같이 4명에 의해 기록된 것이다. 사도행전은 누가복음의 저자 누가에 의한 것인데, 본래 누가복음과 사도행전은 한 권으로 붙어 있었다. 바울서신이라고도 불리는 13권의 책들은 바울의 저작으로 로마서, 고린도전후서, 갈라디아서, 에베소서, 빌립보서, 골로새서, 데살로니가전후서, 디모데전후서, 디도서, 빌레몬서이다. 여기서 에베소서, 빌립보서, 빌레몬서는 바울이 옥중에서 기록하였으므로 옥중서신이라 불리며, 디모데전후서와 디도서는 목회자 디모데와 디도에게 보낸 것이라 하여 목회서신이라 불린다. 공동서신으로 불리는 히브리서, 야고보서, 베드로전후서, 요한1서, 요한2서, 요한3서와 유다서는 히브리서를 제외하면 그 책명이 곧 저자이다. 히브리서의 저자는 밝혀지지 않았다. 그리고 신약성경의 마지막 책은 예언서로 요한에 의해 기록되었다.

신약성경 분류

복음서	역사서	바울서신 (교회서신)	바울서신 (교회서신)	역사서
마태복음 마가복음 누가복음 요한복음	사도행전	로마서 고린도전후서 갈라디아서 에베소서 빌립보서 골로새서 데살로니가전후서 디모데전후서 디도서 빌레몬서	히브리서 야고보서 베드로전후서 요한일이삼서 유다서	요한계시록

우리는 성경이 지닌 계시적 성격, 성경의 교훈, 성경의 구조에 관하여 살펴보았다. 성경은 신적인 기원을 가지며, 하나님에 관해 믿어야 할 것을 가르치며 또한 그에 합당한 삶을 살아야 할 것을 요구한다. 이 성경은 고대로부터 형성된 것으로 구약과 신약으로 구성되며 각각은 몇 가지 분류에 따라 구분된다.

이러한 성경은 현대사회와는 동떨어진 구시대에 기록된 것이고, 그래서 현대와는 상당히 먼 거리감을 갖고 있다. 그렇지만 이런 거리감에도 불구하고 성경은 오늘날도 여전히 절대적인 가치를 지닌 책이다. 그러나 성경이 단순히 위대한 문학이거나, 이스라엘의 역사에 관한 신빙성 있는 문헌이거나, 또는 신학지식의 귀중한 자료이기 때문에 가치가 있는 것은 아니다. 물론 성경은 이런 것들을 다 포함한다. 그렇지만 성경이 문학이나 역사나, 신학은 아니다. 그러므로 성경은 단순히 과거에 기록된 고전 작품이 현대인들에게 가지는 유용성 정도를 지닌 것이 아니다. 현재와 미래에 대한 절대적인 지침이 성경 한 권에 담겨 있다. 바로 이것이 성경의 목적이기도 하다. 성경이 현대에 의미를 가지는 까닭은 이것이 여전히 실제적인 목적을 갖고 있기 때문이다. 이 실제적인 목적이란 죄인들에게 예수 그리스도를 전파하는 것이다. 모든 책에는 저자의 저작 의도가 담겨 있듯이 성경에도 그런 의도가 담겨 있다. 그 의도는 요한복음에서 밝히는 것처럼 예수님께서 하나님의 아들 그리스도이심을 믿게 하여 영생을 얻도록 하기 위함이다(요 20:31).

성경은 사람들에게 예수 그리스도가 누구인지 가르쳐준다. 성경은 이것을 통해 사람과 하나님과의 바른 관계를 확립해 준다. 그리고 성경은 이 세상 속에서 영적인 싸움을 수행하기 위한 장비를 갖추어 준다. 성경은 그리스도인다운 바른 행실이 무엇인지 알려주고 그에 따라 살도록 지도한다. 뿐만 아니라 성경은 아직 그리스도를 영접하지 않은 일반 사람들에게도 귀중한 책이다. 왜냐 하면 성경은 비밀스런 암호로 기록되지 않았기 때문에 누구나 지각을 가진 이들이 읽고 어느 정도 이해할 수 있기 때문이다. 또한 성경을 읽을 때 성령께서 역사하시므로 믿음으로 그 가르침을 수용하게 된다. 이는 인간의 역사가 아니라 성경을 통해 역사하시는 하나님으로 인하여 가능한 것이다.[15]

성경은 신중하게 연구할 가치가 있으며 교사된 자들에게는 성경연구와 지도가 가장 중요한 사명이다. 성경은 단순히 읽기만 하는 책이 아니라 개인적 반응을 요구한다. 그리고 합당한 반응을 나타내는 자들에게 최고의 보상을 약속한다. 그러나 무엇보다 성경의 메시지는 모든 시대에 전파되어야 한다. 그것이 성경의 목적이기 때문이다.

---

15) David Field, "성경과 그리스도인의 생활", 《성경핸드북》(*Lion's Handbook to the Bible*), 김만풍 역 (서울: 생명의 말씀사, 1996), pp. 49-54.

✢ 학습 문제

1. 현대사회에서 성경을 절대적 계시로 받아들이지 못하는 원인은 무엇인가?

2. 성경이 하나님의 말씀을 담고 있다는 것에 대한 세 가지 견해는 무엇인가?

3. 유대교, 로마가톨릭, 개신교의 정경에 대해 비교해 보라.

4. 성경의 핵심적인 교훈은 무엇인지 생각해 보라.

〈읽을 거리〉

로이스 록, 《세상에서 가장 아름다운 이야기 성경》, 오광만 역, 서울 : 몽당연필, 2002.

웨인 그루뎀, 《성경 핵심 교리》, 김광일, 곽철근 역, 서울: 기독교문서선교회, 2004.

이원우, 《성서: 거룩한 글들의 도서관》, 서울: 살림 출판사, 2005.

F. F. 브루스, 《신약 성경 문헌 연구》, 김창영 역, 서울: 생명의말씀사, 2001.

3장

성경해석의 원리

해석은 사실에 대한 정확한 이해를 추구한다. 일반적으로 어떤 책을 읽을 때 독자는 그 책의 의미를 바르게 이해하고자 노력한다. 이를 위해 독자는 책의 저자가 무슨 의도를 가졌는지 관심을 가진다. 또한 저자가 어떤 상황에서 책을 기록한 것인 지에도 관심을 가진다. 이런 관심에 답을 내리면서 독자는 책에서 말하고자하는 의미를 바르게 이해한다. 독자는 이런 이해를 바탕으로 독자 자신의 삶에서 이 책이 주는 의미를 찾는다. 이것은 사람들이 책을 읽을 때 수행하는 일반적인 해석 작업이다. 마찬가지로 성경을 읽는 독자들도 성경의 의미를 바르게 이해하고, 자신의 상황에 적용하는 일을 수행하는데, 이것이 성경해석이다. 그런데 성경해석은 적절한 방식을 따라 이루어져야 한다. 책을 정확하게 이해하기 위해서는 저자의 의도를 잘 파악해야 하는 것처럼 성경을 바르게 이해하려면 성경 저자의 의도를 알아야 한다. 성경은 신적인 기원을 가진 것으로 하나님께서 저자인 동시에 하나님께서 인간 저자를 사용하셨다는 점에서 이중적인 성격을 갖고 있다. 그리고 성경은 오늘날 독자들에게 들려지는 말씀이기 이전에 오래 전에 들려졌던 말씀이란 점에서 오늘날과는 거리가 멀리 떨어진 고대시대를 배경으로 하고 있다. 따라서 오늘날 성경을 읽는 독자들은 이런 점들을 신중하게 고려하면서 성경을 해석해야 한다. 본 장에서는 성경해석의 필요성, 성경해석의 전제와 과제 그리고 원리를 통해 바른 성경해석의 방법을 알아보기로 한다.

1. 성경해석의 필요성

모든 그리스도인들은 누구나 성경을 읽고, 믿고, 순종해야 한다. 또한 성경은 모든 사람들에게 절대적으로 필요한 구원의 진리를 명확하게 가르치고 있으므로 누구나 성경을 읽고 이해할 수 있다. 그런 점에서 성경을 굳이 해석할 필요가 없다고 주장하는 사람들이 있다. 그들은 성경이 가르치는 분명한 복음이 전문가들의 해석으로 인하여 오히려 이해하기 어렵게 된다고 주장한다. 그러나 성경을 적절히 해석할 때, 성경은 그 본래의 의도하고자 하는 것을 드러내게 된다. 물론 성경을 대할 때 발생하는 가장 큰 문제는 성경의 가르침을 이해하지 못하기 때문이 아니라, 그 가르침에 순종하지 못하기 때문이다. 그런 점에서 해석의 목표는 지금까지 알지 못하던 새로운 것을 발견하는 것만이 아니라, 본문의 명확한 의미를 확인하고 순종하게 하는 것이다. 성경 해석 작업이 필수적인 이유는 성경을 읽는 독자의 본질과 성경 자체의 본질을 함께 고려할 때 분명하게 드러난다.[16)]

첫째로, 독자는 해석자이다. 대개 우리는 성경을 읽을 때에 그 읽는 것을 당연히 이해한다고 전제한다. 그러면서 우리가 이해하는 그것이 성경의 저자이신 성령님의 뜻과 일치한다고 생각한다. 그러나 사람들은 본문의 용어나 사상을 이해하기 전에 성경 본문 안에 그들 자신의 경험, 문화, 관념, 선입관 같은 것들을 집어넣는다. 이렇게 성경 본문에 집어넣는 사람들의 가치들은 고의적인 것은 아니지만 성경의 본래 의미를 흐리게 만든다.

일례로 서구 문화에 익숙해 있는 독자가 성경에서 '십자가'(cross)를 읽는다면 그는 수세기 동안 기독교 미술과 상징에 젖어있기 때문에 자동적으로 로마의 십자가(†)를 연상한다. 그러나 예수님이 실제로 지신 십자가 모양은 'T' 형이었을 것으로 추정된다. 한편 개신교인들이나 가톨릭교인들은 교회에서 예배하는 성도들에 관한 내용을 읽을 때에 당연히 의자들이 들어차 있는 건물 안에 앉아 있는 교인들을 연상한다. 그런데 초대교회 교인들은 오늘날의 교회 건물과 같은 곳에서 예배한 것은 아니었다. 또 하나의 예는 롬 13:14에서 "정욕을 위하여 육신의 일을 도모하지 말라"라는 부분을 읽을 때 '육신'은 '육체'라고 생각하는 것이다. 그러나 여기서 '육신'은 육체가 아니라 죄악된 본성을 의미한다. 사실 바울이 '육신'이란 말을 사용할 때에는 육체를 가리키지 않고 대체로 '영적인 병' 또는 '죄악된 본성'을 가리키고 있다.

이러한 점을 고려할 때에 독자는 해석자로서 자신의 의도는 아니지만, 성경을 나름대로 해석하고 있으며, 그 해석은 성경의 본래 의도와는 맞지 않을 때가 많은 것이다. 이 점에서 바른 성경해석은 성경 독자들의 잘못된 해석을 교정하며 성경 자체의 의도를 깨닫게 하여 바르게 순종하도록 돕는다. 한편 독자가 해석자인 까닭은 대부분의 독자들은 성경 번역본을 대하기 때문이다. 번역은 그 자체가 해석의 한 형태이다. 어떤 성경 번역본을 선택하든지 그 번역본은 여러 학자들의 연구를 통해 완성된 해석의 산물이다. 성경 번역

16) Gorden D. Fee & Douglas Stuart, 《성경을 어떻게 읽을 것인가》(*How to Read the Bible for all its Worth*), 오광만 역 (서울: 한국성서유니온, 1998), pp. 13-22.

자들은 어떤 문장이나 단어의 의미에 대하여 몇 가지 중 하나를 선택해야 하는 처지에 종종 봉착하는데, 여기서 그들이 선택한 의미가 독자들의 이해에 결정적인 영향을 준다. 그러므로 번역본을 사용한다는 것은 그 자체가 이미 독자들이 해석이라는 과제를 수행하도록 만든다는 것이다.

둘째로, 성경 자체가 본질상 해석을 요구하고 있다는 점을 생각해야 한다. 성경은 역사 속에서 사람의 말로 주어진 하나님의 말씀이므로 이러한 성경의 이중성 때문에 해석이 필요하다. 성경은 하나님의 말씀이므로 영원한 타당성을 갖고 있다. 그럼에도 성경은 특정한 역사적 배경을 깔고 특정한 민족에게 주어진 말씀이므로 역사적 특수성을 갖고 있다. 따라서 성경의 영원한 타당성과 역사적 특수성이란 긴장이 발생한다. 여기에 성경 해석의 필요성이 대두된다.

성경은 신적인 책이면서 동시에 인간에 의해 기록되었기에 인간적인 면을 담고 있다. 이러한 이중성을 생각할 때 두 가지 사항을 염두에 둘 필요가 있다. 하나는 하나님은 1,600년이란 세월에 걸쳐서 다양한 상황에 처했던 실존 인물들을 통해 말씀하셨다는 것이다. 하나님의 말씀은 사람들의 어휘와 사고방식을 통해 표현되며, 문화와 상황에 의해 결정된다. 그렇다면 성경 말씀은 일차적으로 우리가 아니라 성경이 기록되었던 그 당시 사람들을 위한 말씀이었다. 그러므로 독자들은 과거의 사람들을 위한 말씀을 지금 여기서(here and now) 들어야 한다.

또 하나는 성경은 인간적인 상황에 맞게 기록되었다는 것이다. 그래서 성경은 설화적 역사, 계보, 연대기, 법, 시, 잠언, 예언, 수수께끼, 연극, 전기적 이야기, 비유, 편지, 설교 등 수많은 장르가 있다. 그러므로 성경 본문을 그 당시 그 곳에서 들려진 말씀으로 이해하려면 모든 성경 본문에 공통적으로 적용되는 일반 법칙을 알아야 함과 동시에 각각의 문학 장르에 적용되는 특수한 법칙도 알아야 한다.

2. 성경해석의 전제

모든 일에는 준비 활동들이 있다. 달리기를 하거나 수영을 할 때에 준비 운동을 거쳐야 한다. 그런 준비 운동을 거치지 않고 활동을 하면 부상의 위험에 놓이게 된다. 연구소에서 일정한 기간 프로젝트를 실행하려면 사전에 충분한 연구 조사가 이루어져야 한다. 무턱대고 일에 착수하면 좋은 성과를 얻을 수 없다. 모든 활동에 준비가 필요하듯 성경을 연구하는 일에도 적절한 준비가 필요하다.

성경공부를 위해서는 기본적인 신념과 올바른 방법에 대한 신념에서 출발해야 한다. 혹자는 신념을 기초해서 성경을 보아서는 안되며 열린 마음으로 성경을 보아야 한다고 주장한다. 그러나 사람이 완전하게 열린 마음을 가진다는 것은 불가능하다. 누구든지 자신의 신념을 제쳐놓고 순수한 상태로 성경을 대할 수는 없다. 그러므로 건전한 신념에 기초하여 성경을 읽는 것이 필요하다. 여기서 성경에 대한 기본적인 신념이란 신, 구약 성경은 하나님의 말씀이며, 번역본을 통해서도 충분히 이해될 수 있다는 것과 성경의 통일성과 자증성 등에 관한 것들이다. 스트렛(T. Norton Strett)은 성경해석을 위한 출발과 관련한 신념들을 아래와 같이 일곱 가지로 이야기 한다.[17)]

첫째, 성경은 하나님의 영감을 받아 기록된 책이란 신념이다. 이러한 확신이 없으면 성경공부를 통해 유익을 얻을 수 없다. 여기서 유의할 점은 성경 말씀 자체가 하나님의 말씀이지, 그 성경에 대해 인간이 이해한 바가 하나님의 말씀과 동일한 것은 아니란 점이다. 즉 하나님은 어떤 사람이 성경이 그렇게 가르친다고 믿는 것을 실제로는 말씀하시지 않을 수도 있다. 인

---

17) T. Norton Strett, 《성경해석의 원리》(*How to Understand your Bible*), 한국성서유니온 편집부 역 (서울: 성서유니온 선교회, 1998), pp. 25-29.

간의 어리석고 잘못된 생각을 성경 말씀에 일치시켜 주장하는 것은 옳지 않다. 성경은 인간의 성경구절 이해가 옳다고 증명해 주는 책이 아니다. 따라서 우리는 성경해석을 신중하게 해야 한다.

둘째로, 성경은 번역본을 가지고도 충분히 이해될 수 있다는 신념이다. 어떤 이들은 성경 번역상의 문제 때문에 반드시 성경을 히브리어와 헬라어 원문으로만 읽어야 한다고 주장한다. 그런데 교회 역사를 통해 대부분의 성도들은 번역된 성경만을 알았다. 현대에서도 성경을 원문으로 읽을 수 있는 사람은 극소수이다. 그러면 하나님은 대부분의 성도들이 알지 못하도록 성경을 숨겨두시는 것인가? 그렇지 않다. 번역된 성경이라도 성경의 핵심적인 의미는 그대로 전달해 준다. 물론 학자들의 연구가 우리의 성경 지식을 넓혀주고 값진 통찰을 얻게 한다. 특별히 성경 해석상의 어려움은 학자들의 연구 성과의 도움을 입는다. 그러나 원문 성경을 읽지 못한다고 해서 성경의 참 뜻을 이해할 수 없는 것은 아니다.

번역본을 사용하는 것이 잘못이 아니란 점은 신약성경 저자들의 구약 인용의 사례에서도 발견된다. 신약의 저자들은 구약성경의 원문인 히브리어를 능숙하게 사용하는 사람들이었음에도 70인역을 종종 활용하였다. 70인역은 기원전 280년경 구약을 헬라어로 번역한 성경인데 신약성경에 나오는 구약의 인용은 히브리어 원문 성경보다는 헬라어 번역본을 의존하고 있다는 것이다(마 13:14-15, 눅 3:4-6, 롬 15:12 등). 이런 점을 고려할 때 번역본을 활용하여 하나님의 뜻을 찾으려하는 것이 전혀 잘못이 없음을 알 수 있다. 물론 신뢰할 수 없는 성경 번역본들도 있다. 경건한 학자들이 기도하며 신중하게 성경을 번역한 것이 아니라, 성경의 영감성을 믿지 않는 사람들에 의해 번역된 것들이 그러하다. 그러므로 독자들은 신뢰할만한 번역본을 선택하여야 한다.

셋째로, 성경은 통일성이 있다는 신념이다. 그런데 이러한 통일성은 계시사적인 발전성을 나타내는 통일성임을 알아야 한다. 구약은 그리스도로 집약되며, 그리스도 안에서 풍성하게 이해될 수 있다. 종국적 계시는 예수 그리스도이며, 그리스도를 통하지 않는 성경 해석은 바람직한 결실을 얻을 수 없다.

넷째로, 성경의 자증성에 대한 신념이다. 자증성이란 성경 스스로가 하나님 말씀임을 증명한다는 것이다. 이것을 달리 말하면 문맥으로 성경을 푼다는 것이다. 한 절의 성경 말씀은 다른 절의 해석을 위한 빛이 된다. 문자적 서술은 상징적 서술을 풀어주며, 신약의 역사와 교훈은 구약의 예언을 풀어준다. 여기서 유의할 점은 성경해석을 비교할 때에도 전체적인 성경의 교훈과 일치시켜야 한다는 것이다. 일례로 어떤 사람이 "너희 중에 누구든지 자기의 소유를 버리지 아니하면 능히 내 제자가 되지 못하리라"(눅 14:33)는 말씀과 "네게 있는 것을 다 팔아 가난한 자들을 나눠 주라"(눅 18:22)는 말씀을 비교하여 자신의 모든 재산과 가족을 다 처분하려고 한다면 어떻게 되겠는가? 그러면 이 사람의 가족은 남의 의존을 받아야 한다. 이 사람은 성경의 비교를 피상적으로 한 셈이다. 이 사람은 고전 16:2, 딤전 5:8, 6:17-19을 함께 고려해야 할 것이다.

다섯째로, 성경의 언어는 평상인의 언어라는 신념이다. 오래 전에는 신약성경은 높고 영적인 헬라어로 기록되었다고 생각했다. 그런데 신약성경은 1세기 당시 보통의 헬라어였음이 밝혀졌다. 성경의 저자들은 일반적인 용어를 사용하여 사람들이 이해할 수 있게 한 것이다. 그러므로 독자들은 자신이 알고 있는 언어와 문법을 가지고 성경을 충분히 읽을 수 있다.

여섯째, 성경의 이해는 그 메시지에 대한 지적인 반응과 동시에 순종하려는 숨김없는 반응을 수반해야 한다는 신념이다. 하나님의 말씀은 사람을 온전케 하는데 그 목적이 있다(딤후 3:17). 성경의 이해는 단지 지식에 그쳐서는 안된다. 진리가 마음에 밝히 드러나면 의지가 따라야 한다. 아는 것과 순종하는 것은 별개의 것이 아니다. 독자들은 행하기 위해서 성경을 배운다. 행위가 없다면 참으로 배운 것이라 할 수 없다.

일곱째, 성경의 이해에는 성령의 가르침이 필요하다는 신념이다. 예수님은 성령에 대해 "그가 너희를 모든 진리 가운데로 인도하시리라"(요 16:13)고 말씀하셨다. 바울은 "신령한 일은 신령한 것으로 분별한다"(고전 2:13)고 하였다. 성경의 진리는 그 속에 있는 사실이나 사건에 국한되지 않는다. 성경의 기본적인 의미는 영적인 것이다. 이러한 영적 의미를 배우기 위해서는 성령님의 가르침이 있어야 한다.

3. 성경해석의 과제

성경해석은 바른 석의에 기초하여 이루어진다. 즉 해석이란 석의를 통해 이루어지는 방법이다.[18]

석의

석의(exegesis)는 본래의 의도된 의미를 찾는 신중하고도 조직적인 연구 방법이다. 이 과제는 기본적으로 역사적인 과제이다. 하나님 말씀을 그 말씀의 본래 처음 들었던 자들이 들은 바대로 듣고, 그리하여 성경 말씀의 본래 의도가 무엇이었는지를 밝히는 것이 곧 석의의 과제이기 때문이다. 바른 석의를 위해서는 문맥과 내용에 대한 바른 질문을 던질 수 있어야 한다.

문맥에 대한 질문은 역자적인 질문과 문학적인 질문이다. 역사적 문맥은 저자와 당대 독자들의 시대와 문화, 저자가 처한 상황과 관련된 지리학적, 지정학적, 정치적 요인들이다. 아모스, 호세아, 이사야 등과 같이 성경 저자들에 관련된 배경과 그들이 사역하던 시대의 특징을 이해하고 있다면 성

18) Gorden D. Fee & Douglas Stuart, *op. cit.*, pp. 22-34.

경본문을 더 잘 알 수 있다. 또한 세례 요한과 예수님 당시에 이스라엘에 퍼져 있었던 메시아 대망 사상을 아는 것, 고린도와 빌립보 지방과 같은 지역에 대해 이해하는 것은 성경을 더 잘 이해하는 기초가 된다. 독자들은 배경에 대한 자신의 지식에 따라 성경 본문 이해의 수준을 달리하게 된다. 예루살렘 산들과 미국의 록키 산맥은 다르다. "산들이 예루살렘을 두름"(시 125:2)을 읽을 때에는 거대한 산맥을 연상하지 않아야 한다. 그러나 이런 세세한 사항들보다 더 중요한 것은 성경의 각 책과 그 책들의 각 부분들의 배경과 목적을 파악하는 일이다. 즉 이스라엘 또는 교회 내에서 어떤 일이 벌어지고 있었기에 그런 책(성경 각권)에 나오게 되었는지 그리고 성경 저자가 어떤 상황에 있었기에 그런 책을 기록하게 되었는지에 관심을 갖는 것이다. 이러한 역사적 상황 이해는 성경 저작 의도와 관련된 배경 이해이며, 이것이 성경 본문을 이해하는 중요한 토대가 된다. 이런 배경 이해를 위해 독자는 성경 사전과 주석을 참고할 수 있는데, 일차적으로는 독자 스스로 성경을 통해 고민해 본 후 자신이 고민한 결과와 관련 자료를 대비하는 것이 좋다.

다음으로 고려할 문맥은 문학적 문맥이다. 문맥 속에서 무엇을 읽는다고 할 때에 그것은 문맥을 고려하는 석의이다. 독자들은 전문가를 찾지 않고도 기본적 언어와 문법 지식만 가지고 문맥을 통한 석의를 충실하게 할 수 있다. 문학적 문맥이란 본질적으로 단어는 문장 속에서만 의미를 갖는다는 사실을 전제한다. 성경의 문장에 있어서는 대부분 앞뒤 문장과의 관계 안에서만 의미를 갖는다. 따라서 모든 문장과 단락에 대해 반복해서 묻는 문맥적 질문은 "저자는 무엇을 말하고 있는가?", "그는 왜 바로 여기서 그 말을 하고 있는가?", "그 다음에 그는 무슨 말을 하는가?", "왜 그런 말을 하는가?" 등이다. 이런 질문들은 석의의 목표인 원저자의 의도를 찾기 위한 질문이다. 이런 과제를 잘 수행하기 위해 운문과 단락이 잘 구분된 성경 번역본을 활용하는 것이 도움이 된다. 예를 들면 흠정역(King James Version)

과 새 미국표준역(New American Standard Bible)이 그런 번역이다.

이제 독자들이 고려할 것은 내용의 문제이다. 단어들의 의미, 문장의 문법적 관계, 사본에 따라 진술하는 바가 다를 경우 원본을 택하는 문제들은 곧 내용의 문제이다. 이런 내용의 문제는 역사적, 문맥적 문제에 기초하여 접근할 수 있다. 예를 들어 '데나리온' 이나 '안식일에 가기 알맞은 길' 은 역사적 문맥을 기초로 이해해야 한다. 한편 고후 5:16은 "비록 우리가 그리스도도 육체대로 알았으나 이제부터는 이같이 알지 아니하노라"라고 하는데, 여기서 '육체대로' 라는 것은 누구에 관한 말씀인가? 그리스도를 가리키는가 아니면 그리스도를 아는 독자들을 가리키는가? 바울은 우리가 더 이상 그리스도를 세상적인 안목으로 알지 않는다는 것이지, 우리가 그리스도의 지상의 생애를 알지 않겠다는 것이 아니라는 점을 알게 되면 본문의 의미에 대한 이해가 달라진다. 이처럼 본문의 명확한 이해를 위해서는 좋은 주석을 참고할 필요가 있다. 그러나 이런 경우에도 먼저 독자 스스로 질문하고 그 답을 고민한 후에 마지막으로 주석을 참고해야 한다.

해석학

해석학은 석의를 포함해서 해석의 전 분야를 포괄하는 것으로 고대의 본문에 대한 현대적 타당성(contemporary relevance)을 찾는 것을 가리키기도 한다. 그러므로 성경공부에서 성경해석이란 과거의 의미를 기초로 하여 지금 여기 독자들에게 주는 성경의 의미를 찾는 일을 말한다. 성경은 오늘날 다양한 환경에 처한 성도들에게 의미가 있으며 해결점을 제공한다. 이를 위해 해석이 필요하다. 그런데 현재의 문제를 해결하기 위해 성경을 공부한다고 하면 석의의 과정을 구태여 거쳐야 하는가? 어떤 이들은 석의의 문제를 걱정하지 않아도 성령님께서 오늘날 독자들의 상황에 맞게 가르쳐 주신다고 생각한다. 그러나 바른 석의에 기초하지 않는 바른 성경공부는 불가능하다. 또한 바른 해석학은 언제나 바른 석의에 기초해야 한다.

그런 점에서 성경을 공부할 때에 지금 여기의 문제로부터 출발해서는 안 되고, 성경본문 자체의 의미에서 출발해야 한다. 이런 출발을 고수해야 하는 까닭은 석의를 기초할 때에 본문의 명확한 의미를 알 수 있기 때문이다. 또한 본문의 본래 의미를 잃어버릴 때 성경해석은 각자의 다양한 상황에 따라 다르게 해석될 수 있기 때문이다. 이렇게 주관적인 문제로 해석학이 변질되면 성경의 본래 의미는 찾지 못하게 된다.

그러므로 독자들은 본래 성경의 의미를 찾는 일을 우선적으로 하면서 그 의도에 맞추어 각자의 독특한 상황 속에 해결점을 발견하기를 구해야 한다. 사실 모든 문제를 해결할 수 있는 공통된 해석학이란 없다. 그 점이 해석의 과제를 어렵게 만든다. 이런 점에서 올바른 석의를 하는 것 자체도 쉽지 않은 작업임은 분명하다. 그러나 성경본문이 과거에 의미하지 않던 바를 현재에 의미하는 그런 예는 결코 없다는 점이 강조되어야 한다. 현대 독자들을 향한 성경 본문의 참된 의미는 바로 하나님께서 그 말씀을 처음 하셨을 때의 의도와 동일하다는 것이다. 이것이 해석의 출발점이다.

4. 성경해석의 원리

성경해석은 하나님 중심, 저자 우선, 문맥중심을 고려하면서 이루어져야 한다.

하나님 중심적 구속사적 원리

바른 성경해석을 위해 독자들은 자기중심이 아니라 하나님 중심으로 성경을 읽어야 한다. 하나님 중심(theocentric)으로 성경을 읽는 것은 성경 본문에서 인간의 삶이나 생각보다는 우선적으로 하나님과 그 분이 하신 일에 초점을 맞추는 것이다. 성경에는 세상의 다양한 이야기들이 들어있다. 성경인물들의 삶은 세상의 인간사 이야기와 그다지 다를 바가 없어 보인다. 그래서 성경을 역사를 기록한 책, 윤리적 교훈을 담은 책 정도로 보기도 한다. 그러나 하나님 중심의 성경 읽기는 성경 인물들의 모범에 집착하는 잘못을 막아준다. 성경의 기사는 사람에 관한 이야기만은 아니다. 그 기사들은 하나님이 사람들에게 또 사람들을 통하여 어떻게 행하셨는지 보여주는 이야기들이다. 인간의 여러 가지 이야기는 하나님께서 어떻게 역사하시는지를 보여주기 때문에 곧 신적인 기사들이다. 기사들마다 주요 인물이 등장한다. 아브라함, 이삭, 야곱, 요셉과 같은 대표적인 인물들이 등장한다. 그러나 그들을 통해 일하시는 하나님을 놓치면 성경을 제대로 알 수 없게 된다.

하나님 중심적인 성경해석은 하나님의 역사에 집중하는 해석이므로, 구속사적(redemptive-historical)인 접근 방법이다. 구속사적 해석의 중심은 예수 그리스도이다. 그러므로 이것은 그리스도 중심적 해석이며, 예수 그리스도 안에서 모든 것이 완결되었으므로, 그리스도 완결적 해석이라고 할 수 있다. 성경은 많은 역사를 담는 것이 아니라 오직 하나의 역사를 담고 있는데 그 역사는 하나님의 구원 역사이다. 그리고 이것이 하나님의 역사이므로 계시사이며, 계시는 발전되는 속성을 갖고 있으므로 구원 계시의 발전사이다. 이러한 구원 계시의 발전은 예수 그리스도를 중심으로 이루어진다. 구약은 오실 그리스도에 대한 예언이며, 신약은 오신 그리스도에 대한 증거이고 다시 오실 그리스도에 대한 예언이다. 성경에 기록된 다양한 인물들은 모두 이러한 그리스도와의 관련성을 갖고 있으며, 그것이 긍정적이기도 하고 부정적이기도 하다. 각각의 인물들은 이와 같은 하나의 역사 안에서 자신의 독특한 위치를 부여받았고, 이런 역사에 대해 그들의 독특한 의미를 갖고 있다. 따라서 독자들은 모든 성경 이야기를 그들이 서로 갖고 있는 관계 속에서, 예수 그리스도를 중심으로 각각의 독특한 위치와 함께 계시의 발전적 전개를 이해하도록 노력해야 한다.[19]

저자의 의도 중심 원리

저자의 의도 중심이란 성경 본문을 기록한 저자가 본래 의도했던 것을 우선시하는 것을 말한다. 성경해석의 중요한 전제는 성경 기자들이 본문을 기록할 때에는 분명히 그 기록 목적을 갖고 있었다는 것과 그 의도를 해석의 일차적인 목적으로 삼는데 있다. 이것이 저자의 의도 중심 해석(author-oriented interpretation)이다.

저자의 의도에서 고려할 것은 성경저자의 이중성이다. 하나님은 성경의 원저자인데, 인간을 성경의 저자로 사용하셨다. 그렇다면 성경을 기록할 당시 하나님의 의도와 인간 저자의 의도 사이에 어떤 상관관계가 형성된다. 하나는 하나님의 의도와 인간 저자의 의도와 일치하는 관계이다. 그러나 인간은 하나님의 뜻을 온전히 알 수는 없다는 점에서 하나님의 의도는 인간의 의도보다 더 깊고 넓음을 인정하지 않을 수 없다. 이것을 "sensus plenior"(더 완전한 의도, the fuller sense)라고 한다.[20] 일례로 창 3:15은 원시복음으로 알려져 있는데, 창세기를 기록할 당시 저자 모세가 이 사실을 어느 정도 알고 있었는지 생각한다면, 하나님의 의도와 인간 저자의 의도 사이의 차이를 짐작할 수 있다. 그런 점에서 성경에는 하나님에 의해서 의도되었으나, 인간 저자에 의해서는 분명하게 의도되지 않은 추가적인 더 깊은 의미가 담겨 있음을 본다. 이것은 성경 본문의 단어들 속에 또는 여러

---

19) Sidney Greidanus, 《구속사적 설교의 원리》(*Sola Scriptura: Problems and Principles in Preaching Historical Texts*), 권수경 역 (서울: 학생신앙운동, 1989), p. 90.

20) Raymond Brown, *The "Sensus Plenior" of Sacred Scripture* (Baltimore: St. Mary's University, Dissertation, 1955), p. 92.

본문들과 전체를 통해 담겨 있는데, 그 이후에 계시에 비추어 볼 때 알 수 있게 된다. 이것이 구원계시의 발전적인 부분이다. 이와 같이 저자 의도를 우선하는 것은 일차적으로 그 본문을 기록했던 당시의 의도를 우선시하면서 동시에 성경 전체를 통해 계시사적인 발전성을 고려하여 하나님의 뜻을 찾고자하는 성경해석의 원리이다.

문맥중심의 원리

존 스토트는 시므온(Charles Simeon)의 말을 인용하여 "내가 노력하며 애쓰는 바는 '성경에 있는 것을 이끌어 내고 내가 거기 있다고 생각하는 것을 거기에 밀어 넣지 않도록' 하는 일이다. 나는 이 항목을 매우 중히 여긴다. 내가 강해하고자 하는 구절에서 성령님의 뜻이라고 믿어지는 것 이상이나 그 이하를 말하지 않으려 한다"고 하였다.[21] 이것은 성경의 본래 의도를 파악하려는 석의의 과제와 동일하다. 또한 본래 의도를 알기 위해서는 문맥을 잘 살펴야 한다. 사실상 문맥은 의미를 이해하려고 할 때 도움을 주는 정도가 아니라 오히려 의미를 만든다. 한 단어가 가지고 있는 다양한 의미들 중에 인간의 인식 속에 들어오는 의미는 문맥으로 결정된다. 다른 나머지 의미들은 소멸된다. 이것은 의미가 이미 확정되어 있는 것처럼 보이는 단어들에게서도 적용된다.[22]

문맥이란 한 단어에서부터 출발하여, 문장, 단락, 장, 책, 그 책이 속한 성경 분류(율법서, 역사서, 예언서, 시가서, 서신서 등), 구약과 신약 그리고 성경전체로 확장된다. 문맥을 고려하기 위해서는 주어진 성경본문만이

---

21) John Stott, 《성경연구입문》(*Understanding the Bible*), 최낙재 역 (서울: 한국성서유니온, 1995), p. 236.

22) Moises Silva, 《성경 어휘와 그 의미》(*Biblical Words and their Meaning*), 김정우, 차영규 역 (서울: 성광문화사, 1990), p. 221.

아니라 그 본문의 앞과 뒤를 잘 살펴야 한다. 해당 본문은 더 큰 부분의 일부이기에 전체 속에서 해석하지 않으면 바른 의미를 찾을 수 없다. 또한 본문 안에 주어지는 단어나 문장 혹은 단락도 앞과 뒤의 것들과 유기적인 관계 속에서 읽어야 한다. 이렇게 할 때 성경 전체에 맞추어 성경을 읽을 수 있고 성경 본래 의도에 맞게 이해할 수 있다.

이와 같이 하나님 중심, 저자의 의도, 문맥중심의 원리를 따라 성경을 해석하고자 할 때 잘못된 해석을 방지하고 성경의 본뜻을 발견하며 순종할 수 있다. 해석의 실제에서 독자들이 지켜야하는 해석의 원칙은 평이성, 역사성, 일반성을 들 수 있다.[23]

첫째, 평이성은 자연스러운 뜻을 찾는 것이다. 특정인만을 위한 해석이 아니라, 모든 사람들이 받을만한 자연스러운 뜻을 구하는 것이 중요하다. 하나님은 빛이시며 그 안에는 어두움이 조금도 없다는 점을 명심해야 한다(요일 1:5). 자연스러움이란 여자적인 자연스러움은 아니다. 성경은 여자적(如字的)이기보다는 종종 표상적(表象的)이다. 즉 여자주의에 빠진다면 니고데모의 경우처럼 어머니 배속에 다시 들어갔다가 나와야 한다는 식으로 중생을 오해하게 된다(요 3:3, 4). 또한 은유적인 다양한 표현들은 문자 그대로가 아니라 하나님의 놀라운 역사를 표상으로 보여주는 것이다.

둘째, 역사성은 성경의 본래 의도를 찾아야 한다는 원칙이다. 이것은 곧 석의의 과제이다. 하나님은 모든 세대를 초월하여 동일한 말씀을 주셨지만, 일차적으로 자기의 계시를 특정한 세대에 주셨다. 그러므로 후대의 생각들을 성경에 집어넣는 것은 잘못이다. 이러한 역사성을 위해서는 저자의 상황, 문체, 언어를 고려해야 한다. 그리고 지리적, 문화적 상황도 감안할 필요가 있다.

셋째, 일반성은 조화의 원칙이다. 성경은 여러 세대에 걸쳐 다양한 저자

---

23) John Stott, *op. cit.*, pp. 229-251.

들에 의해 기록되었다. 그럼에도 하나님의 편에서 볼 때에 성경은 하나이며 유기적인 통일성을 가진 것이다. 그러므로 성경은 전체적으로 보아야 하며, 일반적으로 적용될 수 있는 것이다.

5. 성경해석을 위한 도구 활용

성경해석을 위해 유용한 자료들을 준비하면 많은 도움을 받을 수 있다. 먼저 기본적으로 성경책이 있어야 한다. 성경은 다양한 역본들이 있으므로 신뢰할만한 역본을 구하는 것이 중요하다. 한글번역은 대개 개역한글이나 개역개정판을 사용하는데 한자가 병기된 국한문 성경이 의미를 더 잘 이해하는데 도움이 된다. 그 외에도 공동번역, 표준새번역, 쉬운성경 등도 도움이 된다. 영역본인 경우에는 New International Version, New Revised Standard Version, New American Standard Bible, King James Version 등을 활용할 수 있다.

성경을 읽을 때에 국어사전을 참고할 필요가 있다. 흔히 자신의 나라 말은 사용은 하면서도 정확한 의미를 모를 때가 많다. 성경에 나타나는 어려운 단어는 사전을 참고하면서 해결해야 한다. 그러나 모든 성경 단어가 국어사전에 나오는 것은 아니다. 또한 국어사전은 신학적인 용어 설명을 하지 않기 때문에 성경의 용어를 제대로 설명하지 못하는 단점도 있다. 그럼에도 국어사전은 일반적인 수준에서 성경을 이해하기 위한 도움을 제공한다.

성경해석을 위한 부수적인 도구로는 성구사전(concordance), 성경사전(Bible dictionary), 주석(commentary)이 있다. 성구사전은 성경에 나오는 낱말들을 총 정리한 것으로 자기가 원하는 성경구절을 한 단어만 가지고도 성경 어디에 있는지 알 수 있다. 이런 성구사전은 특정한 단어가 성경 전체에 어떠한 용례를 갖고 있는지 확인하는데 도움이 된다. 성경사전은 성경의 인명, 지명, 술어, 주제들을 설명해 놓은 책이다. 주석은 성경의 본문 각각에 대한 주석가의 해석이 담긴 것이다. 유용한 주석들은 한 부분에 대한 다양한 견해들을 제공하면서 바람직한 해석을 제시하는 식으로 되어 있다.

성경 해석을 위한 도구들은 도구 수준에서 활용될 때에 가치를 가진다. 만약 성경 도구에 의존하게 되면 더 이상 참된 해석의 기쁨을 맛볼 수 없다. 그러므로 독자들은 성경해석을 위해 성령의 조명을 의지하여 차분하게 성경을 읽으면서 바른 질문을 하고 관찰하는 귀납적인 방식을 사용해야 한다. 그런 후에 필요할 때에 참고 자료를 활용해야 한다. 참고 자료는 독자들이 자신의 질문과 그 질문에 대한 자신의 답을 가진 다음에 비교하는 선에서 이루어져야 한다. 아무리 좋은 도구를 갖추고 있더라도 독자의 성경해석 능력이 발전하는 것은 아니다. 성경해석을 실천하면 할수록 성경의 본래 뜻은 더 밝혀지게 된다.

끝으로 성경해석에 있어서 강조해야 할 사항은 적용이다. 적용되지 않는 해석은 의미가 없다. 성경은 연구 자체를 위한 책이 아니라 순종을 위한 책이기 때문이다. 그러나 바른 순종을 위해서는 바른 해석이 필요하다. 언제나 성경의 본래 뜻을 찾기에 집중해야 하며, 동시에 그 뜻에 순종하기를 더욱 추구해야 한다. 성경교사는 자신의 학생들에게 성경의 뜻을 전달하는 데에 그치는 것이 아니라 성경의 교훈을 따라 살 것을 격려해야 한다. 그러므로 교사는 말씀을 지킬 때까지 가르치는 수고를 마다해서는 안된다(마 28:20). 이를 위해서 교사는 자신이 먼저 성경 말씀에 순종하는 자가 되어야 한다. 먼저 순종하지 않고 학생들을 순종하게 할 수는 없기 때문이다.

✤ 학습 문제

1. 성경해석의 필요성은 무엇인가?

2. 바른 석의를 위해 필요한 것이 무엇인지 말해보라.

3. 성경해석의 기본적인 원칙들은 무엇인지 설명해 보라.

4. 성경해석을 위한 도구의 활용에 있어서 유의할 점은 무엇인가?

〈읽을 거리〉

고든 디 피, 《성경을 어떻게 읽을 것인가(증보판)》, 오광만 역, 서울: 성서유니온, 2001.

고든 디 피, 《책별로 성경을 어떻게 읽을 것인가(개정판)》, 길성남, 김진선 역, 서울: 성서유니온, 2007.

도날드 맥킴, 《성경 해석자 사전》, 강규성, 장광수 역, 서울: 기독교문서선교회, 2003.

브루스 윌킨스, 케네스 보아, 《한눈에 보는 성경》, 정인홍, 곽철호 역, 서울: 디모데, 1999.

시드니 흐레이다누스, 《성경 해석과 성경적 설교》, 김영철 역, 서울: 여수룬, 1998.

윌리엄 라킨, 《문화와 성경 해석학》, 정득실 역, 서울: 생명의말씀사, 2000.

존 스토트, 《성경연구입문》, 최낙재 역, 서울: 성서유니온, 2002.

필립 얀시, 《맥 잡는 성경 읽기》, 서울: 진흥, 1998.

황창기, 《그리스도 중심의 성경 이해》, 서울: 이레서원, 2000.

| 제2부 |

성경교수 이론의 원리와 과정

1장

유능한 성경교사

개역한글 성경에는 '유능'이란 용어가 등장하지 않는다. 그러나 성경에 자주 등장하는 '지혜로운'이란 용어는 유능하다는 말과 유사하다. 고린도전서 3:10은 "내게 주신 하나님의 은혜를 따라 내가 지혜로운 건축자와 같이 터를 닦아 두매 다른 이가 그 위에 세우나 그러나 각각 어떻게 그 위에 세우기를 조심할찌니라"라고 말씀한다. 여기서 '지혜로운'은 New International Version에는 '전문가' 또는 '숙련자'라는 의미의 'expert'로 번역하였다. 이것의 그리스어 원문은 'σοφὸs'(sopos)인데, 이 용어는 '현명한', '경험이 있는', '학식 있는', '숙련된'이란 의미를 갖고 있다.[1)]

1) Kurt Aland, et. al., *The Greek New Testament*, 4th edition 참조.

이것을 《쉬운성경》에서는 '유능한' 이란 말로 번역하였다.[2] 이 구절은 사도 바울이 유능한 교사로서 그가 맡은 고린도교회의 터를 닦아 두었는데, 앞으로 이 터 위에 무엇인가 세우려면 신중해야 한다는 말씀이다. 그렇다면 성경교사는 과거에 사도들의 전통과 오랜 교회 역사 속에 이미 세워진 바른 터전을 기초하여 온 교회를 계속적으로 견고하게 세워나가는 일에 모든 노력을 기울여야 함을 의미한다. 그런데 사도가 세운 터는 다름 아니라 예수 그리스도시다(고전 3:11). 따라서 교사는 예수 그리스도 위에 사람들을 견고하게 세우는 자이며, 이런 일을 잘 감당하는 자가 유능한 교사이다.

성경교사는 모든 하나님의 자녀들이 예수 그리스도라는 터 위에서 하나님과의 바른 관계를 맺고 성장하도록 가르쳐야 할 책임을 갖고 있다. 이 중요한 책임을 자각할 때 성경교사는 자신이 맡은 학생들에게 말씀을 전하는 과업을 성실하게 감당하게 된다. 이러한 일을 위해 성경교사는 좋은 교수방법을 끊임없이 개발해야 한다. 그러나 교수방법만으로 유능한 교사가 될 수는 없다. 성경교사는 그것과 함께 말씀의 비밀을 맡은 자라는 의식, 합당한 인격, 교사로서의 소명, 가르침에 대한 열정, 인간성장에 대한 이해, 목자적인 사랑을 구비해야 한다. 이런 요소들이 교사에게 있을 때에 유능한 교사가 될 수 있으며, 그를 통해 양육되는 학생들에게서 많은 열매를 기대할 수 있을 것이다.

---

2) "나는 하나님께서 내게 주신 은혜대로 유능한 건축자처럼 기초를 놓았습니다. 하지만 다른 사람들은 그 위에 건물을 세우고 있습니다. 그러나 각 사람은 이 기초 위에 어떻게 건물을 세워야 할지 주의해야 합니다." 쉬운성경 편찬위원회, 《쉬운성경》(서울: 아가페출판사, 2002), 고전 3:10.

1. 말씀의 비밀을 가진 자

성경교사는 성경을 바르게 가르치는 일을 담당한다. 이때 성경을 가르치는 것은 깨닫게 하는 교육이다. 성경교사는 학생들을 하나님의 말씀을 깨닫도록 인도해야 하며, 이를 위해 교사 자신이 먼저 깨닫는 자가 되어야 한다. 깨닫지 않은 것을 가르칠 수 없으며, 깨닫지 않은 것을 말하면서 깨달음을 요구할 수 없다. 신명기 6:6-7은 '네 마음에 새기고, 가르치라'는 말로 요약될 수 있다. 이 말씀은 다른 사람에게 하나님의 말씀을 되풀이하여 깨우치기를 원하는 사람은 먼저 그 말씀을 자기 마음에 받아들이지 않으면 안 된다는 것을 가르쳐 준다. 마음에 가득차 있는 것이 입으로 나오는 법이다. 여기서 마음에 새기고 가르치라는 말씀은 '깨달은 것을 가르치라'는 의미이다. 먼저 깨달은 후에, 깨달은 것을 가르칠 때 참으로 생명력 있는 가르침이 된다. 교사는 자기와 무관한 말씀을 들고 서서 어린이들에게 가르칠 때가 종종 있는데, 여기에는 생명력 있는 가르침을 기대할 수 없다.

성경을 가르친다는 것은 단순히 지식을 넣어주는 일은 아니다. 지식의 전달이 중요하기는 하지만, 여기에 머물러서는 안된다. 성경교육은 지식의 전달을 초월하는 교육이다. 하나님에 대해 가르친다고 할 때에 성경사전이나 백과사전에 나타나 있는 하나님에 대한 지식을 가르치는 것도 필요하지만 그보다 더 중요한 것은 교사 자신이 먼저 체험한 하나님을 고백하면서 가르치는 태도이다. 이런 점에서 성경교육은 산 체험을 담은 고백의 교육이 되어야 한다.

구약의 선지자들을 예언자라고도 부른다. 이때 예언자는 앞날에 일어날 일을 미리 말하는 일이 그들의 주된 임무라고 생각하기 쉽다. 그러나 이러한 임무는 그들의 사역의 일부분을 차지할 뿐이다. 그래서 구약성경의 '예언자'(預言者)는 '예언자'(豫言者)가 아니다. '預言者'의 '預'라는 글자는 흔히 예금(預金)이라는 말에서 쓰는 글자이다. 은행이 돈을 맡아서, 찾으려고 하는 사람들에게 돌려주듯이, 예언자는 하나님의 말씀을 듣고, 그것을 백성들에게 전하는 자이다. 그들은 말씀을 맡은 자이다. 이런 점에서 볼 때, 그들은 하나님의 생각을 먼저 아는 자 곧 선지자(先知者)였으며, 백성들이 보지 못하는 것들을 먼저 보는 자 곧 선견자(先見者)였다.

성경을 맡은 교사의 기본자세는 예언자의 자세와 같다. 교사는 먼저 하나님의 말씀을 깨닫는 자가 되어야 한다. 좋은 성경교사가 되는 것은 교사가 먼저 말씀을 사랑하며, 그 말씀을 부단히 깨닫는 자가 될 때 가능하다. 교사는 하나님의 말씀을 맡은 자라는 의식을 가져야 한다. 맡기 위해서는 먼저 받아야 한다. 교사의 가장 큰 문제는 듣지 않고 말하는 것이고, 깨닫지 않고 깨닫게 하려는 것이고, 배우지 않고 가르치려는 자세이다.

성경을 가르치는 것은 깨달음에로 인도하는 일이다. 말씀을 깨달음에로 사람들을 초대하고, 그들의 눈을 열어주는 일이다. 이를 위해 교사가 먼저 눈이 밝아지는 체험을 해야 한다. 이런 체험이 있을 때에 비로소 다른 이의 눈을 열어줄 수 있다.

2. 본을 보이는 건전한 신앙인격

성경은 학생들을 순종으로 이끈다. 이것은 단순히 부모의 말이나 교사의 말을 잘 듣는다는 차원을 넘어서서 하나님의 말씀에 귀 기울이며, 그 말씀에 생을 위탁하고, 또한 그 말씀을 따라 사는 자세를 말한다. 하나님의 말씀은 사람들이 듣기를 원하는 위안이나 권고가 아니라, 순종을 요구하는 명령이다. 키에르케고르는 "주님께서는 단순한 숭배자를 원하시지 않으시고, 제자를 원하신다."는 말을 통해서 이 점을 강조하였다. 학생들을 순종으로 이끌기 위해서는 순종하는 교사가 필요하다. 학생들은 교사의 순종하는 모습을 보아야 한다. 먼저 순종하는 것은 교사의 특별한 사명이자 의무이다. 교사가 성경을 가르치는 데에는 두 가지 차원이 있다. 첫째는 교사가 먼저 배우고 순종하는 것이다. 둘째는 학생들로 하여금 행하도록 가르치는 것이다. 여기서 교사의 순종이 선행될 때 학생들을 순종으로 이끌 수 있다는 점이 강조된다.

신명기 6:7은 하나님의 법을 돌판 위에 두기 보다는 마음에 두라고 강조한다. 신명기 11:18에서도 하나님께서는 "너희는 나의 이 말을 너희 마음과 뜻"에 두라고 명령하신다. 신약에 보면 사람이 예수 그리스도의 계명을 지키는지 혹은 그렇지 않은지에 따라 그가 얼마나 예수 그리스도를 사랑하는지 알 수 있다고 말한다. 요한복음 14:21의 말씀이나, 요한1서 5:2의 말씀은 궁극적으로 계명에 대한 순종을 말하는 것이다. 계명에 대한 순종은 다름 아니라 사랑의 산물이다. 결국 마음에 새기고 가르치라는 것은 행하면서 가르치라는 말씀이다. 이것은 대단히 평범하게 들리지만, 성경교수 현장에서 가장 중요한 원리이다. 교사에게서 배우는 학생들에게서 하나님의 말씀이 실천되는 것을 볼 수 있어야 한다. 이것이 교사의 마음 판에 새겨진 하나님의 말씀을 읽을 수 있게 하는 방법이다. 그러므로 교사는 언제나 말만이 아니라 행함과 모본으로 학생들을 가르쳐야 한다.

사도행전 1:1에는 "데오빌로여 내가 먼저 쓴 글에는 무릇 예수의 행하시며 가르치시기를 시작하심부터"라고 기록하고 있다. 누가는 여기서 예수님은 가르치실 뿐 아니라 행하시면서 가르치셨음을 말하고 있다. 사도행전 3장에는 성전 미문에 앉은 앉은뱅이가 돈을 구걸하는 이야기가 나온다. 베드로는 구걸하는 앉은뱅이를 향하여 주목하여 말하기를 "우리를 보라"고 했다. 베드로가 보라고 한 것은 앉은뱅이에게 보여줄 것이 있었기 때문이다. 베드로와 요한은 은과 금은 갖지 않았지만, 나사렛 예수 그리스도를 보여줄 수 있었다. 성경교사는 그를 통해 예수 그리스도를 보여줄 수 있어야 한다. 그때 진정한 성경교사가 될 수 있는 것이다.

마태복음 23:3에서 예수님은 바리새인들에 대해 "무엇이든지 저희의 말하는 바는 행하고 지키되, 저희의 하는 행위는 본받지 말라. 저희는 말만 하고 행치 아니하며"라고 책망하셨다. 거짓 교사, 잘못된 교사의 모습이 이 말씀에 들어 있다. 교사가 바른 것을 가르치기는 하지만 정작 그 자신은 지키지 않는다면 바른 가르침일 수 없다. 에베소서 6:1-4은 자녀들에게 순종할 것을 명한 후, 부모들에게는 자녀를 노엽게 하지 말라고 가르친다. 자녀들을 가장 노엽게 하는 방법은 자녀들에게는 강요하면서도 부모들은 그것을 행치 않는 것이다. 부모가 자녀를 가르치는 가장 좋은 방법은 부모가 원하는 모습을 자녀들에게 보이는 것이다. 자녀가 독서하기를 원한다면 부모가 먼저 자녀들 앞에서 책 읽는 모습을 보이면 자녀들도 부모를 본받아 책을 읽게 된다. 마찬가지로 자녀들이 성경을 읽고 순종하기를 원한다면 먼저 성경말씀에 순종하는 모습을 보여야 할 것이다.

하나님의 말씀은 언제나 순종을 요구한다. 교사가 학생들의 순종을 원한다면 교사 자신이 먼저 순종하는 본을 보여야 한다. 선교사 존 패튼(John Paton)은 "하나님은 내 아버지께 아주 실재적이었다. 그래서 나에게도 실재가 되셨다"(God is so real to my father that He become real to me.) 라고 말하였다.[3] 하나님은 추상적으로 존재하시는 분이 아니시다. 그 분은 우리 앞에서 살아계신 인격으로 활동하시며 존재하신다. 그러기에 우리도 그렇게 존재하기를 원하신다. 입술의 봉사만으로 그치는 신앙이 아니라, 참 제자로서 예수 그리스도를 따라가는 일이다. 패튼의 말에서 놓칠 수 없는 또 하나의 요소는 그의 아버지가 하나님을 실재로 여기고 살아갈 때, 그 아들도 하나님을 그렇게 대하며 살아가게 된다는 사실이다.

---

3) Norman E. Harper, 《제자훈련을 통한 현대기독교교육》(*Making Disciples: The Challenge of Christian Education at the End of the 20th Century*), 이승구 역 (서울: 엠마오, 1977), p. 71.

3. 가르침의 소명과 열정

예전에는 흔히 소명이라고 하면 목사나 선교사에게 적용된다고 생각하였다. 그래서 은혜를 받으면 자신이 다니던 직장을 그만두고 신학교로 가는 일도 있었다. 그러나 소명이 특별한 직종에 종사하는 사람에게만 해당되는 것은 아니다. 누구든지 그가 어떤 사람이며, 무엇을 행하는가 하는 문제는 분명히 그와 하나님과의 관계 속에서 규정되는 일이다. 모든 그리스도인들은 그의 모든 사역을 하나님의 소명으로 받아들여야 한다. 교사들은 자신들에게 주어진 가르치는 사역이 하나님이 주신 일로 알고 받아들여야 한다.

교사가 자신이 하는 과업에 대해 확신을 갖지 못하고 즐거움을 얻지 못한다면 그 일을 성공적으로 수행하기란 상당히 어려울 뿐만 아니라 불가능하기까지 하다. 가르치는 일은 그 자체가 본질상 즐거움을 요구한다. 이것은 심리학적으로도 타당하다. 교사의 과업이 자기 자신을 자극하는 것일 경우에 그의 가르침은 쉽게 학생들의 긍정적인 반응을 유발하게 된다. 어거스틴(Augustine)은 "사실 우리 스스로가 가르치는 일에 즐거움을 느끼고 있을 때, 사람들도 큰 즐거움을 가지고 우리들의 말을 듣는다"라고 하였다.[4] 가르치는 일에 즐거움과 보람을 느끼지 못하는 교사는 교육내용과 학생 사이에, 그리고 자신과 학생 사이에 심리적인 장벽을 쌓는 것이다.

독일의 교육학자인 헤르만 노올(Hermann Nohl)은 교육의 핵심을 교사와 학생의 관계로 보고, 이를 '교육학적 관계'라는 개념으로 정리하였다. 교육학적 관계는 교육받는 자와 교육하는 자 사이의 인격적 관계가 그 중심이 되며, "성숙한 인간이 변화되어 가는 사람들과 맺어가는 정열적인 관계"라고 말하였다.[5] 교사는 성장도상에 있는 학생들을 위하여, 그들이 최선의

4) *Ibid.*, p. 173.

삶의 모습을 이룩하도록 정열적으로 간섭하고 도와주는 사람이다. 예일 대학교 교수 펠푸스(William Lyon Phelps)는 "나는 내가 가르침에서 느끼고 있는 즐거움을 다른 사람에게 모두 명백히 나타낼 수 있을지 모르겠다. 나는 다른 어떤 방법으로 보다는 가르침으로 생활한다. 내가 생각하기로는 가르침이란 단순히 작업이나 직업, 혹은 과업이거나 투쟁이라기보다는 열정(a passion)이다. 나는 가르치는 것을 사랑한다."[6] 교사는 이런 소명과 열정의 소유자여야 한다.

4. 인간에 대한 이해

다른 사람을 이해한다는 것은 생각보다 쉬운 일은 아니다. 왜냐 하면 인간은 근본적으로 다른 사람이 될 수 없기 때문이다. "내가 당신을 이해한다"고 말하기는 쉬워도, 그 말을 듣는 이가 여기에 공감을 갖게 되는 것은 쉬운 일이 아니다. 그렇기 때문에 우리는 비록 제한적이기는 하지만, 상대방의 입장을 생각해 주고 상대방에게 마음을 써주는 노력을 계속해야 한다. 여기서 중요한 사실은 사람들은 자신의 입장이 받아들여지고, 이해되고 있다고 생각될 때, 자신에 대한 긍정적이고도 적극적인 자세를 갖게 되고, 자기 자신과 새롭게 대결할 수 있는 힘을 얻게 된다는 사실이다. 이것은 상담에서 중요한 원리이면서 모든 교육행위에서 중요한 원리가 된다.

어떤 젊은이가 범죄를 하고 심한 고뇌와 갈등으로 고민하다가 한 성자를 찾아왔다. 그 성자는 그 청년의 말을 듣고 이렇게 말해 주었다. "당신은 어

---

5) W. Klafki, u. a., Funk-Kolleg Erziehungswissenschaft, Bd. 1, Frankfurt am Main, 1970, S. 58. Hermann Nohl, Die pädagogische Bewegung in Deutschland und ihre Theorie, Frankfurt am Main, 1961 (5. Aufl.), S. 134.

6) Norman E. Harper, *op. cit.*, p. 174.

제 그런 죄를 짓고 괴로워하고 있습니다. 그러나 나는 내일 그런 죄를 범할 지도 모릅니다." 이 청년은 성인의 대답을 듣고 힘을 얻어 돌아갔다. 사람이 새롭게 출발할 수 있는 용기를 얻는 것은, 타인에 의해서 나의 상황이 어느 정도 받아들여지고 있음을 느낄 때이다. 이렇게 볼 때 이해한다는 것은 타인에게 베풀 수 있는 최대의 봉사이다.

모든 가르침에서 그 대상을 이해한다는 것은 중요한 일이다. 왜냐하면 이해하는 일은 교육을 구성하는 기본 요소인 교육목적, 교육내용 및 교육방법과 깊이 관련되어 있기 때문이다. 교육의 목표는 성취될 수 있는 목표이어야 하는데, 피교육자에 대한 이해는 타당성 있고, 실현성 있는 목표를 세우는 일에 도움을 준다. 또한 이해하는 일은 무엇을 가르쳐야 할지, 또한 그것을 어떻게 가르쳐야 하는지를 결정하는데 결정적인 자료가 된다. 바로크 시대의 교육학자 라트케(Wolfgang Rake)는 쾨텐(Köthen)에서 학생들에게 독일어, 라틴어, 그리스어, 히브리어, 칼데아어, 시리아어, 아랍어, 이탈리아어, 프랑스어, 스페인어 등 10개의 언어를 각각 6개월 만에 모두 5년 안에 가르치려고 시도하였던 적이 있었다. 이러한 그의 시도는 성공을 거두지 못하였다. 물론 라트케는 반복과 연습을 통한 집중적인 수업 규칙을 창안하였고, 국민교육사상, 모국어의 중요성, 직업교육의 강조와 같은 면에서 탁월한 공헌을 한 학자이다. 그러나 학생들에게 분에 넘치는 교육목표를 강요한 것은 결국 건설적인 그의 계획을 실현할 수 없게 만드는 결과를 초래하였다.[7] 성경교수에 있어서도 교육목표는 교사가 맡은 학생들의 수준을 고려한 것이어야 하고, 그 수준에 따라 학생들이 이해할 수 있는 방식으로 전달해야 한다. 그렇지 않고 짧은 시간 안에 너무 많은 것을 가르치려고 한다면 부정적인 결과를 초래하게 된다.

위대하신 교사이신 예수님은 사람의 몸을 입고 이 땅에 오셨다. 이것은

---

7) Albert Reble, 《서양교육사》(*Geschichte der Pädagogik*), 정영근 외 역 (서울: 문음사, 2005), pp. 144-145.

인간을 이해하시는 예수님의 모습을 잘 보여준다. 그 분은 친히 인간이 되심으로 인간의 모든 것 곧 피곤, 배고픔, 갈증, 슬픔, 아픔을 아신 자가 되셨다. 그러므로 주님을 따르기 원하는 모든 교사들은 이해하는 일이 얼마나 중요한 지를 인식하고 이것을 자신의 사역의 출발점으로 삼아야 한다.

이해한다는 것은 우선적으로 이해하려고 하는 대상에 대해 관심과 흥미를 갖는 일이다. 예를 들면 어린이를 아주 귀찮은 존재로 취급한다면 어린이에 대한 이해는 생기지 않는다. 어린이를 좋아하고 관심을 가질 때 어린이를 이해하는 좋은 교사가 될 수 있다. 또한 이해한다는 것은 관심과 흥미를 가지면서 동시에 그들의 입장이 되어 주고, 그들과 함께 시간을 보내며 우정을 나누는 노력이다. 이해한다는 것은 상대방을 알기 위한 노력이다. 그러나 이러한 노력의 동기는 결국 그들을 잘 섬기기 위해서이다. 진정한 이해는 상대방을 누르고, 무시하고, 억압하는 일이 아니다. 이해한다는 동사는 영어로 'understand' 인데, 이것은 '아래' 라는 말과 '선다' 는 말이 합해서 된 것이다. 이해한다는 것은 아래에 서는 일이며, 상대방의 종이 된다는 뜻을 담고 있다.

바른 이해는 백 마디의 충고보다도 더 강력한 결과를 가져온다. 이것이 모든 가르침의 참된 출발이다. 특별히 교회에서 교사역할을 맡은 이들은 모두가 이해의 사역을 잘 감당해야 한다. 말하기 전에, 지시하기 전에, 외치기 전에 조용히 경청할 수 있는 자가 되어야 한다. "귀는 크게 열고, 눈은 높이 보고, 입은 작게 말하라"는 말은 깊이 귀담아 둘 가치가 있는 말이다.

좋은 교사는 이해하는 교사이다. 학생들의 요구, 수준, 관심, 나아가서는 그들의 희망과 고민에 대해 세심한 배려와 관심을 보여주어야 한다. 헨리 나웬은 이해가 없는 교육은 그 자체가 폭력이라 하였다.[8] 예수님은 "나는 선한 목자라 내가 내 양을 알고 내 양도 나를 아는 것이 아버지께서 나를 아

---

8) Henri Nouwen, 《새 시대의 사목》(*Creative Ministry*), 성념, 성찬성 역 (서울: 성바오로출판사, 1979), pp. 20-25.

시고 내가 아버지를 아는 것 같으니"(요 10:14-15)라고 말씀하셨다. 이와 같이 교사들은 "나는 좋은 교사입니다. 내가 내 학생을 알고 학생도 나를 아는 것이 아버지께서 나를 아시고 내가 아버지를 아는 것 같습니다"라고 말할 수 있는 자들이 되어야 한다.

5. 목자적인 사랑과 희생

성경을 가르친다는 것은 사랑으로 인도하는 교육이다. 그래서 주님의 사랑을 깨닫고, 사람을 사랑하도록 이끄는 교육이다. 이를 위해 교사는 먼저 주님의 사랑으로 충만한 자가 되고, 그 사랑을 학생들에게 보여줄 수 있어야 한다. 신명기 6:5은 "너는 마음을 다하고 성품을 다하고 힘을 다하여 네 하나님 여호와를 사랑하라"고 하였다. 예수님은 이 말씀을 크고도 첫째 되는 계명이라고 말씀하셨다(마 22:36-38). 여기서 마음과 성품과 힘을 다한다는 말은 하나님께 존재의 전체를 바친다는 것을 의미한다.

사랑하는 것은 하나님을 섬기는 방법이다. 신명기에는 사랑이라는 것이 인간 행위의 기본적인 동기로서 강조되고 있다. 그런데 여기서 중요한 것은 사랑이란 받을 만한 자격이 없는 자에게 내리시는 하나님의 은혜에 대한 응답이라는 점이다. 즉 이러한 하나님의 사랑의 요구는 언제나 이스라엘을 향한 하나님의 사랑을 전제하는 것이다. 이에 대해서 크레지(Craigie)는 다음과 같이 말한다. "순종은 단지 그것이 자기 백성을 인도하였고, 그들을 약속의 땅으로 이끄는 하나님의 사랑에 대한 응답일 때 가능하다 … 사랑에 대한 명령은 주로 출애굽에서 이스라엘에게 보여주었으며, 넓게는 그들을 선택하시고 아브라함 때부터 그들을 부르신 일 가운데서 먼저 보여주신 하나님의 사랑에 기초한 것이다."[9] 또한 블레어(Blair) 역시 "하나님을 사랑하는 계명은 이스라엘 민족에 대한 하나님 자신의 아낌없는 그리고 무조건적인 사랑의 빛 안에서만 이해될 수 있다."고 말하였다.[10] 또한 신명기 6:5-6은 성경을 가르치는 교사의 자격을 가르치는 말씀이다. "너는 마음을 다하고 성품을 다하고 힘을 다하여 네 하나님 여호와를 사랑하라 오늘날 내가 네게 명하는 이 말씀을 너는 마음에 새기고" 여기서 네 마음에 새기라고 명령한 말씀은 여호와 하나님을 사랑하라는 말씀이다. 곧 성경을 가르치는 자는 먼저 하나님을 사랑하는 자가 되어야 한다는 것이다.

마음에 새기고 가르치라는 말씀은 교사의 가르침이 마음으로부터 우러나오는 가르침이 되어야 한다는 것이다. 단순히 입과 혀를 움직여서 하는 말이 아니라, 마음 속 깊은 곳에서부터 우러나오는 진실한 말, 사랑의 말이야말로 사람을 변화시킬 수 있다는 것이다. "머리에서 나온 말은 머리까지 들어가고, 마음에서 나온 말은 마음까지 들어간다"는 말은 큰 공감을 준다. 교사들은 언제나 가르치는 일을 수행할 때, 배우는 학생들을 참으로 귀중히 생각하면서 사랑의 동기에서 가르치는지 자신을 점검해야 한다. 그저 형식적인 가르침, 가르침을 위한 가르침은 아닌지, 아니면 나는 너에게 이 말을 하지 않으면 안 된다는 진지성을 가지고 가르치는지 생각해 보아야 한다. 그들의 영혼을 진심으로 사랑하며, 그들을 받아들여주고, 자신을 쏟아 주려는 용기와 각오가 있어야 한다.

고린도전서 13장에서 교사들이 배워야 할 바는 분명하다. 성경교사에게 가르치는 재능이 있어도 우주의 모든 비밀을 설명할 수 있을지라도 사랑이 없으면 아무 것도 아니다. 사랑이 없는 교사의 가르침은 기계적인 것이 되고 무의미하게 되고 만다. 사랑은 교사로 하여금 학생들의 성공에 같이 기뻐할 수 있게 하며, 그들의 실패에 같이 울 수 있게 한다. 성경은 선한 목자를 양을 위해서 목숨을 버리는 목자로 묘사하고 있다(요 10:11, 15). 교사

---

9) P. C. Craigie, *The Book of Deuteronomy* (Grand Rapids: Eerdmans, 1976), pp. 169-170.

10) E. P. Blair, 《신명기 · 여호수아》, 유석종 역 (서울: 대한기독교서회, 1966), p. 54.

에게 해야 하는 질문은 바로 이 사랑의 동기를 묻는 것이다. 하나님을 사랑하는 사람, 그리고 그 사랑의 동기로 가르치는 자가 참된 교사이다. 요한복음 21장에서도 목자적 사랑의 동기가 강조된다. 예수님은 실패한 베드로를 회복시키시고 "양을 치라"고 말씀하신다. 주님의 양을 치기 위해서 베드로는 주님의 사랑을 다시금 깨닫고, 주님을 향한 자신의 사랑을 확인해야 했으며, 주님을 사랑하는 마음으로 주님의 양을 돌보아야 했던 것이다. 주님은 양을 치는 유일한 조건으로 사랑을 요구하셨다. 이와 같이 성경을 가르친다는 것은 하나님의 사랑으로 이끄는 교육이다. 이 일이 이루어지기 위해서는 무엇보다 교사가 먼저 주님의 사랑을 깊이 깨달아야 하며, 더 나아가 교사와 학생이 함께 주님의 사랑에 감격하는 일이 요청된다.

6. 유능한 교사의 할 일

유능한 교사는 교수 현장에서 어떤 일을 수행하는가? 윌호이트(Jim Wilhoit)와 라이켄(Leland Ryken)은 유능한 교사가 해야 하는 일들로 적극적인 학습 유도, 동기 부여, 명확한 의사전달, 학생들에 대한 도전 촉구, 효율적인 시간관리, 중심사상에 초점을 맞추는 것, 진리를 자신의 것으로 만드는 것, 건설적인 학습 분위기 조성, 핵심 사안과 부수적인 사안을 구별하는 것 등으로 열거한다.[11]

유능한 교사는 학생들이 적극적으로 학습하도록 유도한다. 이때 적극적 학습을 유도한다는 것은 외적으로 활발한 활동을 하는 것을 의미하는 것이 아니라 학생들이 정보와 씨름하여 타당성을 검증하고 배운 것을 활용하는 방법을 깨달아 이전의 학습내용과 관련시켜 적용할 수 있도록 이끌어주는

11) Jim Wilhoit and Leland Ryken, 《성경을 효과적으로 가르치는 비결》(Effective Bible Teaching), 최예자 외 역 (서울: 도서출판 프리셉트, 1996), pp. 43-58.

교육경험을 말한다. 유능한 교사는 학생들에게 배우고자 하는 욕구를 고취시키며, 자신이 가르치고자 하는 내용을 명확하게 전달한다. 그는 많은 것을 가르치려고 하는 것이 아니라 작은 내용이라도 중요한 것을 명확하게 가르치기 위해 천천히 여행한다. 이러한 유능한 교사는 배우는 학생들에게 도전의식을 심어준다. 그리고 효율적으로 시간을 관리하므로 시간을 투자하는 만큼 알뜰하게 배우게 한다. 또한 유능한 교사는 언제나 학습의 모든 과정을 중심사상에 두어서 산만하지 않게 한다. 그는 학생들에게 성경의 지식만을 전달하는 자가 아니라 먼저 진리를 자신의 것으로 소화한 다음에 진리에 순종하는 교사 자신을 학생들과 나누는 자이다. 유능한 교사는 개방적이며 유머를 사용하여 건설적인 학습 분위기를 조성한다. 그리고 핵심적인 것과 부수적인 것을 분명하게 구분하여 필요 없는 것에 시간을 허비하지 않게 한다.

본 장에서 우리는 유능한 성경교사의 요건과 교수현장에서 할 일에 대해 살펴보았다. 유능한 성경교사는 하나님의 말씀을 맡은 자로서 본을 보이는 신앙인격과 가르침에 대한 소명과 열정을 가지고 학생들을 가르치는 자이다. 유능한 성경교사는 이러한 자질과 함께 인간에 대한 이해와 목자적인 사랑과 희생을 아끼지 않는다. 유능한 교사는 성경 안내자와 같다. 교사는 학생들이 성경 여행을 잘 할 수 있도록 돕는 안내자이다. 이때 여행 안내자는 전문가이며, 학생들과 함께하는 동반자이고, 여행 과정 중에 팀의 지도자이며, 여행자들 간 좋은 대인관계를 유지하는 자이다. 무엇보다 우선적으로 안내자는 종으로 학생들을 섬기는 자이다.[12] 유능한 성경교사는 지혜로운 건축자와 같이 목자이신 예수 그리스도를 본받아 학생들이 하나님과 참된 관계를 맺고 하나님과의 관계 안에서 날마다 자라도록 돕는다. 교회는 유능한 성경교사로 인하여 견고하게 성장하며, 여기에 진정한 생명과

12) *Ibid.*, pp. 58-60.

사랑의 역사가 일어나게 된다. 이러한 교사는 곧 영혼을 사망에서 구원하는 교사이며, 하늘의 빛과 같이 빛나는 교사이다(약 5:20, 단 12:3).

✣ 학습 문제

1. '유능한' 이란 용어에 대한 성경적 의미는 무엇인가?

2. 유능한 성경교사가 갖추어야 할 기본적인 자질은 무엇인지 생각해 보라.

3. 신명기 6:6-7을 기초로 성경 교수에 있어서 바른 가르침은 어떤 것인가 생각해 보라.

4. 실제 교수 현장에서 유능한 교사는 어떠한 일을 수행해야 하는지 생각해 보라.

〈읽을 거리〉

루시엔 콜만, 《유능한 성경교사가 되는 길》, 이상대 역, 서울: 요단출판사, 1982.

짐 윌호이트, 레런드 라이켄, 《성경을 효과적으로 가르치는 비결》, 최예자 외 역, 서울: 프리셉트, 1996.

새뮤얼 스마일즈, 《인격론》, 정준희 역, 서울: 21세기북스, 2005.

이애실, 《어, 성경이 읽어지네》, 서울: 두란노, 2003.

2장

성경교수의 기본 원리

방법론을 이야기할 때, 대개 방법론 자체가 만병통치약과 같은 위력을 가진 것으로 오해할 때가 많다. 이런 오해를 범하지 않기 위해서는 방법은 하나의 수단이나 도구라는 사실을 항상 기억해야 한다. 특히 기독교교육에서 방법을 이야기할 때는 더욱 그러하다. 기독교교육이 인간의 사고에서 유출된 새롭고 신기한 방법에만 관심을 기울이고 그 방법 자체만을 지나치게 기대할 때 예기치 않았던 비정상적인 결과들을 얻게 될 것이다. 그러므로 교수 방법을 논하기에 앞서 다음과 같은 성경 말씀을 재음미해 볼 필요가 있다.

> "나는 심었고 아볼로는 물을 주었으되 오직 하나님은 자라나게 하셨나니 그런즉 심는 이나 물주는 이는 아무 것도 아니로되 오직 자라나게 하시는 하나님뿐이니라"

(고전 3:6-7) "여호와께서 집을 세우지 아니하시면 세우는 자의 수고가 헛되며 여호와께서 성을 지키지 아니하시면 파숫군의 경성함이 허사로다"(시 127:1) "사람이 마음으로 자기의 길을 계획할지라도 그 걸음을 인도하시는 자는 여호와시니라" (잠 16:9)

이와 같은 하나님의 말씀은 방법만을 의지할 때 큰 잘못을 범하게 된다는 사실을 가르쳐준다. 그러나 이것은 방법은 전혀 쓸모가 없는 것이라든지, 필요 없다는 말은 아니다. 하나님은 자신의 일을 행하실 때 인간의 수고와 노력과 계획을 이용하신다. 다만 여기서 기억할 것은 기독교교육이 단순히 방법론에만 의지할 때, 본질적인 것을 놓치고 만다는 사실이다. 그러므로 더 유용한 방법을 찾고 개발하는 일을 하되, 이것은 하나의 수단이란 점을 잊지 말아야 한다. 사도바울과 같이 심는 이나 물주는 이는 아무 것도 아니라고 하는 겸손한 자세가 교사들에게 필요하다. 기독교교육자가 방법에만 의존할 때, 방법의 노예가 되어버린다. 그러나 방법자체에 몰두하는 것이 아니라, 교육의 주체이신 하나님께 의존할 때에 방법을 좋은 수단으로 활용할 수 있다. 그러므로 마땅히 방법의 고삐를 성령님께 묶고 겸손하고 조심성 있게 창의적인 사고들을 이용하여 유용한 성경교수방법들을 개발해야 할 것이다.

1. 학습이 일어나는 통로

학습이 일어나는 통로는 언어, 분위기(느낌), 상징, 경험 등과 같은 네 가지 요소를 통해 일어난다.[13]

---

13) 은준관, "기독교교육의 방법: 그 이론적 근거", 은준관 외, 《어떻게: 기독교교육방법을 중심하여》(서울: 교회음악사, 1975), pp. 10-14.

첫째, 언어는 말과 글이며, 이것을 통해 학습이 일어난다. 강의, 설교, 이야기, 상담, 토의 등에서 언어는 가장 필수적인 요소이다. 이러한 언어를 통한 학습은 대단히 일반적이며 가장 많이 쓰이는 방법이다.

둘째, 분위기와 느낌 역시 중요한 요소이다. 대개 말과 글로만 학습이 이루어진다고 생각하였으나, 요즘은 분위기와 느낌의 중요성을 대단히 강조한다. 이해와 사랑의 분위기, 용납되고 있다는 느낌, 사랑을 받고 있다는 느낌이 중요하다. "열 마디의 질책보다, 한 번의 이해가 더 효과가 있다"는 것도 이런 면을 강조한 것이다. 교육은 단순히 말과 글로만 끝나는 것이 아니다. 분위기와 환경 자체는 강력한 메시지가 된다는 점에 유의해야 한다.

셋째, 상징은 가르침을 위한 중요한 요소이다. 비유나, 영화, 그림, 지도, 환등기 등은 종종 학습을 위한 도구로 사용되는데, 이것은 상징을 통한 가르침이다. 시청각교육은 대체로 상징에 해당된다.

넷째, 경험은 성공적인 학습을 위한 필수 요건이다. 실제 경험 이상으로 효과적인 학습이 이루어지는 것은 없다. 학생들에게 자연스러운 경험을 갖게 하는 일은 중요하다. 따라서 현장 조사, 봉사활동, 선교활동 등은 이러한 경험을 반영하여 가치 있는 학습을 가능하게 만든다.

2. 효과적인 학습의 요소들

효과적인 학습을 위해서는 참여, 공감, 단계, 연관성, 유추, 반복, 다양성, 적용과 같은 요소들이 갖추어져야 한다.

참여(participation)

효과적인 학습을 이루기 위해서는 가르침에 학생들을 참여시켜야 한다.

교사가 일방적으로 행하는 교수보다는 다양한 활동에 학생들을 포함시키는 것이 좋다.

공감(sympathy)

효과적인 학습은 분위기에 많은 영향을 받는다. 가르치는 자와 배우는 자가 바른 인간관계를 형성하므로 바른 학습이 진행될 수 있다. 의미 있는 학습은 인간관계의 적당한 분위기에서 일어난다는 것을 기억해야 한다.

단계(gradation)

효과적인 학습이 일어나기 위해서는 명확한 단계가 있어야 한다. 각 단계는 짧고 쉬워야 하며 너무 많은 단계가 한 과목에서 시도되어서는 안되며 각 단계는 다른 단계를 넘을 때 확실히 하고 넘어가야 한다.

연관성(association)

효과적인 가르침을 위해서는 가르치는 내용이 연결되고 그 의미가 통해야 한다. 지난 시간에 배운 것과 오늘 배우는 내용이 연결되어야 하며, 한 단원 속에서의 각 과는 서로 연결되어 있어야 한다. 교사는 가르치는 공과가 그 단원 속에서 가지는 위치를 항상 가르쳐주어야 한다.

유추(analogy)

잘 가르치기 위해서는 학생들의 수준을 잘 알아야 하며 그들이 알고 있는 것을 기초로 모르는 것을 가르치는 방법을 택해야 한다. 교사는 학생들의 현재 수준에서 학습을 시작할 수 있도록 노력해야 한다.

반복(repetition)

중요한 것은 강조하고 반복하는 것이 필요하다. 뜻이 없이 반복하는 것보다는 의미 있는 반복이 필요하다.

다양성(variety)

계속 꼭 같은 방법을 사용하는 것은 학습자의 주의력을 집중시키지 못하고 싫증을 느끼게 한다. 그러므로 교사는 다양한 방법들을 개발하여 상황에 따라 효과 있게 사용하도록 해야 한다.

적용(application)

가르치는 내용을 구체적인 실생활에서 어떻게 적용할 수 있을지를 가르쳐야 한다. 구체적으로 생활에 적용이 되지 않았다면 그것은 완전한 학습이 이루어졌다고 말할 수 없는 것이다. "교사들은 학생들이 생활에 적용하기까지는 사실상 가르치지 아니한 것이나 다름없다"는 말은 옳다.

3. 학습과 커뮤니케이션

교회학교 현장에는 대단히 많은 말들이 오가고 있다. 실제로 교회학교 교사들의 언어는 하나님의 진리의 말씀을 전달하고 학생들을 성장하도록 도와주는 의사소통의 중요한 도구가 되는 것이다. 그러나 교사들이 아무리

많은 말을 해도 학생들이 그 말을 듣지 않고, 어떤 말들은 그저 허공을 치며 사라져가는 것들을 많이 보게 된다. 이는 학생들에게 언어는 전달되었으나 그 언어가 가지는 의미가 학생들에게 내면화되어 학생들을 변화시키지 못할 때 나타난다. 성경교수 역시 학습이며, 이 학습이 제대로 이루어지기 위해서는 커뮤니케이션의 원리에 대한 이해가 필수적이다.

커뮤니케이션의 형태

커뮤니케이션(communication)이라는 말은 그 어원이 라틴어인 communis로 이 말의 뜻은 공통, 혹은 공유라는 뜻이다.[14] 이러한 어원에서부터 보면 커뮤니케이션이라는 말은 결국 "두 사람 이상이 서로의 지식, 정보, 의견, 감정, 신념 등을 공유하는 일"이라고 말할 수 있을 것이다. 이것은 결국 쌍방이 어떤 공통적인 것을 나누어 갖거나, 만들어 나가는 것을 의미한다.[15]

커뮤니케이션의 형태는 주로 세 가지로 나누어 볼 수 있다. 그 첫째는 내적 커뮤니케이션(intrapersonal communiction)으로 사람의 내부에서 일어나는 반성, 내적논쟁, 갈등, 평가, 가치판단, 결정 등의 행위를 말한다. 이것은 매우 광범위한 내적인 정신작용으로 모든 커뮤니케이션의 기초가 되는 것이다. 한 가지 분명한 사실은 중생되기 전의 인간은 내적 커뮤니케이션이 자기 중심성(egocentricity)을 가지나, 중생된 그리스도인은 그리스도 중심성(christocentricity)을 갖게 된다는 사실이다. 두 번째 커뮤니케이션의 형태는 가장 일반적으로 다루어지는 상호 커뮤니케이션(interpersonal communication)이다. 이것은 사람과 사람 사이에서 이루어지는 의사소통을 말한다. 세 번째 형태는 그룹 커뮤니케이션(group communi-

14) 차배근, 《커뮤니케이션학 개론 (상)》(서울: 세영사, 1976), pp. 18f.
15) 최창섭, 《교회와 커뮤니케이션 총론》(서울: 성바오로출판사, 1978), p. 30.

cation)으로 어떤 집단 속에서 일어나는 의사소통을 말한다.[16)]

커뮤니케이션의 종류

커뮤니케이션은 두 가지 수준에서 일어나는데, 언어적 수준에서 일어나는 것과 비언어적 수준에서 일어나는 것이다. 그래서 하나를 언어적 커뮤니케이션(verbal communication)이라고 하며, 다른 하나를 비언어적 커뮤니케이션(non-verbal communication)이라고 한다. 언어적 커뮤니케이션은 주로 말과 글을 통해서 이루어지는 것이며, 비언어적 커뮤니케이션은 말과 글이 아닌 다른 여러 가지 광범위한 요인으로 인하여 일어나는 것이다. 흔히 우리는 말과 글만이 의사를 전달한다고 생각하기 쉬우나 실상은 그렇지 않으며, 말과 글 이외에도 다른 여러 가지 요인들이 실제로 의사소통의 행위를 하고 있는 것이다. 예를 들면 사람의 자세라든지 몸짓, 의상 등이 의사소통에 관여하며, 또한 시간과 공간적 요인도 의사소통에 관여한다. 시간적 요인의 예를 들면 정한 시간의 약속을 어긴다거나 혹은 정한 시간을 넘어서 지루하게 이야기한다거나 하는 것은 좋지 않은 의사를 전달하는 것이 된다. 공간적 요인의 예를 든다면, 거리적으로 가까운 자리에 앉는 것이 상대에게 가까움을 느끼게 하는 의미를 전달하는 것과 같은 것이다. 요즘 커뮤니케이션의 비언어적 차원에 대해 많은 비중을 두기 시작하고 있는데, 이런 사실은 교육의 현장에 대해서도 매우 고무적인 일이다. 교사는 언어를 통한 교육에 그치는 것이 아니라, 보다 더 풍요로운 비언어적 커뮤니케이션의 요인들을 사용할 수 있는 자세와 준비가 필요하다.

또 다른 구분으로 커뮤니케이션을 나누어 말하면 일방통행적 커뮤니케이션(one-way communication)과 상호통행적 커뮤니케이션(two-way

16) Raymond McLaughlin, *Communication for the Church* (Grand Rapids: Zondervan, 1968), pp. 62-65.

communication)이다. 일방통행적인 커뮤니케이션은 전달자가 일방적으로 의사를 전달하기 때문에 듣는 자는 수동적인 자리에 있게 된다. 그러나 상호적인 커뮤니케이션은 전달자의 의사에 대해 듣는 자가 계속 반응하므로 적극성을 띠게 되는 의사소통이다. 효과적인 커뮤니케이션이 되기 위해서는 상호적인 것이 되어야 하는데, 교육현장에서도 일방통행적인 전달식의 가르침보다는 학생들이 가르침에 반응하면서 참여하는 식으로 개선되어야 한다.

효과적인 커뮤니케이션의 원리

커뮤니케이션이 일어나기 위해서는 다음 네 가지 기본 요소가 있어야 한다. 전달자(communicator), 듣는자(receiver), 내용(message), 통로(channel)이다. 이와 같은 네 가지 요소 중에서 하나가 결여되면 커뮤니케이션은 일어나지 않는다. 통로는 매체(media)라고도 부를 수 있는데, 여기에는 신체적 통로(발성기관, 청각기관, 감각신경 등), 기계적 통로(음향전달 장치, 음파 등), 대중적인 통로(라디오, 텔레비전, 신문, 잡지, 영화) 등이 포함된다. 효과적인 커뮤니케이션을 위해 고려해야 할 사항들은 다음과 같다.[17]

첫째, 전달자와 듣는자 사이에 갖게 되는 느낌이다. 느낌은 커뮤니케이션에서 중요한 작용을 한다. 전달자에게서 느껴지는 성격(열려진 마음, 용기, 자신감, 영적 성숙)이나, 태도 혹은 신체적 특징까지도 의사소통에 영향을 준다.[18] 그러므로 이런 측면에서 볼 때 교사들은 자신들의 말로서 가르치는 것이 아니라, 자신의 전체로서 가르치고 있음을 명심해야 한다. 즉 교

17) 강용원, "커뮤니케이션 원리와 신앙교육", 《고신대학 논문집》 (1982), Vol. 10, pp. 164-166.

18) Raymond McLaughlin, *op. cit.*, pp. 71-79.

사는 그 자신이 성실한 메시지가 되어야 한다. 교사와 학생 사이에 잘못된 선입관이나 불안감이 작용한다거나, 올바른 신뢰관계가 이루어지고 있지 않고 있다면 효과적인 의사소통은 불가능하다.

둘째, 전달자는 듣는자의 요구에 깊은 통찰을 가져야 한다. 사람들은 보고 듣는 것을 모두 다 수용하는 것이 아니라, 그들 자신이 가진 요구(felt need)에 맞추어 선택하고 조직하려는 경향이 있다. 만약 그들이 가지고 있는 요구에 메시지가 부합되지 않으면 그것을 받아들이기를 거절하게 된다. 이것을 선택적 지각(selective perception)이라고 한다. 그러므로 전달자는 듣는자의 요구수준을 이해하고 거기에 알맞은 메시지를 전달하므로 효과를 높일 수 있게 된다.

셋째, 효과적인 커뮤니케이션은 메시지의 내용에 크게 관계한다. 내용 자체의 구조나 순서, 관계성 등이 모호하다면 이는 효과적인 의사소통을 저해한다. 너무 많은 내용을 한꺼번에 전달하려고 해도 곤란하다. 메시지의 내용이 명백하게 드러날 수 있게 하는 것이 좋다.

넷째, 의사소통의 통로를 효과적으로 사용할 수 있어야 한다. 음파를 통해 전달되는 교사의 음성에만 모든 것을 의지해서는 안된다. 효과적인 의사소통을 위해서는 의사소통의 여러 가지 매체들을 사용함이 좋다. 교과서, 부교재, 그림, 칠판, 테이프, 레코드 등을 이용하면 보다 나은 효과를 얻을 수 있다. 여기서 한 가지 더 기억할 것은 '미디어는 곧 메시지' 라는 말이다. 전달매체는 그 자체가 메시지의 역할을 하므로 매체 선택과 사용에 세심한 주의를 기울여야 한다.

다섯째, 듣는자의 참여와 반응을 중시해야 한다. 커뮤니케이션의 과정이란 흡사 공을 주고 받는 것과 같다. 그러기에 듣는자를 커뮤니케이션에 참여시키는 상호관계가 중요하며, 전달자는 듣는자의 반응에 언제나 세심한 주의를 기울여야 한다. 전달자는 그의 커뮤니케이션이 효과적이었는지 잘 파악해야 하는데, 이는 피드백(feedback) 과정을 통해 알 수 있다. 교사는 학생들에게 가르칠 내용을 준비할 때, 학생들의 피드백을 들을 수 있는 방법도 생각해야 한다. 학생들의 반응은 토의, 질의응답, 표현활동 등을 통해 파악할 수 있다.

4. 예수님의 교수법

예수님을 위대한 스승으로만 묘사하는 것은 바람직하지 못하다. 예수님은 인간을 구원하신 구세주이시기 때문이다. 그러나 성경에서 묘사된 예수님은 위대한 교사로서의 면모를 잘 보여주고 있다. 많은 사람들이 예수님이 사용하신 교수법에 대해 연구하였다. 사실 성경이 교육방법을 제시하는 교과서가 아니기 때문에 이러한 예수님의 교수법에 대한 연구 자체가 어느 정도 학문적인 가치가 있는지에 대한 평가는 더 깊이 검토하고 신중을 기울여야 할 문제이다. 그럼에도 모든 진리가 하나님께 있다는 기본원리에 기초한다면 교육방법적인 측면에서도 성경으로부터 많은 것들을 찾을 수 있다. 그런 점에서 여기서는 예수님의 교수법에 초점을 맞추어 성경적인 교수론을 생각해 보기로 하겠다.

예수님의 교수법에 대한 사례들은 사복음서에서 풍부하게 나타난다. 예수님은 제자들을 훈련시키시며, 만나는 사람에게 참된 교육을 베푸셨다(마 7:28-29; 막 1:22). 예수님은 이천여년 전에 이 땅에 계셨으나, 현대교육이 개발해낸 진보된 교육방법들을 이미 사용하셨고 동시대의 사람들과 비교할 때에도 위대한 교사였다.[19] 예수님께서 보여주신 교수법의 특징은 다양하다. 첫째, 대화와 활동을 통한 참여의 강조와 행동을 요구하셨다. 둘째, 행동의 변화를 요구하셨다. 셋째, 언제나 모범을 보이셨다. 넷째, 팀 티

19) F. P. Graves, *What did Jesus Teach* (New York: Macmillan, 1919), pp. 50-51.

칭의 형태를 사용하셨다. 다섯째, 프로그램학습과 유사한 형태를 사용하셨다. 여섯째, 준비의 법칙을 고려하셨다. 일곱째, 발견학습을 강조하셨다. 여덟째, 비언어적 커뮤니케이션을 활용하셨다. 아홉째, 추상적인 것보다는 구체적인 것을 사용하셨다. 열번째, 다양한 수사법을 사용하셨다. 열한번째, 질문을 효과적으로 사용하셨다. 열두번째, 다양한 상황을 이용하셨다. 열세번째, 모든 기회를 적절하게 이용하셨다. 열네번째, 실물교육을 하셨다. 열다섯번째, 통각의 법칙을 사용하셨다.

이제 이러한 예수님의 교수법들을 간략히 생각해 보자.

예수님은 대화와 활동을 통한 참여를 강조하셨다

예수님은 강의법을 사용하셨다. 마태복음은 예수님의 다섯 가지 강화를 중심으로 엮어져 있다(5-7장, 10장, 13장, 18장, 23-25장) 그런데 이 강의법은 단순히 앉아서 듣게만 하는 방법이 아니라 대화의 방법을 통해 피교육자를 교육에 참여시키는 개방적인 방법이었다(요 3:1-21; 요 4:1-26; 막 10:17-22; 눅 18:18-30; 눅 24:13-35 등).

예수님이 사용하신 대화의 방법은 단순히 학생의 참여를 허용하는 것이 아니라 인격적인 일대일 인간관계를 중요시하신 것이다. 한 조사에 의하면 예수님의 교육상황 총 275회를 교육 대상자의 수에 따라 분류하면 큰 무리 71회, 작은 무리 76회, 12제자 48회, 두 사람 17회, 한 사람 63회라는 결과를 나타낸다. 이것은 예수님의 가르치심은 75퍼센트 이상의 비율이 작은 수의 사람을 상대로 한다는 것이다.[20]

예수님은 실제 활동을 요구하시면서 피교육자를 교육에 참여시키셨다. 예수님은 "행하므로 배운다"는 원리를 이미 실천하신 것이다. 예수님은 의

---

20) Martha Leypoldt, *Learning is Change* (Valley Forge: Judson Press, 1978), pp. 65-66.

심하는 도마에게 "네 손을 내밀어 내 옆구리에 넣어 보라 그리하고 믿음 없는 자가 되지 말고 믿는 자가 되라"(요 20:27)고 하셨다. 예수님은 도마의 행동을 통해 그를 교육시키신 것이다. 또한 예수님은 갈릴리 가나 혼인잔치에서 항아리에 물을 채우고 떠서 갖다 주라고 하신 것(요 2:7-8), 나사로를 살리실 때 무덤의 돌을 치우라고 하신 것(요 11:39-41), 베드로에게 물 위로 걸어오라고 하신 것(마 14:28-29), 예루살렘에 입성하실 때 두 제자에게 나귀를 풀어오라고 하신 것(마 21:2-6), 제자들과의 마지막 만찬에서 떡과 잔을 나누어주며 먹고 마시라고 요구하신 것(마 26:20-29) 등은 행동을 요구하시는 예수님을 잘 보여준다.

예수님은 가르침을 통해서 행동의 변화를 요구하셨다

진정한 교육의 결과는 변화로 나타나게 되는데, 여기에는 가치의 변화, 느낌의 변화(내면화), 나아가서는 행동의 변화가 포함되어야 한다. 율법에 대한 예수님의 태도는 사문(死文)으로 변하고, 바리새인이나 율법사들의 잘못된 유물로 화한 율법을 모든 사람들에게 되돌려주시려는 예수님의 의도를 나타낸다. 예수님은 모든 사람에게 바람직한 율법의 실행을 요구하셨다(마 5:17-48). 사마리아 여인을 교육하신 결과 여자는 동리에 들어가 예수님을 전한 행동의 변화를 보였다(요 4:28-30). 예수님은 "가서 너도 이와 같이 하라"라고 하시면서 행동의 변화를 요구하셨다(눅 10:37).

예수님은 언제나 행위로 본을 보이셨다

예수님께서 위대한 교사라는 사실은 가르침과 행함이 일치하였음에서 잘 드러난다. 사도행전 1:1은 "데오빌로여 내가 먼저 쓴 글에는 무릇 예수의 행하시며 가르치시기를 시작하심부터"라고 되어 있는데, 이 구절은 예수님의 가르침보다 행함을 앞에 두고 있다. 예수님은 말로 가르치실 뿐 아니라, 그 자신에게 배우라고 하셨다(마 11:29). 성전을 청결케 하신 일(마 21:12-13), 제자들의 발을 씻기신 일(요 13:4-11), 기도의 본을 보이신 일(막 1:35; 막 6:46; 눅 22:39-44) 등은 행함으로 본을 보이시는 예수님을 보여준다.

예수님은 팀 티칭(team teaching)의 형태를 사용하셨다

팀 티칭이란 몇 명의 교사가 함께 가르침에 참여하여 교육효과를 올리려는 노력이다. 예수님께서 명확하게 팀 티칭을 사용하셨다고는 할 수 없으나, 요 6:5-15(한 소년), 요 2:1-11(하인들), 눅 9:28-36(모세와 엘리야), 눅 9:46-48(논쟁하는 제자들) 등은 이런 실례를 보여준다. 또한 요 14:26; 요 16:12-13은 성령님과 함께 교육하시는 예수님을 보여준다. 이는 삼위일체 하나님이 어떻게 교육하시는가를 보여주는 것이다.[21)]

예수님의 교수법 중에서 프로그램 학습(programmed instruction)과 유사한 형태도 발견된다

프로그램 학습이란 단계적으로 진행되는 학습을 말한다. 학생들은 주어진 자극에 능동적으로 반응하고, 만약 그 반응이 옳다면 교사는 그것을 확인해 준다. 또한 학생들은 자기 나름대로의 속도로 학습을 진행하게 된다. 프로그램 학습은 S-R 이론, 즉 자극과 반응의 연결을 강조한 것이다. 이와 같은 행동주의 이론에 대한 많은 비판적 시각이 있지만, 인간의 학습에서 이런 측면을 완전히 배제할 수는 없다. 예수님의 교수법에는 이런 면을 부

---

21) C. A. Wilson, *Jesus the Master Teacher* (Grand Rapids: Baker Book House, 1975), pp. 147-155.

분적으로 반영하고 있는 예들이 있다. 작은 단계의 원리(the principle of small steps: 마 16:21; 막 8:31), 능동적 반응의 원리(the principle of active responding: 마 16:15), 직접 확인의 원리(the principle of immediate confirmation: 마 16:17), 자기 속도의 원리(the principle of self pacing: 요 21:22)이다.[22]

예수님은 준비된 자를 가르치셨다

학습에는 준비의 법칙(principle of readiness)이 있다. 이것은 배울 준비가 된 사람이 더 잘 배운다는 원리이다. 이 법칙은 동기의 문제와도 관련된다. 교사가 해야 할 첫 번째 사명은 학습의 동기를 불러일으키는 것이다. 마 13:36은 "제자들이 나아와 가로되 밭의 가라지 비유를 우리에게 설명하여 주소서"라고 요청한다. 이것은 예수님은 제자들로 하여금 배움에 요청하도록 동기를 먼저 불러일으키셨음을 보여준다.

예수님은 발견학습(discovery method)을 강조하셨다

발견학습이란 학습자가 스스로 그 해답을 찾기 위해 노력하도록 지도하는 방법이다. 마 16:13에서 예수님은 "사람들이 인자를 누구라 하느냐"고 물으셨다. 이어서 15절에는 "너희는 나를 누구라 하느냐"고 물으셨다. 이것은 제자들의 사고를 논리적으로 심화시키는 방법이다. "시몬아 네 생각은 어떠하뇨"(마 17:25), "네 의견에는 이 세 사람 중에 누가 강도 만난자의 이웃이 되겠느냐"(눅 10:36) 등도 스스로 해답을 발견하도록 유도하는 질문이다.

---

22) *Ibid.*, p. 145.

예수님은 비언어적 커뮤니케이션(nonverbal communication)을 활용하셨다

마 15:23에는 가나안 여자가 나아와 주님을 부를 때 "예수는 한 말씀도 대답지 아니하시니"라고 기록하고 있다. 이러한 예수님의 침묵은 교육적 효과를 높이는데 기여하였다. 예수님의 침묵으로 인해서 가나안 여자의 태도에 변화가 온다. 가나안 여자는 예수님께 접근하는 태도가 겸손해졌고("소리 질러 가로되"에서 "절하며 가로되"), 예수님을 부르는 호칭도 달라졌다("주 다윗의 자손"에서 "주여"). 간음한 여자의 예에서도 예수님은 침묵이란 방법을 사용하셨다(요 8:1-11). 또 예수님을 세 번 부인한 베드로를 회개하게 한 것은 예수님의 응시(凝視)였다. "주께서 돌이켜 베드로를 보시니 베드로가 주의 말씀 곧 오늘 닭 울기 전에 네가 세 번 나를 부인하리라 하심이 생각나서 밖에 나가서 심히 통곡하니라."(눅 22:61-62)

예수님은 구체적인 것을 사용하셨다

추상적인 교육방식보다는 구체적인 것을 사용할 때 교육효과가 증대될 수 있다. 예수님은 도처에서 구체적인 가르침을 통해서 백성들에게 추상적인 개념을 가르치셨다. 공중의 새와 들의 백합화(마 6:26-28)에서 믿음과 신뢰를, 바람(요 3:8)에서 성령을, 어린 아이(마 18:4)에서 천국에서 큰 자를, 참새 두 마리와 머리카락(마 10:29-30)에서 하나님의 섭리를, 여우(눅 9:58)에서 거처가 없음을, 낙타와 바늘귀(막 10:25)에서는 부의 위험을, 저주받은 무화과(마 21:21)에서 위선의 결과를, 티와 들보(마 7:3)에서 큰 잘못과 작은 잘못을, 양의 옷을 입은 이리(마 7:17)에서 거짓 선지자들을, 비둘기와 뱀(마 10:16)에서 순결과 지혜를, 냉수 한 그릇(마 10:42)에서 참 봉사를 가르치셨다. 또한 예수님께서 행하신 여러 이적들도 구체적인 것을 보여주심으로 교육하신 것이다.

예수님은 다양한 수사법을 활용하셨다

직유법(simile, 마 23:27), 은유법(metaphor, 요 6:35; 마 5:13, 14; 눅 13:32; 마 15:26; 눅 7:24-25), 제유법(synecdoche, 요 4:32), 환유법(metonymy, 눅 4:43), 돈호법(apostrophe, 마 11:21), 반어법(irony, 막 7:9), 우화법(allegory, 요 15:1-10), 비유법(parable, 마 13장), 과장법(hyperbole, 마 19:24; 마 15:26; 눅 7:24-25), 대조법(contrast, 마 21:23-32; 마 6:19-21; 마 25:1-13; 마 16:25; 마 25:31-46; 눅 10:25-37; 마 5:21, 22, 27, 28, 33, 34, 38, 39, 43, 44). 제유법은 한 부분을 빌어서 전체를 묘사하거나, 전체로서 한 부분을 묘사하는 수사법이다. 환유법은 어떤 사물을 그것의 속성이나 그것에 수반된 것들을 보아 이름을 붙이는 수사법이다. 눅 4:43의 동리는 거기 사는 주민을, 즉 사람을 말하는 것이다. 알레고리는 비유의 한 형태로 문장으로 엮어진 은유법으로 볼 수 있는데, 성경에는 요한복음에만 나타난다. 요 10:1-18은 뛰어난 알레고리이다.[23)]

예수님은 질문을 효과적으로 이용하셨다

사복음서에 보면 예수님이 하신 질문의 수는 150개가 넘는다. 대화의 접촉을 이루기 위해 질문을 이용하신 것은 요 20:15; 요 21:5; 눅 8:43이하에서 볼 수 있으며, 흥미를 불러일으키며 사고를 자극하기 위해서 하신 질문은 눅 5:22, 23; 마 11:7; 마 12:48에서 볼 수 있고 시험하기 위해서 사용

---

23) 강용원, 《교회교육의 새로운 전망》(서울: 대한예수교장로회 총회출판국, 1993), p. 121.

하신 질문은 요 6:5; 마 16:15; 요 21:15에서 볼 수 있다.[24)]

예수님은 다양한 상황을 이용하셨다

예수님의 교육은 고정된 교실에 국한된 것이 아니었고 사람을 만나게 되는 곳이라면 어디에서나 교육하셨다. 성전(마 21:12), 회당(마 4:23), 산(마 5-7장), 들(눅 6:17), 배(눅 5:3), 결혼식(요 2:1-11), 장례식(눅 7장), 무덤가(요 11장), 우물가(요 4:1-26), 길가(마 21:18-22), 밀밭(마 12:1), 다락방(요 13장), 뜰(마 26:69-75), 왕궁(마 14:62), 빈 무덤(막 16장) 등 다양한 곳이 예수님의 교육 장소였다.

예수님은 모든 기회를 이용하셨다

니고데모가 찾아왔을 때 중생의 교리를 가르치셨고(요 3장), 사마리아 여인을 만났을 때는 그의 생을 변화시키셨으며(요 4장), 안식일에 밀밭에서 이삭을 잘라먹는 제자에 대해 바리새인이 비난하였을 때, 주님은 사람과 안식일의 관계를 가르치셨다(막 2:23). 예수님은 무리가 나아옴을 보시고 천국시민의 헌장을 말씀하셨고(마 5장), 이 사람이 바알세불을 지폈다고 비난하는 상황에서도 이것을 이용하여 용서받을 수 없는 죄에 대해 가르치셨다(막 3:20-30). 이처럼 예수님은 사람들이 제기해 오는 여러 가지 문제들을 교육의 기회로 삼으셨다(막 2:7; 막 2:16; 막 2:18; 막 2:24; 막 3:22; 막 6:2, 3; 막 7:5; 막 8:11; 막 9:11; 막 9:33-34; 막 9:38; 막 10:2; 막 10:17; 막 10:37; 막 11:28; 막 12:13-14; 막 12:18-23; 막 12:29; 막

24) 예수님의 접촉점(point of contact)에 대해서는 H. H. Horne, *Jesus the Master Teacher* (New York: Association Press, 1920)의 제 4장을 참조하라. 이 책은 후에 "Teachnig Techniques of Jesus"로 제목이 바뀌어 출판되었다.

13:4; 막 14:4; 막 14:61; 마 18:21; 마 12:2; 눅 10:25, 29).

예수님은 실물교육(object lesson)을 하셨다

논쟁하는 제자들의 문제를 해결해 주시기 위해 어린아이를 사용하신 일(눅 9:46-48)을 비롯하여 마태복음 8:5-13(백부장), 누가복음 21:1-4(가난한 과부), 마태복음 26:10-12(한 여자), 누가복음 7:36-50(죄인인 한 여자) 등에서도 그 예를 볼 수 있다.

예수님은 통각의 법칙(principle of appercetion)을 사용하셨다

통각의 법칙이란 헤르바르트(Herbart)가 만든 개념으로 이해의 법칙이라고 할 수 있는데, 피교육자의 기존 경험의 세계를 기초로 하여 새로운 것을 가르칠 때 효과가 있다는 것이다. 예수님은 친히 사람이 되셔서 사람의 본성을 너무나도 잘 이해하고 계셨기에, 피교육자가 이해할 수 있는 방법을 사용하실 수 있었다. 예를 들어 마태복음 12:3에 "예수께서 가라사대 다윗이 자기와 그 함께한 자들이 시장할 때에 한 일을 읽지 못하였느냐"는 말씀은 바리새인들이 알고 있는 구약의 역사적 사실을 기초로 사용하시므로 그들의 이해를 도운 것이라 할 수 있다. 이처럼 피교육자가 이미 알고 있는 구약의 말씀이나 사건을 이용하신 예는 요한복음 3:14(불뱀을 모세가 만들어 높이 세움), 누가복음 4:16-30(선지자 이사야, 엘리야, 엘리사의 사역), 눅 10:25-29(율법의 기록)에서도 나타난다. 특히 마태복음에는 구약으로부터의 인용이 많이 나타나는데, 이는 유대인들을 염두에 두었기 때문일 것이다. 이와 같은 관점에서 예수님이 가르치는 대상 곧 유대인, 이방인, 제자 등에 따라 사용하시고 접근하신 방법들은 그들의 이해 수준을 고려한 것이었다. 예수님은 인간의 마음과 이해의 세계를 예리하게 보고 계셨다.

요 2:25은 이러한 예수님의 이해를 잘 설명해 준다. "또 친히 사람의 속에 있는 것을 아시므로 사람에 대하여 아무의 증거도 받으실 필요가 없음이니라"(Moffat 역에는 "Well did he know what was in human nature."로 되어 있다(참조, 막 4:33; 마 19:2f; 요 16:12).

복음서에서 발견되는 이와 같은 예수님의 교수방법은 성경을 교수하는 교사들에게 많은 시사점을 제공해 준다. 예수님은 사람들에게 상식적인 이야기를 통해 그들이 충분히 이해할 수 있게 해 주셨다. 이러한 교수방법은 철저하게 듣는 자의 입장을 고려하는 것으로 하나님이면서도 사람이 되셔서 인간의 자리까지 낮아지신 그리스도의 겸비하심을 보여준다. 이는 성육신의 원리로 성경을 가르치는 교사들은 자신의 지식과 교수방식을 통해 가르치려고 할 것이 아니라 언제나 예수님의 낮아지심을 기억하면서 성령님의 인도 아래 겸손하게 가르침을 실천해야 할 것이다.

✤ 학습 문제

1. 학습이 일어나는 통로에 대해 생각해 보라.

2. 효과적인 학습의 요소들은 어떤 것이 있는가?

3. 효과적인 커뮤니케이션을 위해 어떤 것이 필요한지 말해보라.

4. 예수님의 교수법의 특징 가운데 자신에게 의미 있게 다가온 것을 이야기해 보고, 자신의 교수활동에 적용해 보라.

〈읽을 거리〉

D. L. 무디, 《성경공부의 기쁨과 유익, 승리하는 기도, 승리하는 생활》, 이길상 역, 서울: 크리스챤다이제스트, 2002.

테리 파월, 《삶을 변화시키는 성경공부를 인도하라》, 박성호 역, 서울: 진흥, 2002.

헤르만 호온, 《예수님의 교육방법론》, 박영호 역, 서울: 기독교문서선교회, 1999.

현유광, 《성경을 어떻게 가르칠 것인가》, 서울: 영문, 2006.

3장

성경 교수학습 과정

교수학습은 도입, 전개, 적용으로 이어지는 체계적인 절차를 따라 이루어지는 과정이다. 성경 교수학습 역시 이런 절차를 따라 진행된다. 1년 52주 단위로 진행되는 교회학교 공과시간은 물론 다양한 소그룹 성경공부에서도 이와 같은 교수학습 과정이 적용된다. 교사는 효과적인 교수학습을 진행하기 위하여 일반적인 교수학습의 절차와 절차마다 수행해야 할 일을 알아야 한다. 여기서는 교수단계 이론과 성경 교수학습 과정을 살펴보고, 사마리아 여인을 가르치신 예수님의 예를 통해 효과적인 성경 교수학습에 대해 생각해 보기로 한다.

1. 교수단계 이론

헤르바르트(J. F. Herbart, 1776-1841)는 명료, 연합, 체계, 방법이라는 교수 4단계설을 개발하였다. 4단계는 마음의 작용을 파악하기 위한 중요한 구분을 보여주는데, 이런 구분을 통해 일반적인 개념들을 실제 교육현장에 적용 가능한 형태로 구체화할 수 있다.[25] 또한 이것은 현재 교수학습 과정에서 일반적으로 활용되는 교수학습 과정의 틀이 되고 있다. 명료(clearness)는 공부할 주제를 쉽고 올바르게 가르치기 위해 분명하게 하는 것이고, 연합(association)은 이전에 배운 주제를 새로 배우려는 주제와 관련짓는 것이며, 체계(system)는 새로 배운 주제를 받아들여 그것이 기존 지식 체계 내에서 적절하게 자리 잡게 만드는 것이다. 그리고 방법(method)은 새로 배운 주제를 바르게 습득했는지 확인하는 연습 과정이다.[26]

이와 같은 헤르바르트의 교수이론은 칠러(Tuiskon Ziller)와 라인(Wihelm Rein)에 의해 5단계설로 발전된다. 칠러는 4단계 중에 첫 단계인 명료를 분석과 종합이라는 이름으로 세분하였다.[27] 그리고 그의 제자 라인은 각 단계의 명칭을 준비(preparation), 제시(presentation), 결합(association), 체계화(systematization), 적용(application)이란 용어로 변경하였다.[28] 이런 용어들은 그 자체로 가르치는 과정의 단계를 제시해 준

---

25) 이 용어의 원어는 독일어로 Klarheit, Assoziation, System, Methode이고, 그 각각에 해당하는 영어는 clearness(또는 clarity), association, system, method이다. 이환기, 《헤르바르트의 교수이론》(서울: 교육과학사, 1998), p. 162.

26) J. F. Herbart, *The Science of Education: Its General Principles Deduced from its Aim and The Aesthetic Revelation of the World*, M. Henry & Felkin Emmie (trans.) (London: Swan Sonnenschein & Co., 1892), p. 126.

27) H. B. Dunkel, *Herbart & Education* (New York: Random House, 1969), p. 113.

28) C. I. Dodd, *Introduction to the Herbartian Principles of Teaching* (London: Swan Sonnenschein & Co., 1904), p. 123.

다. 그러므로 교사들은 누구나 이 용어들을 보고 각 단계가 어떤 것이며, 그 단계에서 무엇을 해야 할 지 이해할 수 있다.

준비는 학생의 동기 유발을 일으키고, 또 학습자의 기존 인지구조를 정리하여 새로운 개념을 받아들일 수 있게 준비하는 단계이다. 제시는 교사가 학생에게 개념을 제시하는 단계이다. 결합은 학생들이 비교와 대조를 통해 받아들인 새로운 개념과 기존 개념의 차이, 유사성 등의 특징을 파악하는 단계이며, 이때 새로운 개념과 기존 개념의 결합이 일어난다. 체계화는 앞의 단계까지 제시되고 결합된 개념들을 분류하고 조직하는 단계이다. 이 단계에서는 개념들 간의 공통점을 분명히 하여 일반화하거나 법칙으로 만들므로 인지구조 속에 여러 가지 개념들을 도서관식으로 체계화시켜 놓는다. 마지막 적용단계는 지금까지 배운 내용을 충분히 학습하였는지 검증하기 위하여 학습자들에게 과제를 부여함으로 적용하게 만든다. 이 단계에서 학습자는 자신의 통각체제 속으로 새로운 개념들을 얼마나 견고하게 통합시켰는지 확인한다.

2. 성경 교수학습 과정

일반적으로 성경 교수학습 과정 역시 도입에서부터 적용과 정리에 이르는 일정한 절차를 따라 이루어진다. 교사의 준비 단계에서는 단원 전체를 읽고 전체의 개요를 파악하면서, 가르치고자 하는 교과의 위치를 이해한다. 교재 연구를 철저히 한다. 수업의 목표를 재정리하여 기록하고, 수업의 전체적 흐름을 구상하고 정리한 후에 학습지도안을 작성한다. 그 후 실제 학습지도를 위한 자료를 수집하고 작성한다. 이러한 준비 단계가 마치면 실제 수업을 진행하고 마지막으로 수업 평가를 하면서 마무리한다. 성경교수 준비의 과정을 도식화하면 아래와 같다.

성경교수 준비 과정

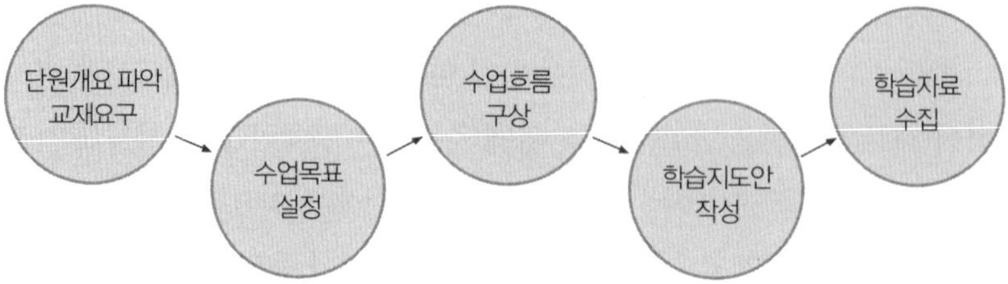

성경교수를 위해 교재를 연구하는 것은 공과를 읽는 것, 공과에 제시된 성경 본문을 연구하는 것, 관련 주제들을 연구하는 것, 실제 가르쳐야 할 주된 포인트를 찾는 것, 주된 포인트를 설명할 수 있는 두세 가지 요소를 발견하는 것이다. 교재 연구의 기본은 주어진 공과를 여러 차례 읽는 것부터 시작한다. 처음에는 내용파악을 위해, 또 한 번은 가르치고자 하는 학생의 입장에서 읽으면서 교수방향과 지침을 이해한다. 이런 과정 후에는 공과에 나오는 본문을 연구한다. 공과에 제시된 본문 연구는 대개 귀납적 성경연구의 3단계인 관찰, 해석, 적용을 따라 진행하며 필요할 때에는 성경주석과 같은 참고 자료를 활용한다. 관련 주제 연구를 위해서 성경사전과 신학사전을 활용한다. 실제 가르칠 포인트를 찾기 위해서는 기도하는 마음으로 하나님의 음성을 잠잠히 기다리고, 교사가 가르칠 학생들을 향한 하나님의 뜻을 구해야 한다.

수업을 준비함에 있어서 가장 핵심적인 것은 학습지도안이다. 가르치는 자는 가르치기에 앞서 항상 잘 준비된 교수계획을 가지고 있어야 한다. 이 교수계획은 건축가의 청사진과도 같고 운동경기를 지도하는 코치의 작전계획과도 같은 것이다. 잘 준비된 학습지도안은 교수학습에 많은 유익이 된다. 첫째, 혹시 가르치다가 잘못되지 않을까하는 불확실한 감정으로부터 교사들을 보호해 준다. 둘째, 주어진 시간을 지혜롭게 사용할 수 있도록 도와준다. 셋째, 방향감각을 가지고 성경수업의 목적에 맞추어 수업을 이끌어 갈 수 있다. 좋은 지도안을 만드는 데는 많은 시간이 걸리기는 하지만 그만큼 유익이 많다는 것을 기억하고 항상 올바르고 확실한 교수계획을 가지고 교수학습에 참여하도록 노력해야 한다.

교수학습지도안은 실제 수업 진행과 내용을 포함하는 것인데, 대개 도입, 전개, 적용 및 정리로 구성된다. 여기서는 교수학습지도안의 세 가지 단계들을 따라 교수학습과정을 순서대로 살펴보기로 한다.

3. 교수학습의 첫 단계: 도입

성경교사가 해야 할 중요한 일은 무엇보다도 학생들을 성경학습으로 이끌어 들이는 계획을 가지고 있는 것이다. "말을 냇가로 끌고 갈수는 있어도, 물을 먹게 할 수는 없다."는 말이 있다. 교사의 첫 번째 과업은 학생들로 하여금 배워야겠다는 마음을 갖게 하는 것이다. 이것은 흔히 '준비의 법칙', 혹은 '동기유발'이라 표현한다. 학생들은 항상 수업에 들어오면서 수업만을 생각하면서 오는 것이 아니다. 많은 사람들은 온갖 생각에 빠져서 교실로 모여든다. 성경교사는 항상 학생들의 머리 속에 가득 차 있는 세상의 여러 가지 사건들과 경쟁하여야 좋은 수업을 이끌 수 있다.

예수님께서 사마리아 여인과의 대화에서 '물을 좀 달라'는 말로 시작하신 것은 대단히 좋은 출발이었다. 그 여인은 지금 물을 길러왔고 예수님은 목이 마르셨다. 예수님과 이 여인의 공통점은 바로 물이었다. 예수님은 그 물을 사용하셔서 기회를 포착하시고 실제로 어려운 수업상황에서도 그의 가르치심을 효과적으로 시작하시는 모습을 볼 수 있다. 좀 더 깊이 생각해보면 아마 그 여인은 사람들이 손가락질이나 했지 자기에게 어떤 요청을 한다거나 도움을 구해온 사람을 만나본 적이 없을 것이라 생각하게 된다. 그런데 낯선 사람이 자기에게 물을 달라고 요청할 때에 아마 이 여인의 모든 호기심은 예수님을 향했을 것이다. 이 점에서 예수님은 차원 높은 접촉점을 가지셨던 것이다.

호기심을 사로잡을 수 있는 계획된 질문, 간단한 예화나 혹은 가상적인 상황, 중요한 인용문의 제시, 간단한 활동의 제시, 다양한 시청각기자재 곧 그림, 조각, 슬라이드, 녹음기 같은 도구들을 사용하면 학생들의 호기심을 이끌 수 있다. 어떤 교사는 "너희는 세상의 빛이라"는 말씀을 가지고 성경공부를 시작하면서 참석자로 하여금 종이 위에 빛을 그리도록 요청하였다. 또 어떤 교사는 "씨 뿌리는 자"의 비유에 대한 수업을 시작하면서 씨앗을 한 움큼 들고 들어왔다. 교사는 마루에 그 씨앗을 뿌리면서 수업을 시작했다. "이 씨들은 자라겠습니까?" "왜 자라지 않을까요?" "어떤 조건들이 이 씨들을 자라게 할까요?" 이와 같은 시작은 학생들의 흥미를 일으키고 수업에 집중시키는 좋은 방법이다.

그런데 이런 방식으로 수업을 시작할 때에 주의할 것이 있다. 도입부분은 도입으로 끝나야지 너무 길어지면 곤란하다. 예를 들면 청소년들에게 논쟁적인 질문을 하나 던진다는 것이 그 논쟁이 길어져서 수업시간을 거의 다 사용한다면 곤란한 일이다. 더욱이 도입에 신경을 많이 쓰다 보니 도입은 멋있게 되었는데, 정작 중요한 전개 부분이 약해져서 용두사미(龍頭蛇尾) 격이 되지 않아야 한다.

4. 교수 학습의 두 번째 단계: 전개

성경교사는 성경공부를 통해 참된 진리를 도출하기 위해서 다양한 학습 경험들을 선정하고 계획하여야 한다. 이 학습활동을 선정하는데 있어서 기준으로 삼아야 할 것들은 다음과 같다.

타당성

성경학습의 모든 활동은 목적에 부합되어야 한다. 고린도전서 9:26에 "그러므로 내가 달음질하기를 향방 없는 것같이 아니하고 싸우기를 허공을 치는 것같이 아니하며"라는 말씀이 나온다. 성경학습의 활동을 선정할 때는 언제나 그 목적을 염두에 두고 선택해야 한다. 교사가 수업의 목표를 지, 정, 의의 어디에 두느냐에 따라 학습활동도 변화될 수 있다. 지식을 강조한다면 강의법, 암기법, 논쟁, 세미나, 독서보고 등의 방법을 사용할 수 있다. 느낌을 강조하려면 사람의 내면세계를 변화시키기에 유용한 방법들인 역할극, 극화, 다양한 예술 활동을 활용할 수 있다. 행함에 강조를 두려면 현장조사, 실습, 워크숍 등의 방법을 사용할 수 있다. 이와 같이 항상 목표를 의식하고 학습활동을 선정해야 한다.

가능성

실제로 사용가능한가를 생각해야 한다. 시간적 요소라든지 지도자의 능력, 물리적 시설과 환경의 요인, 학생들의 숫자, 재정 등 여러 가지 상황을 생각하면서 그 가능성 여부를 검토해야 한다. 수백 명의 학생을 모아놓고 작은 융판을 사용한다거나, 커튼이 없는 곳에서 환등기나 영사기를 사용하는 것은 가능하지 않은 방법이다. 열악한 시설과 환경 가운데서 진행되는 교회교육의 현장에는 많은 제한점이 따르기 마련이지만 교사들의 지혜가 모아진다면 어느 정도 보충될 수 있다.

적응성

이것은 피교육자의 연령과 수준에 알맞은 방법을 선택해야 한다는 것이다. 피교육자의 학년, 나이, 개인차에 따라 알맞은 방법을 선택하는 것은 중요하다. 교사는 사람을 가르친다는 사실을 명심하고, 먼저 대상에 대한 이해 작업이 필요하다. "인간은 배워야할 지식보다, 사용될 기술보다 더 중요하다"라고 한 것은 옳은 말이다.

다양성

집의 커튼의 색깔을 바꾸고 물건의 배치를 바꾸는 것은 변화하는 것이 인간의 삶에서 얼마나 중요한 것인지 잘 가르쳐준다. 그런데 단조로움을 원치 않음을 알면서도 학생들에게는 한 가지 방법만을 강요하는 경우가 많다. 과거에는 대체로 강의법에만 의존하는 것이 수업의 현실이었다. 요즘은 강의법과 함께 여러 가지 다양한 방식들이 활용되는데 매우 바람직한 일이다. 교회에서도 이것은 마찬가지이다. 지도자는 말하고 학습하는 사람들은 가만히 앉아서 듣기만하는 일방통행적인 커뮤니케이션 구조는 효과를 얻지 못한다. 이런 일방통행식의 형태를 탈피하기 위해 교회마다 소그룹 모임을 활성화시키고 있다. 웨버(Hans Weber)는 성경공부의 단계를 이야기하면서 눈으로 읽는 성경, 마음으로 읽는 성경, 몸으로 읽는 성경이라는 표현을 사용하였다. 어린이에서 성인에 이르기까지 다양한 활동을 통하여 성경학습을 이끌어 가면 대단히 수업이 활기차고 효과적이 될 수 있다. 교회학교에서는 무엇보다 이야기 방식을 활용하는 것이 효과적이다. 이야기는 언제나 학습자의 흥미를 북돋아준다. 성경의 이야기들, 하나님의 놀라우신 역사의 이야기들을 흥미진진하게 이야기해 주는 것이 꼭 필요하다. 교사의 역할은 이러한 하나님의 구원의 이야기를 전해주는 것 이상은 아니다.

교사는 교수학습 과정에서 타당성, 가능성, 적응성, 다양성을 신중하게 고려하여 성경교수를 실행해야 한다. 그럴 때에 학생들이 집중을 잃지 않고 수업에 참여할 수 있고, 마침내 소기의 목적을 얻을 수 있게 된다.

3. 교수학습의 세 번째 단계: 적용 및 정리

성경교사는 모든 수업을 정리해 주면서 적용시키는 계획이 있어야 한다. 성경공부에 있어서 적용이 어려운 여러 가지 요인이 있다. 그 중 하나는 변화하기 싫어하는 인간의 본성이다. 또 하나는 하나님의 말씀의 빛 앞에서 자신의 모습을 드러내 보이려 하지 않는 인간의 은폐성과 자기 방어성이다. 그럼에도 적용은 성경교수학습 과정에서 반드시 이루어져야 한다. 좋은 적용은 구체적인 것이다. 좋은 적용에는 네 가지 기준이 있는데 그것은 개인적, 실천적, 가능성, 점검 가능성 등이다. 어떤 사람이 이번 달에 체중을 4킬로그램 줄이겠다는 목표를 세웠다면 그것은 개인적이고 실천적이며 가능하고 또 점검 가능성이 있는 좋은 적용이라 할 수 있다.

성경은 언제나 순종을 요구하고 있다는 점을 명심한다면 적용이야말로 성경공부에서 가장 핵심적인 부분이며, 적용 없는 성경공부는 언제나 미완성임을 알 수 있다. 하나님의 말씀을 구체적으로 실행하기를 마음먹고, 순종하기를 작정한다면 거기에는 생각지도 못하던 놀라운 결과들이 따라 올 것이 분명하다.

4. 사마리아 여인을 가르치신 예수님의 예

요한복음 4:1-26에 기록된 예수님과 사마리아 여인의 대화는 여러 가지 측면에서 접근되고 있으나, 여기서는 예수님의 가르치심과 연결시키고자 한다. 이것은 교수학습과정을 살펴보는데 유익하다. 전반적으로 볼 때, 예수님이 사마리아 여인을 만난 상황은 교육이 이루어지기에는 매우 어려운 상황으로 관찰된다. 무엇보다도 낮 12시는 더운 시간이었고, 예수님은 행로에 곤하였으며 시장하셨다. 그리고 여기에 나오는 사마리아 여인은 별로 평판이 좋은 사람은 아닌 것으로 보인다. 그런 이유로 이 여인은 사마리아의 여인 공동체에서 소외를 당하고 있었음에 틀림이 없다. 그녀는 여인들이 물 긷기 위해 우물가에 모여서 대화의 꽃을 피우는 오전의 선선한 시간을 피하여, 사람들이 보이지 않는 시간을 이용한 것으로 보인다. 그러므로 이 여인의 목표는 단지 우물에서 물을 구하는 일이었다. 그러니 다른 것에 관심을 가질 리가 없는 것이다. 또 한 가지 중요한 교육의 장애점이 있다면, 그것은 예수님과 사마리아 여인 사이에는 여러 가지 측면에서 볼 때, 거리가 많았다는 것이다. 남자와 여자, 유대인과 사마리아인, 그리고 거룩한 분과 세속적인 사람의 거리였다. 이렇게 보면 이런 상황에서 교육이 이루어진다고 하는 것은 거의 불가능한 것처럼 보인다. 그러나 예수님은 이런 상황의 어려움을 물리치시고 "물을 좀 달라"는 말로써 가르침을 시작하신 것이다.

- "물을 좀 달라"는 말로 시작한 것은 접촉점을 이루는 말씀이면서 앞으로 전개될 그의 가르침의 출발점을 이룬다는 점에서 중요하다. 교사들은 "어떻게 가르침을 시작해야 하는가?"의 문제로 고심할 때가 많다. 가르침이 효과적이기 위해서는 무엇보다도 가르치는 자와 배우는 자 사이에 연결되는 고리를 갖는 것이 중요하다. 이런 점에서 볼 때, 공통의 관심사를 찾아내는 것이 가장 빠르고도 효과적인 길이 될 수 있다. 예수님과 사마리아 여인 사이에 놓인 너무나도 큰 간격은 좁힐 가능성이 없어 보인다. 그러나 예수님은 지금 물을 마시고 싶으시며, 그 여인은 물을 길러 왔다는 것에서, '물' 이라는 공통 요소를 발견하셨다. 물을 길러 온 사람이 "물을 좀 달라"는 요구를 거역할 수는 없는 일이다. 예수님은 이 자연스러운 접근법으로 가르침의 문을 여셨다.

• 예수님은 사마리아 여인을 교육에 참여시키셨다. 이 가르침은 전형적인 대화의 형태를 띠고 있으며, 예수님은 일방통행적인 모습을 취하지 않으셨다. 예수님은 그의 가르침에 여인을 능동적으로 참여시키신 것이다. 본문을 자세히 보면, 원래 이 여인이 수다스러운 성향을 가졌는지는 알 수 없지만, 생각보다 훨씬 더 많은 말을 하면서 '자기표현' 을 하고 있다는 느낌을 받는다. 바로 이런 자기표현을 가능케 해 줄 수 있는 것이야말로 예수님의 가르치심과 능력이라 할 수 있다.

• 여인의 경험과 요구에 기초한 가르침이었다. 예수님은 여인과의 대화에서 얼마나 인간을 잘 알고 계시는가를 보여주신다. 예수님은 여인의 육신적 갈증만이 아니라, 영적 갈증을 아셨으며, 그것을 자연스럽게 표현하도록 이끄셨다. 이 여인이 한 사람으로 인정받기를 원하고 있었음을 아시는 예수님은, 그 여인과의 진지한 대화를 통해서 이를 충족시켜주셨다. 예수님은 또한 처음부터 계속하여 그녀의 호기심과 흥미, 관심 등에 호소하셨다. 이렇게 보면 사람을 잘 이해한다는 것이 얼마나 중요한 교육의 관건이 되는지 알 수 있다.

• 목표지향적인 수업이었다. 이 가르침은 무엇보다도 뚜렷한 방향을 가졌다. 이것은 사마리아 여인이 예수님을 보는 관점에서 다음과 같은 변화가 이루어졌음을 보아 알 수 있다. 처음에 사마리아 여인은 예수님을 보통 사람인 '유대인' 으로 생각하였으나, 대화가 진행됨에 따라서 '야곱보다 더 큰 이' 또는 '선지자' 로 발전되고 마침내 '메시야' 로 인식하게 된다. 또한 이 가르침에는 가르침의 발전적인 요소가 잘 드러나고 있다. 일반적인 '물' 로부터 예수님은 '생수' 의 개념을 이끌어 내시고, 여기서 다시 '생명' 에 대한 인식으로 발전시켜 나간다. 생명의 욕구를 기초로 예수님은 '영생' 의 개념을 이야기하시고, 이것은 곧 '영적인 일' 에 대한 관심으로 나아가게 된다. 예수님은 여자의 남편에 대한 이야기를 시기적절하게 사용하심으로, 사마리아인의 세속적인 관심을 영적인 관심으로 바꾸게

하셨고, 이것은 자연스럽게 예배와 예배의 대상인 하나님, 그리고 메시야의 개념으로 인도된다. 사마리아 여인은 여기서 자기도 메시야를 기다린다는 소원을 표현하며, 그 때 예수님은 '내가 바로 그라' 고 선언하심으로 그 가르침은 끝나게 된다.

사마리아 여인을 가르치신 예수님의 교수학습 과정

	도입	전개	적용 및 정리
예수님의 가르치심	물→	생수→생명→영생→ 영적인 일(참 예배)→하나님→	메시야임을 밝힘
예수님에 대한 여자의 변화	유대인→	야곱보다 더 큰 이→선지자→	메시야

이와 같이 예수님은 도입에서는 여인과 예수님 자신의 공통된 요소인 물로부터 시작하셨다. 전개에서 예수님은 여인과 대화하는 방식을 통해 여인을 교육에 참여하도록 유도하셨고, 마침내 여인이 변화를 받고 예수님을 메시야로 믿을 뿐만 아니라 예수님의 메시야이심을 그가 사는 동네로 들어가 전파하게 하셨다. 이러한 교수학습은 도입, 전개, 적용 및 정리를 탁월하게 수행하는 예수님의 가르침을 잘 보여준다. 그러므로 교사는 교수학습 과정에서 적절한 접촉점을 발견하고 그 접촉점이 전달하고자 하는 핵심 교훈과 연결되도록 구상하면서 동시에 학생을 소외되지 않고 교수 현장에 능동적으로 참여하도록 유도하여야 한다.

우리는 본 장에서 성경교수학습의 과정에 대하여 살펴보았다. 성경 교수학습을 성공적으로 전개하기 위해서는 교사의 준비가 절실하다. 이를 위해 교사는 수시로 자신이 성경을 가르치는 교사라는 것과 이 일이 매우 중요하다는 소명의식과 함께 맡은 일을 잘 감당할 있다는 믿음이 요청된다. 교사는 잘 가르칠 수 있다는 확신을 갖고, 좋은 성경교사가 되기 위하여 꾸준히 성경공부를 해야 한다. 또한 좋은 성경수업을 위하여 아이디어를 개발하고, 적용하는 부단한 노력이 필요하다. 교사는 열악한 환경을 탓할 것이 아니라 함께 모여서 머리를 맞대고 좋은 길을 강구하면서 교회교육의 비강압적 분위기와 소그룹의 환경이라는 장점을 십분 활용하는 지혜가 필요하다. 성공적인 성경교수학습은 단번에 이루어지는 것이 아니다. 교사가 인내를 가지고 충분히 수업을 준비하고 실행할 때 좋은 결과를 맛보게 될 것이다.

✢ 학습 문제

1. 헤르바르트의 교수학습 과정을 토대로 성경교수 학습과정을 정리해 보라.

2. 성경 교수학습의 전개에서 학습활동 선정에 기준이 되는 네 가지 요소에 대해 설명해 보라.

3. 요한복음 4장에 나타나는 예수님과 사마리아 여인과의 대화에서 예수님의 교수의 탁월성은 무엇인지 말해 보라.

4. 자신의 성경교수에 도움이 될만한 구체적인 활동은 무엇인지 생각해 보라.

〈읽을 거리〉

대한예수교장로회총회교육부, 《기독교교육과정론》, 서울: 한국장로교출판사, 2003.

박명홍, 《교사, 성공적인 가르침의 열쇠》, 서울: 은혜출판사, 1996.

캠벨 위코프, 《기독교교육과정의 이론과 설계》, 김국환 역, 서울: 성광문화사, 1998.

크리스천 유스비전, 《훈련된 교사 쑥쑥 크는 주일학교》, 서울: 한국문서선교회, 1998.

한치호, 《선생님, 공과공부가 재미있어요》, 서울: 예향, 2002.

| 제3부 |

창의적인 성경교수 방법

1장

귀납적 성경연구 및 지도

성경은 이스라엘 민족의 역사와 예배, 예수 그리스도의 삶과 죽음과 부활 등 창조와 구속의 역사를 통한 하나님의 사랑 이야기를 전해준다. 이 성경은 교회의 기초가 되어 왔으며, 기독교교육의 중심이 되어 왔다. 기독교교육에 있어서 성경은 빼놓을 수 없는 요소이며, 핵심이요 기본이다. 교회 역사를 통해 많은 종교교육을 이야기할 수 있지만, 그 모든 것은 성경을 가르치고 배우는 일에 귀결될 따름이다. 이런 점에서 성경은 기독교교육의 중심이다.[1]

본 장에서는 기독교교육의 중심이 되는 성경을 공부하는 방법 가운데 귀

1) Iris V. Cully, 《성경과 기독교교육》(*The Bible in Christian Education*), 김도일 역 (서울: 한국장로교출판사, 2004), p. 11.

납적 성경연구에 대해 살펴보고자 한다. 사실 성경공부는 학습자의 필요와 수준에 맞게 다양한 형태의 접근이 가능하다. 또 성경 자체가 담고 있는 문학적 유형에 따라 역시 다양하게 접근할 수 있다. 그런데 이 모든 경우에 있어서 성경공부의 기본이 되는 방법은 귀납적 성경연구이다. 기본이 된다는 것은 진지하게 주의를 기울여 공부하고자 한다면 누구든지 성경공부를 잘 할 수 있다는 뜻이다. 따라서 귀납적 성경연구방법을 잘 훈련한다면 성경 원어와 배경 지식에 익숙한 성경학자는 물론이거니와, 성경에 대해 아무것도 알지 못하는 초보자라도 적절한 주의와 노력을 통해 스스로 성경공부를 할 수 있다.

일반적으로 귀납적 성경연구가 관찰, 해석, 적용의 세 단계로 구성되어 있다는 것은 주지의 사실이다. 관찰은 "본문이 무엇을 말하는가"를, 해석은 "본문은 무엇을 의미하는가"를, 적용은 "본문은 나에게 무엇을 의미하는가"를 묻는 것이다. 귀납적 성경공부의 인도자는 이러한 연속되는 질문을 통해서 성경공부를 하게 된다. 따라서 성경공부를 인도하게 될 인도자는 무엇보다도 자신이 다루게 될 성경본문을 이러한 순서에 따라서 진지하게 연구할 수 있어야 한다. 여기서는 귀납적 성경연구에 있어서 일반적인 세 단계를 귀납적 성경연구의 인도자를 염두에 두고 살펴보고자 한다.[2)]

1. 성경번역본의 활용

우선 우리는 성경본문을 여러 번 읽는 일로부터 성경공부를 시작하게 된다. 이때 여러 개의 다른 번역서를 함께 읽는다면 성경을 읽는 질이 높아질

2) 이 부분은 Jim Wilhoit and Leland Ryken, 《성경을 효과적으로 가르치는 비결》(*Effective Bible Teaching*), 최예자, 문희경, 손미라 역 (서울: 도서출판 프리셉트, 1996)의 제9장을 많이 의존하였다.

수 있다. 우리가 가지고 있는 한글 번역에도 여러 종류가 있으며, 영어로 번역된 다양한 성경도 손쉽게 구할 수가 있다. 물론 영어 이외의 다른 외국어를 다룰 수 있다면 유익은 더욱 클 것이다. 가장 정확하게 성경본문을 볼 수 있는 방법은 원어성경을 다루는 일이지만, 원어를 다룰 수 없는 경우는 다양한 번역을 대조 연구함으로 원저자의 생각에 가깝게 접근할 수 있게 된다.

참고로 영어로 된 성경의 번역들은 다음 몇 가지 유형으로 분류할 수가 있는데, 이러한 번역의 유형을 고려하여 성경을 선택한다면 성경을 다양하게 읽을 수 있다.[3)]

- 문자적 번역(literal translation)은 단어의 정확한 번역을 목적으로 하며 종종 원래의 단어 배열 순서를 따라 번역하는 것을 원칙으로 한다. 이런 형태의 번역으로는 New American Standard Bible, Revised Standard Bible, King James Version(흠정역) 등이 있다.
- 역동적 대응번역(dynamic equivalent translation)은 역동적 번역이라고도 한다. 이 번역은 단어와 구를 자세한 대응적 표현을 사용하여 의미를 정확하게 전달하는데 목적이 있다. 예를 들어 NIV에서 그리스어 'sarx' (flesh, 육체)라는 단어가 25번이나 'sinful nature' (죄성)로 번역되었다. 이러한 번역은 현대인에게 sarx라는 말이 의도하는 의미를 잘 전달해 준다. 동력적 대응번역에 근거를 둔 번역으로는 New International Version, Today's English Version, New English Bible, Jerusalem Bible 등이 있다.
- 자유역(free translation)은 사상과 개념의 의미를 따르는 것을 목표로 하고 있는데, 많은 의역이 포함되어 있다. 이 유형에 속하는 것들은 Living Bible, Phillips역 등이 있다.

우리가 성경본문을 다양한 번역을 통해서 보는 것은, 여러 번역들이 상보

---

3) *Ibid.*, pp. 164-165.

적인 작용을 하기 때문이다. 우리는 여러 번역들을 참고할 때에 각 번역들 간의 차이점이나, 특징들에 주목해야 한다.

2. 귀납법적 성경공부의 첫 단계: 관찰

귀납적 연구는 주의 깊은 관찰로부터 시작된다. 참으로 성경을 배우고자 하는 자는 결코 성경본문을 주시하는 것을 두려워하지 않는다. 이것은 언제나 시간을 필요로 하며, 정신적 경각심을 요구한다. 처음 단계에서의 과제는 마치 어떤 사건에 대한 정보를 수집하는 탐정의 과제와 같은 것이다. 성경을 연구하고자 하는 사람은 무엇보다도 성경구절에 대한 선입견을 제거해야 한다. 가능하다면 인도자는 성경구절을 처음 읽는 것같이 본문을 대하려고 노력해야 한다. 흔히들 귀납적 성경연구의 관찰단계와 관련하여, 많은 저자들은 '미지의 세계를 탐험하는 탐험가의 자세' 라고 표현하거나, '새로운 도시에 도착하였을 때의 진지함과 호기심' 을 강조하고 있다.

성경본문을 파악하는 다른 방법은 성경구절의 중요한 특징들을 관찰하고 주목하는 것이다. 홈즈의 탐정소설에서 그의 조수 왓슨은 "당신은 그녀에 대해서 내 눈에는 보이지 않았던 것을 상당히 많이 연구한 것 같습니다."라고 말한 적이 있다. 그의 말에 대한 홈즈의 대답은 다음과 같다. "눈에 보이지 않는 것이 아니라 눈에 띄지 않았던 걸세, 왓슨 자네는 어디를 보아야 하는가를 모르고 있어. 그래서 자네는 중요한 것을 모두 놓친 것이네." 우리는 성경본문을 관찰하기 시작할 때 홈즈의 충고를 기억할 필요가 있다. 왓슨은 어디를 관찰해야 할지 몰랐기 때문에, 중요한 점들을 관찰할 수 없었던 것이다.[4] 그래서 관찰은 일종의 기술이다. 성경구절을 열다섯 번 이상

4) *Ibid.*, pp. 166-167.

혹은 더 많이 반복하여 읽는다고 해서 의미심장한 모든 것을 다 관찰할 것이라는 보장은 없다. 성경구절의 의미심장한 측면을 관찰하기 위해서는 무엇을 관찰해야 할지 알아야 한다. 다음은 보다 신중한 관찰을 위하여 반드시 주목해야 할 몇 가지 측면들이다.

- 성경구절의 문학적 형태: 예를 들면, 본문이 시인가, 이야기체인가, 혹은 서신인가를 묻는 것이다. 이것들은 각각 나름대로의 진행형태를 가진다. 따라서 이러한 형태를 아는 것은 우리가 어떻게 성경본문을 대해야 하는가를 아는 것과 마찬가지이다.
- 저자와 수신자: 저자와 수신자에 관한 이해는 성경구절을 해석하는데 필수적인 것이다. 가능하면 그 글의 배경과, 첫 수신자의 성격을 찾아낼 수 있도록 노력해야 한다.
- 성경구절의 구조나 조직: 성경의 각 책들이나, 본문은 독특한 구조를 가지고 있다. 이런 것들을 잘 발견해 내면, 본문 이해가 훨씬 더 용이해 진다. 예를 들면 창세기는 인물중심의 전기적 구조, 여호수아서는 사건 중심의 역사적 구조, 사무엘서는 시간중심의 역대기적 구조를 가지고 있다.
- 비유적인 표현들과 다른 문학적인 수사들: 비유적인 표현들은 특별한 주의를 요한다.
- 문법적 구조: 사용되고 있는 명사나, 동사, 주어와 목적어와 보어의 관계 등은 매우 중요하며, 대명사가 무엇을 지칭하는가를 보는 것도 중요하다. 또한 접속어와 연결 단어들도 중요한 역할을 한다. '그리고', '그러나', '때문에', '그러므로'와 같은 단어들을 자세히 주목하라. 문장이나 절이나 구, 단어를 연결하는 이런 단어들은 성경구절들을 결합하는 문학적 단서를 제공한다. 또한 시간을 나타내는 '전', '후', 그리고 '하는 동안' 등과 같은 단어들이나, 다양한 전치사에 대해서도 관심을 가져야 한다.
- 반복되는 단어, 구, 생각들: 사람들은 강조하고자 하는 것을 반복한다. 그러므로 우리는 어떤 단어나, 구, 또는 생각들이 반복적으로 나타나는

가를 살펴야 한다. 우리는 작은 말들도 놓쳐서는 안 된다.

- 대조와 비교: 어떤 것을 다른 것에 비교하거나 대조하는 것은 모든 종류의 글에서 공통적인 것이다. 더욱이 많은 비유적 언어들은 대조와 비교를 포함하고 있다. 모든 비교나 대조는 해석자가 어떻게 두 가지 사실이 비슷한지 또는 다른지를 정확하게 결정할 것을 요구한다.
- 위치와 장소: 위치와 장소를 나타내주는 단어들은 본문 이해의 중요한 단서가 될 때가 있다.
- 이 외에도 질문과 대답, 행동과 반작용, 원인과 결과, 점층 및 점강, 클라이맥스, 교체 및 전환, 시공간이나 혹은 사건에서의 진행 등을 살펴보아야 한다.

이상과 같은 단서를 가지고 성경을 본다면, 아무런 기준이 없이 보는 것보다는 훨씬 더 많은 것을 발견하게 될 것이다. 물론 이런 기준들을 모든 성경 본문마다 그대로 다 적용할 수 있는 것은 아니다. 성경 본문에 따라서 여기에 열거한 사항들 이외의 다른 기준을 적용해야 할 때가 있을 수 있다. 여기서 강조점은 아무런 기준도 없이 무작정 성경을 반복해서 읽는 것이 아니라, 여러 기준들을 종합적으로 고려하면서 읽을 때 관찰을 통해 많은 것들을 얻을 수 있다는 것이다.

3. 귀납법적 성경공부의 두 번째 단계: 해석

귀납적 방법은 관찰로부터 시작되지만, 관찰에서 끝나는 것이 아니다. 관찰은 해석과 적용을 위한 자료를 제시한다. 따라서 관찰은 해석을 이끌고 해석적인 통찰력은 생활에 적용되어야 한다는 점에서 이 작업의 논리적 연속성이 있다. 해석은 우리가 성경본문의 표면에 나타난 사실들을 넘어서기를 요구한다. 다시 말하면 해석은 사실에 근거한 결론의 도출, 여러 가지 사건들 사이의 관계 추구, 혹은 상세한 것들을 구성하고 있는 어떤 틀을 찾는 것을 포함한다. 따라서 해석의 과정은 관찰된 자료들을 의미화하고, 그 자료에 생명을 불어넣는 작업이라 할 수 있을 것이다. 성경본문에 대한 우리의 이해는 언제나 관찰에서 해석에로 넘어가는 과정에 의존하게 되기 때문에 관찰과 해석은 언제나 연속성 아래서 취급되어야 한다.

4. 귀납법적 성경공부의 세 번째 단계: 적용

성경은 단순히 우리의 지식을 풍성하게 해주는 책이 아니라, 우리의 행동을 요구하는 책이다. 우리의 문제는 많이 모르기 때문이 아니라, 행동하지 않기 때문이다. 따라서 성경공부에 있어서도 적용부분은 가장 중요한 부분이 아닐 수 없으며, 적용이 없는 성경공부는 미완성일 뿐이다. 만일 우리가 작은 부분이라도 하나님의 말씀을 적용하기 위해서 노력한다면 우리에게는 놀라운 변화가 생길 것이다. 적용에 따르는 실제적인 제안들은 다음과 같다.

- 성경공부 과정에서도 적용을 생략하지 말고, 적용을 위한 충분한 시간을 주도록 하라.
- 적용 단계가 성공적이기 위해서 인도자는 먼저 그 자신의 삶 속에서 하나님의 말씀의 원리를 실천하려고 노력하는 모습을 보여주어야 한다.
- 적용의 단계가 윤리적 원리에 대한 토론장이 되지 않도록 주의하라.
- 가능한 한 적용은 구체적으로 할 수 있도록 하되, 그것이 개인적, 실천적이며, 실행가능성이 있으며, 점검가능성이 있도록 해야 할 것이다.

5. 좋은 질문의 성격과 활용

성경본문을 연구하고 그 핵심 메시지가 결정된 후에 귀납적 성경공부 인도자는 성경공부시간 동안 사용하게 될 질문들을 만들게 된다. 질문에는 귀납적 성경공부의 단계에 따라서 세 가지 형태가 있는데, 관찰 질문, 해석 질문, 그리고 적용 질문이다. 창조적이고 사고를 불러일으키는 질문은 귀납적 성경공부에 있어서 중심적인 역할을 한다.

좋은 질문의 성격

좋은 질문이 갖추어야 할 특성은 다음과 같다.[5)]

- 좋은 질문은 명확해야 한다. 질문은 모든 그룹 멤버들이 잘 이해할 수 있어야 한다.
- 좋은 질문은 중요한 국면에 초점을 맞추어야 한다. 인도자가 물어볼 수 있는 질문은 수없이 많으나, 본문이 말하고자 하는 핵심 사상에 집중하는 것이 좋다.
- 좋은 질문은 사고를 불러일으키는 것이어야 한다. 그것들은 그룹 멤버들이 본문의 의미를 생각하고 숙고하도록 만들어야 한다. 지나치게 명백한 질문은 시간을 소비시키고 지루하게 한다.
- 좋은 질문은 그룹에 의해서 대답될 수 있는 것이어야 한다.
- 좋은 질문은 어느 정도 개방된 질문이어야 하며, 토론을 자극하여야 한다. 하나의 정확한 답을 암시하는 유도적인 질문은 별로 의미가 없다.

---

5) *Ibid.*, pp. 169-170.

좋은 질문의 활용

또한 인도자가 질문을 다루는 방법 역시, 무엇을 묻느냐 보다 더 중요한 것이다. 질문을 묻는 과정은 세 가지 뚜렷한 단계로 나눌 수 있다.[6]

첫째, 질문을 던지는 일이다. 여기서 중요한 것은 인도자는 질문을 확실히 말하고, 그룹과 의사소통함으로 그 질문이 대답할 가치가 있게 하는 것이다.

둘째, 대답을 기다리는 일이다. 많은 성경공부 인도자들은 그룹의 멤버들에게 질문을 해 놓고도 그 질문에 대답할 기회를 주지 아니한다. 대답을 기다리는 몇 초는 질문의 효과를 증가시킬 수 있는 단순하지만, 귀중한 시간이다. 만약 질문에 즉시 대답이 없더라도 당황할 이유가 전혀 없다. 인도자가 여유 있게 접근하면서 기대 되는 좋은 답이 나올 것임을 표현한다면 시간이 얼마나 걸리는가는 중요한 문제가 아니다.

셋째, 대답에 반응하는 일이다. 인도자가 질문에 응답하는 방법은 공부의 분위기와 질을 형성하는 중요한 역할을 한다. 인도자는 질문에 대답하는 개인에 대해 깊은 관심을 보여주어야 한다. 만약 응답자의 대답이 명확하지 않다면, 인도자는 명확하게 다시 말할 수 있도록 도와주어야 한다.

틀린 대답에 대한 대처

때때로 틀린 대답이 나올 수 있다. 성경공부 그룹은 조심성 있게 본문을 보면서 목표하는 방향으로 통찰력 있게 반응하게 된다. 그러나 갑자기 '잘못된 대답' 이 나올 수도 있는 일이다. 이런 경우에는 다음과 같이 대처하는 것이 현명하다.

---

6) *Ibid.*, pp. 183-185.

첫째, 무엇보다도 '그것은 틀렸다' 고 성급한 판단을 표현하지 않는 것이 좋다. 왜냐하면 이렇게 하면 비록 잘못된 대답이라도 그 속에 포함되어 있는 어떤 참된 통찰력까지도 무시할 수 있기 때문이다. 틀린 답은 언제나 창조적으로 활용될 수 있다.

둘째, 많은 잘못된 대답은 해가 되지 않으며, 다른 그룹 멤버들의 반응에 의해서 교정될 수 있다.

셋째, 다른 가능성은 다음과 같은 적절한 전략의 하나를 통해서 잘못을 지적하는 것이다.

- 대답한 사람에게 그렇게 대답할 수 있는 근거가 무엇이었는지를 다시 말하도록 요청하는 것이다. 즉 '본문의 어디에서 그것을 발견했습니까?' 라는 식으로 물어나가는 것이다.
- 다른 사람들이 가진 다른 생각들을 말하도록 요청한다.
- 그룹 멤버들에게 그 대답에 접근해 보도록 요청한다. 예를 들면 "다른 분들은 이런 생각에 대해서 어떻게 생각하십니까?"
- 간혹 인도자 자신의 의견을 말해 줄 수도 있을 것이다.

관찰을 돕는 질문

관찰 질문을 만들어 나가는데 있어서 중요한 것은 그것들을 흥미 있게 만드는 것이다. '누가', '무엇을', '언제', '어디서' 라고 묻는 것은 쉬운 일이다. 그러나 그러한 질문들을 흥미 있고 사고를 일깨워 주는 것이 되도록 만드는 것은 어려운 일이다. 관찰이란 귀납적 성경공부에 있어서 결정적인 단계이다. 따라서 그룹 멤버들이 질문의 지나친 단순성 때문에 이 단계에 대한 흥미를 잃지 않도록 주의해야 한다. 또 어떤 경우에는 질문이 너무나 기술적이고, 제한적이어서 그룹 멤버들이 대답하거나 찾아보기 어려운 것들도 있다. 따라서 이런 양극단적인 질문은 피하는 것이 좋다.

관찰질문의 유형

관찰 질문은 다음과 같은 네 가지 종류로 구별될 수 있다.

첫째, 문맥질문: 성경말씀은 그 전후관계에서 해석되어야 한다는 것이 해석의 가장 중요한 원리이다. 그러므로 귀납적 성경연구에서는 문맥연구에 많은 노력을 기울여야 한다.

둘째, 배경질문: 이 질문은 본문의 저자, 청중의 성격, 그리고 역사적, 문화적 배경 등에 관심을 둔다. 이에 관한 많은 자료들은 성경구절 너머에 있기 때문에 인도자에 의해 직접 설명되는 것이 바람직할 수도 있다. 예를 들어 서신서 중 많은 성경 구절에 있어서 우리는 다음과 같은 질문을 할 수 있다. '필자는 여기서 그 자신을 어떻게 묘사하고 있는가?', '당신은 사도들의 편지가 보내진 교회의 상황이 어떻다고 추측하는가?', '어떤 일들이 이런 구절들을 생성시켰는가?'

셋째, 내용질문: 어떤 것에 대해 말하고 있는지에 대해 분명한 지식을 갖지 않고 성경구절에 대해 토론하는 것은 무가치한 일이다. 시편 23편은 '하나님의 섭리'에 관해 말하고 있고, 고린도전서 13장은 '사랑'에 관해서 말한다. 선한 사마리아인의 비유는 '이웃'에 관해서 말하고 있다. 보편적으로 성경공부에 참여하는 사람들은 그 구절이 무엇에 대해 말하고 있는지를 알고 있다고 가정한다. 그러나 사실에 있어서는 그렇지 않은 경우가 많기 때문에 이 점을 가능한 분명히 해야 한다.

넷째, 형식 및 구조질문: 이것은 성경구절의 문학적 형식, 조직, 그리고 구조에 관한 질문들이다. 이미 앞에서 제시한 기준들을 따라서 본문을 바라볼 수 있도록 해야 한다. 성경본문에는 많은 문학적, 수사적 표현들이 포함되어 있으므로 이점에도 관심을 가져야 한다.

관찰질문 작성 시 유의점

관찰질문을 만드는 과정에서 주의해야 할 점들은 다음과 같다.

- 관찰질문의 목표는 사람들이 성경구절을 분명하게 관찰하는 것을 돕도록 하는 것이다. 즉 견해나 생각을 묻기보다는 관찰을 요구해야 한다.
- 너무 명백한 질문은 인도자가 설명하면서 넘어가는 것이 유익한 경우도 있다.
- 관찰의 과정은 어떤 질문에 대한 대답만큼이나 중요하다는 것을 기억하라.
- 관찰질문들은 간략하고 분명해야 한다. 그룹 구성원들이 그것들을 기억할 수 있어야 하고, 그것들을 되풀이해서 물어보지 않도록 해야만 한다. 몇 개의 부분이 하나로 묶여진 긴 질문보다는, 짧은 몇 개의 질문이 더 좋다.
- 질문이 성경구절의 주 관점과 관련될 수 있도록 하라. 즉 그 본문을 어떻게 보아야 하는지에 대한 실마리를 얻게 해주는 관찰질문이 유용하다는 것이다.
- 관찰질문에서는 1인칭 대명사를 사용하지 않도록 하라. 이것은 일반적으로 적용질문에서 사용될 수 있다.
- 의문을 나타내는 '누가', '무엇을', '언제', 그리고 '어디서'의 지나친 사용을 피하라. 이런 질문들은 멤버들을 곧 싫증나게 한다.
- 일반적으로 '왜'로 관찰질문을 시작하는 것을 피하라. 이러한 질문은 관찰의 범주라기보다는 해석의 범주에 속한다.

해석을 돕는 질문

관찰질문과 해석질문

좋은 해석질문을 만들기 위한 특별한 규칙은 없다. 대개 인도자가 해야 하는 중요한 일은 단순한 관찰을 넘어서 해석에로의 진행을 발전시켜 주어야 하는 것으로 본문에 나타난 상세한 것들의 의미를 바라볼 수 있도록 하는 것이다. 관찰질문과 해석질문은 다르다. 관찰은 성경이 무엇에 대해 말하며 어떻게 말하는지 찾는 것이다. 이것은 명백하고 사실적인 것에 관심을 갖는다. 그러나 해석은 관찰된 것의 의미와 중요성에 관심을 갖는 것이다. 이 두 사이의 차이점을 아는 것은 여러 가지로 유익한데 그 이유는 다음과 같다.

첫째, 이것은 귀납적 성경연구가 적절한 균형을 잡고 있는지 측정하게 해준다. 너무나 많은 관찰질문을 가진다는 것은 해석하지 않은 부분들을 많이 남겨놓는다는 것을 의미하며, 반대로 많은 해석질문의 남용은 부적합한 기초 위에서 많은 해석을 하는 것이 된다.

둘째, 관찰질문과 해석질문의 차이점을 안다는 것은, 성경공부 인도자가 멤버들의 대답을 어떻게 다룰 것인지에 대한 기준을 갖게 해준다. 만약 어떤 사람이 관찰질문에서 잘못된 답을 한다면, 인도자는 답에 대해 도전을 해야만 한다. 그러나 해석적 진술은 한 가지의 정답만을 가지지 않고 있기 때문에 자유로운 토론이 계속될 수 있는 것이다.

셋째, 관찰과 해석질문을 구별하는 것은 성경공부의 시간계획을 도와준다. 관찰질문은 일반적으로 긴 시간을 요구하지 않는다. 그러나 해석질문은 일반적으로 꽤 오랜 시간을 필요로 한다.

해석질문 작성 시 유의점

해석질문을 만드는데 있어서 주의해야 할 점은 아래와 같다.

- 해석질문은 관찰질문보다 더 개방적이어야 한다. 그것은 하나의 정답 이상의 여러 가지 답을 가질 수 있다.
- 해석질문이 상대적으로 개방된 결말을 가지고 있다 할지라도, 그럼에도 불구하고 그것은 성경본문과 연결되어야 한다. 해석질문은 언제나 본문 안에 있는 어떤 일에 대해 해석할 것을 요구해야지, 그룹 구성원들 자신의 견해를 요구해서는 안 된다.
- 투표식의 질문을 피하라. 인도자의 과제는 주제에 관한 그룹멤버들의 견해를 구하는 것이 아니고, 성경본문의 의미를 찾는 것이다.

- 일반적으로 해석질문에서도 1인칭인 "우리"라는 대명사는 피해야 한다. 왜냐하면 이것은 사람들을 해석으로 이끌기보다는 적용으로 이끌기 때문이다.
- 제목이나 주제에 관한 질문들은 일반적으로 해석질문에 속한다.
- 논쟁의 여지가 있기 때문에 우리는 가끔 해석을 피하려고 한다. 그러나 우리의 생각과 삶에 대한 성경의 영향은 성경의 의미를 해석하고자 하는 우리의 기꺼운 마음에 달려있음을 기억해야 한다.
- 우리는 어떤 일이 그 때, 그 기록자나 청중들에게 무엇을 의미했었는지 생각해야 하며, 동시에 그것이 오늘 우리들 자신의 문화 속에서 무엇을 의미하는지 결정해야 한다.

적용을 돕는 질문

적용질문의 두 단계

적용질문을 발전시키기 위한 전략은 두 가지인데, 첫 번째 단계는 '일반적 적용' 으로, '우리가 하나님의 말씀을 우리의 생활 속에서 어떻게 적용할 수 있는가' 를 묻는 것이다. 두 번째 단계는 '개인적 적용' 인데 '나의 생활 속에서 하나님의 말씀을 어떻게 적용할 수 있는가' 를 묻는 것으로 그 질문을 좁히고 개인화하는 것이다.

적용의 두 단계 사이의 차이점은 매우 중요하다. 첫 단계에서 각각의 멤버들은 그룹의 익명성 안에 안전하게 감추어진다. 이러한 단계에서는 개인의 헌신이 최소화될 염려가 있다. 왜냐하면 개인은 단지 어떻게 우리가('우리 그룹', '우리 교회', '일반적 기독교인') 성경의 메시지에 응답할 필요가 있는가를 토의하는 한 사람에 불과하기 때문이다. 두 번째 단계는 개개인에게 더욱 강조점을 두는 것인데, "당신은 어떻게 반응하겠습니까?"라고 묻는 것이다. 그룹의 반응은 좋은 것이지만 개개인은 하나님의 말씀에 대한 개인적 적용을 해야 한다.

적용질문의 유형

적용질문의 몇 가지 유형을 보자.

첫째, 반응질문: '행동' 에 대한 지나친 관심 때문에 성경말씀에서 느껴지는 다양한 느낌이나 반응을 무시해서는 안 된다. 만약 창세기 21장에 나타난 아브라함이 이삭을 바친 이야기를 공부하게 되면, '내가 아브라함이었다면 어떻게 했을까?' 또는 더 나아가 '내가 하나님보다 더 사랑하고 있는 것은 없는가?' 에 대한 다양한 반응들이 생기게 될 것이다. 만약 성경공부 인도자가 이런 반응들을 무시하고, 당신은 이제 '무슨 일을 할 것입니까?' 라고 단도직입적으로 묻는다면 효과적인 적용이 어렵게 된다. 우리는 성경의 저자가 일으키기 원하는 그런 반응에 초점을 맞추는 질문을 활용해야 한다. 본문을 보면서 느껴지는 우리의 기쁨, 확신, 아쉬움, 회개의 정신이 표현되도록 해야 한다.

둘째, 다리 놓는 질문: 적용은 우리가 본문의 세계에 들어서면서 시작되고, 우리들의 세계로 다시 돌아옴으로 끝나는 해석적 여행을 완성시켜준다. 적용질문은 본문을 '그때와 거기' (then and there)에서 '여기와 지금' (here and now)으로 이끄는 과정을 완성한다.

셋째, 상황질문: 여기서는 성경공부 참여자들에게 성경의 원리를 구체적인 상황에 관련시키도록 요청한다. 예를 들면 '만약 우리 가족이 이 말씀에 의해 살았다면, 무엇이 달라졌을까?' 와 같은 질문이다. 우리는 성경말씀을 우리의 구체적인 삶에 적용시키기 위해서, 이 본문을 나와 하나님과 나의 어떤 것과 구체적으로 연결시킬 수 있을지 물어야 한다. 이 외에도 다양한 적용의 기준을 정하여 적용 점을 찾을 수 있을 것인데, 흔히 사용되는 것으로 '내가 따라야할 모본이 있는가?', '내가 피해야할 죄가 있는가?', '내가 요구해야할 약속이 있는가?', '내가 따라야 할 명령이 있는가?' 와 같은 질문들은 유용한 질문이다.

귀납적 성경공부는 그 진행방법을 단순히 질문과 대답에만 제한시킬 필요는 없다. 따라서 본문의 관찰과 의미 파악, 그리고 본문의 정황 속에 들어가기 위한 다양한 그룹의 활동을 고안하는 것은 의미 있는 일이다. 때로는 전체 그룹 멤버들을 작업에 포함시킬 수 있으며 때로는 큰 그룹을 작은 그룹으로 나누어 행할 수도 있을 것이다. 한스 웨버(Hans Weber)는 성경공부의 단계를 이야기하면서 '눈으로 읽는 성경', '마음으로 읽는 성경', '몸으로 읽는 성경'이라는 표현을 사용한 일이 있었는데, 다양한 활동을 통하여 성경공부를 이끌어 가면 공부시간이 활기에 넘치게 될 뿐만 아니라, 효과적일 수 있게 된다.

우리는 도표, 목록, 개요 만들기 등의 작업을 실행할 수도 있으며, 그 외에도 다양한 활동들을 고안할 수 있다. 각자에게 다른 관점을 주어 본문을 보게 한 후에, 발견한 점을 나누게 하는 것도 좋은 방법이다. 초등학교 고학년 학생들에게 요셉이 팔려간 이야기를 공부하는 날 '요셉이 팔려가던 날의 일기를 쓰라'는 작업을 시킨다면 이것은 자기 자신이 요셉이 되어본다는 점에서 본문의 정황 속에 들어갈 수 있게 하는 좋은 작업이 될 것이다. 이와 유사한 작업들을 성인들을 위해서도 개발할 수 있다. 또한 간단하고 쉬우면서도 중요한 활동 하나가 있다. 그것은 '성경본문을 각자가 자기의 말로 쓰게 하는 것'이다. 이것은 아주 쉬운 작업처럼 보이기는 하지만 실제로 해보면 그렇게 쉬운 일이 아니라는 것을 알게 된다. 가장 가깝게는 대명사가 무엇을 의미하는지에 대한 문법적 이해로부터 시작하여, 사용되는 단어의 의미 파악 등, 그리 쉬운 일이 아니다. 그러나 이 작업은 아주 가치 있는 작업이다. 각자가 쓴 글에는 본문에 대한 자기의 이해와 반응이 많이 나타나게 되므로, 이것을 서로 읽어나가는 일로도 성경공부의 많은 부분을 취급할 수 있게 된다.

귀납적 성경공부에 있어서 명심해야할 중요한 한 가지는 항상 말씀을 가까이하는 습관을 길들여야 한다는 것이다. 부흥 집회에서 깊은 은혜를 체험한 자는 이 체험의 영향이 아주 오랫동안 지속되기를 기대한다. 그러나 한 번 찾아와 떠나지 않는 각성은 하나님의 말씀을 통해 온다. 그리고 그 각성은 부단하게 성경을 읽고 묵상하는 것을 통해 일어나는 것이다. 무디는 한번 은혜 받고 그 힘으로 오랜 기간 버티려고 하는 이들의 어리석음에 대하여 그럴 것이면 차라리 평생 먹을 음식을 한꺼번에 먹어두는 편이 나을 것이라 했다.[7] 그러므로 성경공부는 지속적으로 수행되어야 한다. 이와 같은 지속적인 성경연구와 함께 성경공부 인도자는 관찰, 해석, 적용의 과정을 거쳐 나가면서 그룹 멤버들이 본문과 대면하며 그 의미를 발견하고, 거기에 반응하며, 결단할 수 있도록 도와주어야 한다. 이를 통해 온 교회 성도들이 삶 속에서 말씀을 회복하고 또 그 말씀으로 살게 될 것이다.

7) D. L. Moody, 《성경공부의 기쁨과 유익, 승리하는 기도, 승리하는 생활》(Experiencing Pleasure and Profit in Bible Study, Prevailing Prayer, The Overcoming Life), 이길상 역 (서울: 크리스챤다이제스트, 2002), p. 13.

✢ 학습 문제

1. 귀납적 성경연구의 세 단계에서 각 단계마다 핵심적인 과제에 대해 설명보라.

2. 성경연구에 있어서 번역본 활용상의 유의점은 무엇인가?

3. 관찰과 해석의 관계에 대해 설명해 보라.

4. 귀납적 성경연구에 있어서 적용의 중요성에 대해 말해 보라.

〈읽을 거리〉

백금산, 《성경, 이렇게 읽읍시다: 성경의 맥을 잡아주는 맥체인식 성경 읽기 방법》, 서울 : 부흥과 개혁사, 1998.

송인규, 《성경, 어떻게 적용할 것인가》, 서울 : 성서유니온, 2001.

이재천, 《개인성경연구핸드북》, 서울: IVP, 2003.

하워드 헨드릭스, 윌리엄 헨드릭스, 《삶을 변화시키는 성경연구》, 정현 역, 서울: 파이디온, 1993.

2장

창의적 교수방법(1): 기본 교수방법

기본적인 교수법들은 강의법(lecturing), 질문법(questioning), 이야기법(storytelling)이다. 이 세 가지 방법은 교수가 이루어지는 현장에서 보편적으로 사용된다. 또한 이 세 가지는 자연스럽게 상호 보완되는 방법이기도 하다. 강의 중에 질문은 자연스럽게 제기되며, 질문을 통해 강의는 보다 효과적으로 전개된다. 한편 자칫 지루해지기 쉬운 방식으로 전개되는 강의 중에 이야기를 도입하면 그 강의는 생동감을 띠며 학생들의 집중을 손쉽게 끌어들일 수 있다. 이 세 가지 방법은 별다른 교수도구를 준비하지 않고도, 교실에서 언제든지 사용할 수 있다.

강의법은 기독교 교육현장에서 가장 넓게 사용되고 있는 교육방법 중 하나이다. 강의법은 교사 주도의 일방적인 수업방법이기 때문에 학습자는 교수자가 전달하는 학습내용을 수동적으로 받아들이는 단점도 있지만 대규모의 학습자를 대상으로 할 때에는 매우 효과적인 방법이며, 교사들이 발전시킬 수 있는 가장 효과적인 방법 중 하나이다. 질문법은 일명 문답법, 발문법, 대화법, 반문법 등 다양한 명칭으로 사용되고 있다. 질문법은 강의법과 더불어 오랜 역사를 가진 교수법으로 교수자와 학습자 사이의 상호작용을 전제로 교수자의 질문에 학습자가 답변하고 학습자의 질문에 교수자가 반응하는 교수-학습의 과정을 통해 학습에 대한 주의를 집중시킬 수 있는 방법이다. 이야기법(storytelling)은 '스토리(story)+텔링(telling)'의 합성어로서 상대방에게 알리고자 하는 바를 재미있고 생생한 이야기로 설득력 있게 전달하는 강력한 교육적 도구이다. 적절히 사용된 이야기는 학습자의 관심을 끌어내고 상상력을 불러일으키며 마음을 어떤 특정한 교훈에 집중시키고 또한 정서적으로 다른 사람들과 가까워지게 해 준다.[8]

1. 강의법

강의법의 역사

역사적으로 볼 때, 강의는 읽기에서 출발하였다. 이것은 '읽는다'는 뜻의 라틴어 'lectura'와 'lectrare'에서 유래하였다. 아마도 그리스인들은 강의를 사용한 처음 사람들이라 생각된다. 그들에게 강의는 민주주의 과정의 한 부분이었다.[9] 한편 고대 그리스인에게 민주주의 과정의 중심이 되고 의

8) 이정기, "기독교교육방법론", 강용원 편, 《기독교교육학개론》(서울: 생명의 양식, 2007), pp. 202-207.

9) Gregory C. Carlson, "Lecture," Jonathan N. Thigpen (ed.), *Teaching Techniques: Revitalizing Methodology* (Wheaton: Evangelical Training Association, 2001), p. 39.

사소통의 기본이 되는 것은 웅변이었다. 그래서 위대한 교사는 웅변을 잘 하는 사람으로 인식되었다.[10] 이런 웅변에 대한 관심은 이후 로마시대에 수사학의 발전에 기여한다. 그러나 수사학 교수법은 맹목적인 암송과 습관화를 통해 참 지식을 키우지 못한다는 문제가 있었으므로, 이에 대한 대안으로 대화식 교수법 또는 소크라테스식 교수법(socratic dialetic)이 발전하게 된다.[11]

중세에 성경은 'lector'에 의해 읽혀졌다. 기록된 자료를 누구나 쉽게 구할 수 없고, 대다수가 읽을 능력이 없는 상황에서 강의는 가장 효과적인 교육의 방법이었다.[12] 이러한 전통을 따라서 독일어를 사용하는 나라들에서는 강의를 'Vorlesung'(앞에서 읽는다)이라고 부르며, 많은 교수들이 자신의 강의원고를 그대로 읽는 방법을 사용한다. 중세에는 전통적 교의를 고집하는 스콜라철학이 대두됨에 따라 스콜라주의(scholaticism)가 곧 교수방법으로 인식되었다. 스콜라주의 교수방법은 화해법(reconciliation method)이라 불리는데, 여기서 화해란 이성을 중시하는 철학과 믿음을 중시하는 기독교 신학간의 화해를 나타내는 것이었다. 이것의 구체적인 방법은 강의와 논쟁이다.[13] 현대적인 의미에서 강의법은 18세기 헤르바르트(F. Herbart)에 의하여 단계이론으로 더욱 체계화되었다.[14]

강의의 목적

강의는 가르치는 자가 가르침을 받는 자에게 지식 혹은 정보를 제공하는 일방적인 방식이라 할 수 있다. 또한 강의는 담화 즉 이야기인데, 이때 이야

10) 이성호, 《교수방법론》(서울: 학지사, 2004), p. 64.
11) *Ibid.*, pp. 64-65.
12) Gregory C. Carlson, *op. cit.*, p. 39.
13) 이성호, *op. cit.*, pp. 65-66.
14) *Ibid.*, p. 66.

기는 어떤 주제에 관해 조직적이고, 잘 정비된 것이어야 한다. 온스타인(Allan Ornstein)과 레슬리(Thomas Lasley)는 강의를 세 가지로 나누었다.[15] 여기에는 형식적 강의, 비형식적 강의, 단기강의 등이 있다. 일반적으로 강의는 전통적인(traditional) 강의와 참여적인(participative) 강의로 나눌 수 있다.[16]

폴슨(Paulson)은 강의의 목적을 세 가지로 정리하였다. 첫째, 인격이라는 생생한 매개자를 통해 전체 지식의 개관을 제공하기 위함이다. 둘째, 인간 생애의 주된 목적에 지식을 연관짓기 위함이다. 셋째, 활발한 관심을 불러일으킴으로 학습자 쪽에서 그 주제에 관한 독립적인 이해를 갖게 하기 위함이다.[17]

강의의 규칙

오스머(Osmer)는 성공적인 강의를 위해서 강의를 준비하고 그것을 전달하기까지 진행되는 단계들마다 유념해야 할 점들을 아이디어의 개요(the idea outline), 발제개요(presentation outline), 서론(the introduction), 본론(the body of the lecture), 주기적인 요약과 과도기적 진술(periodic summaries and transitional statements), 결론(the conclusion), 피드백(feedback), 예화(examples)와 같은 요소를 들어 설명한다.[18]

성공적인 강의는 강의하는 사람의 자신감, 새로운 관점과 도전, 청중의

15) Allan C. Ornstein and Thomas J. Lasley, II, *Strategies for Effective Teaching* (Boston: McGraw Hill, 2000), p. 173.

16) William A. Reinsmith, *Archetypal Forms in Teaching, A Continuum* (New York: Greenwood Press, 1992), p. 12.

17) As quoted in John McLeish, "The Lecture Method," *Cambridge Monographs on Teaching Methods*, No. 1 (Cambridge: Cambridge Institute of Education, 1968), p. 2.

18) Richard Robert Osmer, *Teaching For Faith: A Guide for Teachers of Adult Classes* (Louisville: Westminster / John Knox Press, 1992), pp. 47-66.

삶과 상황에 대한 충분한 이해, 긍정적인 요소, 생동감과 같은 요소들이 있어야 한다.

성경에서의 강의

칼슨(Carson)은 성경에서 강의 형태를 구약 성경과 예수님과 교회에서의 강의 형태로 나누어 설명한다.[19] 구약성경에서 하나님께서는 다양한 의사전달 방법을 사용하셨는데, 아마도 말씀하시는 하나님의 방법을 강의법으로 분류할 수 있을 것이다(렘7:13). 또한 구약성경에 나타나는 인물들을 통해서도 강의의 형태를 볼 수 있다(왕상 4:32-34). 한편 선지자들은 하나님의 메시지를 전달하는 역할을 담당했는데, 그들의 메시지 전달을 강의의 형태로 볼 수 있다(이사야 28:23; 렘31:23).

신약성경에서 예수님은 군중들이 놀라움을 가질 정도로 뛰어나게 말씀을 전하셨다(눅 4:31, 32). 예수님이 가르치실 때, 사람들은 배웠다. 마태복음은 예수님의 뛰어나신 5개의 강화로 구성되어있다(산상수훈 5-7장, 제자파송 10장, 천국비유 13장, 교회치리 18장, 종말론 24-25장). 또한 예수님은 강의하실 때, 그전까지 어느 누구에게서도 볼 수 없는 탁월성을 보이셨다(요 7:46). 욘트(Yount)는 예수님의 교육에 관하여 "예수님의 교수는 최신 유행을 보여주는 것이 아니다 … 예수님은 단지 가르치신 그대로 사셨다. 즉 주님은 그의 존재로부터 가르치신 것이다"라고 했다.[20]

신약성경에 등장하는 초대 교회를 통해 설교 혹은 강의의 실례들을 많이 볼 수 있다. 베드로는 이방인을 향한 복음을 교훈적으로 변호할 때 강의법을 사용하였다(행 11:4). 또한 성령님은 설교의 힘이 되셨다(행 2:14-39;

---

19) Gregory C. Carlson, *op. cit.*, pp. 40-41.

20) William R. Yount, *Created to Learn* (Nashville: Broadman & Holman Publishers, 1996), p. 345.

3:12-26; 4:8-12: 7:2-53). 이런 성경의 사례들은 성령님의 사역에 의존하여 강의법과 같은 교수법들을 활용할 때에 효과를 볼 수 있다는 사실을 명확히 해 준다.[21)]

강의의 장점과 단점

강의는 상대적으로 짧은 시간 안에 많은 정보를 제공할 수 있다는 강점이 있다. 아무리 큰 그룹이라도 강의는 효과적으로 진행될 수 있다. 부연하면, 작은 수의 그룹이 선호되는 것이 사실이지만, 그룹의 크기는 별로 강의에 영향을 미치지 않는 것으로 보인다.[22)] 또 다른 장점으로는 보충하는 교육 자료가 다른 교수법들에 비해 덜 필요하고, 매우 유연성을 가지며, 전달방법은 교사의 의도에 따라 다양하게 활용할 수 있다는 점이다.

한편 강의의 최대 단점은 학생들을 수동적으로 만드는 것이다. 교사의 일방적인 강의는 그 강의에 대한 동기화가 충분히 선행되지 못할 때, 학생을 수동적으로 만들며, 이것은 학습 장애 요인이 되기도 한다. 또한 전통적인 강의는 교사의 일방적인 전달이기 때문에, 학생들의 이해나 학습 정도를 강의 중에 측정하는 것이 불가능하다. 교사들은 이 문제점을 극복하기 위해 토의 등의 다른 방법을 병행할 수 있다.

---

21) Gregory C. Carlson, *op. cit.*, p. 41.

22) Coolie Verner & Gary Dickinson, "The Lecture: An Analysis and Review of Research," *Adult Education Quarterly*, Vol. 17, No. 2 (1967), p. 90.

2. 질문법

질문의 목적과 유형

질문법은 학습자의 사고를 촉진하고, 학습과정의 방향을 이끌며, 학습자의 학습정도를 평가하기 위해 사용된다. 질문법은 학습자의 호기심과 궁금증을 자극하여 적극적인 학습 참여를 도울 수 있으며, 성숙한 정신을 소유한 교사가 아직 미성숙한 학습자인 학생의 정신을 북돋우는 유용한 수단이다. 그러므로 교사는 질문법을 적절하게 활용함으로 학생의 정신을 확장시키고 발전시킬 수 있다. 또 질문법을 사용하여 수업 과정 중에 학생의 이해 여부를 판단하고, 오류를 교정하고, 부족한 점을 보충할 수 있다.

일반적으로 질문에는 사실적 질문(factual question), 해석적 질문(interpretive question), 사고 질문(thought question), 수사학 질문(rhetorical question), 대안적 질문(alternative question), 정당화 질문(justification question), 연쇄 및 반사 질문(relay question) 등이 있다.[23]

- 사실적 질문: 정보를 확보하거나, 토의를 열기 위해서 사용하는 질문이다. 이것은 사실적 지식을 요구한다. 예를 들어 에베소서 2장 19–22절에서 "그의 안에서 건물마다 서로 연락하여"(fitly joined together)라는 구절을 공부하면서, 목수로 일하는 사람에게 건물의 부분들이 어떻게 결합되는지에 대해서 물을 수 있다.
- 해석적 질문: 위의 구절과 관련하여 해석적 질문을 한다면 다음과 같다. "바울에게 있어서 건물들이 함께 세워져 가는 것은 어떤 의미이겠습니까? 그것은 교회의 회원권과 어떻게 관련됩니까?"

---

23) William B. Haburn, "Method in Teaching," Werner G. Graendorf (ed.), *Introduction to Biblical Education* (Chicago: Moody Press, 1981), pp. 178–187.

- 사고 질문: 이런 유형의 질문에는 즉시 대답할 수도 있고, 그렇지 못할 수도 있다. "우리는 바울에 의해서 제안된 방법으로 어떻게 오늘날 함께 세워져 나갈 수 있겠습니까?" 이런 질문은 학습자로 하여금 생각하도록 도전한다.
- 수사학 질문: 이 질문은 질문 속에 함축된 답을 가진다. 누가복음 12:25의 "염려함으로 그 키를 한자나 더할 수 있느뇨"가 그런 예이다.
- 대안적 질문: 학생들에게 선택을 요구하는 질문이다. 어떤 것이 옳은지 묻는 질문이다.
- 정당화 질문: 어떤 결심이나 혹은 행동을 명확하게 할 수 있는 기회를 제공한다. 잘못된 논리추론을 드러내 주며, 그의 동기를 검토해 볼 수 있게 해준다.
- 연쇄 및 반사 질문: 교사가 받은 질문을 다시 되돌려 묻는 경우이다. 이런 질문은 학생들 사이의 상호작용을 격려한다.

좋은 질문의 특징

이비(Eavey)는 좋은 질문이 지닌 특징은 간결하고 단순하며 또 명확한 것, 생각을 진작시키는 것, 학생의 경험과 수준에 맞고, 또 학생이 더욱 심화 연구할 수 있도록 돕는 것이라고 말한다.[24] 사고를 진작시키는 질문이란 학생들이 질문을 듣고 '예' 혹은 '아니오' 와 같이 두 가지 중 하나만을 대답할 수 있도록 의도되지 않는 질문이다. 학생의 수준에 맞는 질문이란 학생의 지식과 경험에 맞는 질문으로 학생의 심화 학습을 자극시켜 줄 수 있는 질문을 말한다.

이와 같이 좋은 질문은 종종 교사와 학급 구성원들 모두에게 새로운 정보

---

24) C. B. Eavey, *Principles of Teaching for Christian Teachers* (Grand Rapids: Zondervan Publishing House, 1977), pp. 256-259.

의 원천이다. 좋은 교사는 항상 학습자이다. 그래서 그는 새로운 지식을 습득하기 위해 그 자신에게 질문하는 일에 아주 열심이다. 많은 학생들은 이미 그 내용에 관한 여러 경험들을 갖고 있다. 이러한 학생들의 경험이 교사에 의해 이용된다면 모든 구성원들에게 가치가 있는 수많은 정보와 경험들을 학급에 가져올 수 있다.

질의응답 기술

질문하는 것은 쉬우나 좋은 질문을 하기는 쉽지 않다. 그러므로 교사는 모든 상황 속에서 교육적 가치 판단을 가지고 현명하게 어떤 것들을 사용할지 또 어떤 것들을 피해야 할지 주의해야 한다. 교사가 좋은 질문법을 발전시키기 위해 고려할 사항들은 아래와 같다.[25]

- 질문은 전체 학급의 관심을 끌 수 있는 것이어야 한다. 그러므로 교사는 특정한 학생에게 질문을 하기 전에 전체 학생들과 관련된 질문인지 생각해야 한다.
- 질문은 명확하고 간결하며, 한 질문에 한 가지 생각만을 담아야 한다.
- 질문은 수업의 자연스러운 부분으로 제시되어야 하고, 모든 학생에게 동등한 학습 기회를 부여해 주는 것이어야 한다.
- 질문은 학생의 정서적인 반응을 요구하는 것을 포함해야 한다.
- 효과적인 진행을 위해서는 쉬운 질문에서 시작하여 단계적으로 어려운 질문으로 발전하는 것이 좋다. 또한 해석적인 질문을 하기 전에 먼저 사실적인 질문에서 시작해야 한다. 또한 '예' 혹은 '아니오' 와 같은 답을 유도하는 질문은 피하는 것이 좋다.
- 교사는 학생들에게 대답하기 위한 충분한 시간을 주어야 한다. 질문할

25) *Ibid.*, pp. 259-264; William B. Haburn, *op., cit.*, p. 182.

때 힌트를 제공할 수 있으나, 처음부터 힌트를 주는 것은 좋지 않다.

• 어떤 경우에는 학생이 대답하지 못하는 것을 정말 모르는 것이라 판단하고 다음 사람으로 질문을 넘겨야할 때가 있다.
• 질문은 일관성과 통일성을 지녀야 하며, 질문과 답이 규칙적으로 반복되어서는 안된다.
• 교사의 질문은 미리 계획되어야 하지만, 수업 상황 속에서 가장 적합한 내용으로 수정될 수 있어야 한다.
• 교사는 학생에게 너무 많이 질문하는 것을 피해야 한다.
• 학생의 좋은 답에 대해서 교사는 칭찬과 인정을 아끼지 않아야 한다. 또한 어긋난 답에 대해서도 학생들이 실망하지 않게 해야 한다.
• 진리를 해석하거나 학습자의 삶에 적용을 돕는 질문을 할 필요가 있다. 적용을 돕는 질문으로는 특정한 것보다는 일반적인 성질의 것이 좋다.

가르친다는 것은 교사가 학생에게 내용을 일방적으로 전달하는 것이 아니다. 학습은 교사 중심이어서는 안 된다. 이것은 질문에도 적용된다. 대개는 교사가 학생들의 학습을 고양하기 위해 질문법을 사용하지만, 학생 편에서 제기되는 질문이 큰 유익을 가져오는 경우가 종종 있다. 학생은 질문함으로 보다 적극적으로 학습에 참여한다. 또 교사는 학생의 질문에 대답함으로 그가 의도한 목표보다 더욱 많은 것들을 성취할 수 있다.

교사는 질문법을 사용하기 전에 그가 가르치려는 내용에 대해 정확한 정보와 자료를 가지고 있어야 하며, 또 정통한 지식을 가지고 있어야 한다. 이런 기초 위에 비로소 교사는 질문법 사용을 계획해야 한다. 빈약한 교수는 질문법 기술이 빈약해서가 아니라 좋은 질문을 만들지 못하기 때문에 발생한다. 질문법의 가장 주목할만한 한계는 질문이 새로운 자료를 모으거나 학생의 사고를 불러일으키는 수단으로 인식되지 못하고, 단순히 어떤 사실들을 재생하기 위해 사용되는 수단으로 인식된다는 점이다.

3. 이야기법

누구나 설교를 듣거나 강의를 들으면서 무관심해지지는 경험을 한다. 단어는 들리지만, 마음은 다른 곳으로 향한다. 그러나 "이제 예를 들어서 말씀드리면 …" 혹은 "나는 며칠 전 …"이란 말을 하면, 관심이 다른 곳에 가 있던 사람들도 쉽게 주의를 집중할 준비를 갖춘다. 개인의 예화, 다른 이들의 생활 경험, 책의 한 부분, 짧은 이야기들, 신화 등 어떤 형태의 이야기라도 사람들이 기독교인의 경험의 실제에 참여하게 만드는 장점이 있다.

이야기의 교육적 속성

플라톤은 그의 대화편에서 진리에 도달하는 한 가지 길을 제시한다. 여기서 교사는 질문을 하는 직업을 지닌 존재로 기술된다. 학생은 교사의 질문을 받아 사고를 시작하며, 나중에는 스스로 사고하는 경지에 도달하게 된다. 이런 과정을 통해 진리는 교사와 학생들의 만남, 곧 정신들 간의 만남을 통해 발견될 수 있다. 그런데 히브리 전통에서는 진리를 다룰 때 이야기를 사용한다. 성경은 우주 기원에 대해 합리적인 조사를 거쳐 진리에 도달하게 만드는 논리적 방법을 사용하는 대신에 하나님의 창조 이야기를 들려준다. 성경 이야기는 신성한 역사이며, 구속사이다. 예수님 역시 비유를 통해 이야기를 자주 활용하셨다. 그리고 우리에게 익숙한 신화, 전설, 민담 등은 모두 이야기 형태를 갖고 있다. 이처럼 이야기는 가장 친숙하고 유용한 교수 도구이다.[26]

이야기가 지닌 가치의 한 사례는 마틴 부버(Martin Buber)의 "하시딤의

26) Wayne R. Rood, *The Art of Teaching Christianity: Enabling the Loving Revolution* (Nashville: The Parthenon Press, 1980), pp. 89-91.

이야기들"이라는 책에서 극적으로 나타난다. 한 랍비가 이야기를 들려달라는 요청을 받는다. 그 랍비는 자기 할아버지가 절름발이였는데, 그 할아버지는 사람들에게 자기 스승에 관한 이야기를 들려준다. 할아버지는 자기 스승이 경건한 기도를 올리는 동안 어떻게 뛰며 춤을 추었는지를 이야기하였고, 그 이야기를 하는 동안 할아버지 자신이 자신의 스승처럼 뛰며 춤을 추게 된다. 이야기를 통해 할아버지의 다리가 완전히 나은 것이다.[27]

사실 기독교교육의 많은 것이 인지적 내용에 초점을 맞추고 있다. 그러나 인지적 내용만으로는 그리스도인의 삶에 효과적인 영향을 줄 수 없다. 이 점에서 이야기는 효과적으로 내용을 전달하기 위한 교수 과정을 제공할 수 있다. 교육 내용은 감성적인 면이 나타나야 하는데, 여기에는 감정, 정서, 태도, 가치 그리고 사랑을 포함해야 한다. 여기서 감정은 기독교교육의 중요한 측면이다. 그리스도인은 하나님에 관해 아는 것 이상으로 자신의 삶 안에서 하나님의 존재를 경험하고 느낌으로 신앙이 증진되는 것이다. 이야기는 경험을 방향지우고, 경험을 대신하기 때문에 기독교교육에 있어서 정서적인 반응을 불러일으키는데 중요한 매개가 될 수 있다.[28]

딕펜(Jonathan N. Thigpen)은 교육의 장에 이야기를 활용해야 하는 이유를 첫째, 성경 자체가 거대한 구속의 이야기이기 때문에, 둘째, 구약은 이야기 실례들을 아주 많이 담고 있기 때문에, 셋째, 예수님에 의해 주로 사용된 방법이기 때문에, 넷째, 학생들의 주의와 상상을 사로잡기 때문에, 다섯째, 학생을 위해 고안될 경우 좋은 습관을 형성시키는데 기여하기 때문에, 여섯째, 쉽게 다른 방법들과 병행하여 사용할 수 있기 때문에, 일곱째, 성경 진리를 오늘날 상황에 연결하는데 도움이 되기 때문에, 여덟째, 오래

27) Martin Buber, *Tales of the Hasidim*: Early Masters (New York: Schocken, 1961), pp. 5-6.

28) Susan M. Shaw, *Storytelling in Religious Education* (Birmingham: Religious Education Press, 1999), p. 121.

동안 기억에 남기 때문에 등으로 정리하였다.[29] 한편 김재은은 이야기가 가진 교육적 속성을 정체성 형성, 참여정신의 촉진, 상상력의 개발, 이해지평의 확장, 실천력의 부여 등 다섯 가지로 말한다.[30]

이야기법의 사용에 있어서 유의점

이야기를 하는 첫째 단계는 무엇을 이야기할지 선택함으로 시작된다. 좋은 이야기는 호소력, 적절성, 긍정성, 흥미성 등을 두루 갖추고 있으며, 이런 이야기를 선택할 때 청중들에게 긍정적인 반응을 얻을 수 있다.[31] 이야기를 선택할 때에는 시의성(occasion), 길이(length), 연령별 그룹(age group) 등을 고려해야 하고 무엇보다 교수의도에 맞는 것을 선택해야 한다. 특히 성경 교수에 있어서 이야기를 활용하려고 할 때, 반드시 성경 흐름에 적합한 이야기를 선택해야 한다. 또한 학생의 필요에 직면하는 이야기를 선택하는 것이 효과적이다.

교사는 자신이 스스로 모범적인 이야기 작가가 되어야 한다. 여기서 모범적이란 교사의 윤리성을 말한다. 누구나 아는 보편화된 이야기는 출처를 밝히지 않아도 무방하지만, 흔하지 않는 이야기는 출처를 명시해야 한다. 사적인 자리에서 들은 내용을 다른 사람들에게 이야기하려면, 그 이야기를 들려준 사람에게 미리 허락을 받아야 한다. 확실하지 않은 부분이 있다면 이야기해서는 안된다. 그리고 자신에게 일어나지 않은 일을 마치 자신이 직접 경험한 것처럼 가장해서도 안된다. 자신의 이야기를 사용할 때에는 매우 주의해야 한다. 이는 청중들 앞에서 자기 자신을 영웅으로 세울 위험

---

29) Jonathan N. Thigpen, "Storytelling", Jonathan N. Thigpen (ed.), *op. cit.*, pp. 46-48.
30) 김재은,《기독교성인교육》(서울: 기독한교, 2004), pp. 222-229.
31) Elaine M. Ward, *Storytelling: With Stories to Tell* (Nashville: Discipleship Resources, 1981), pp. 10-13.

이 있기 때문이다. 이야기할 때는 유머를 적절히 사용할 수 있으나, 그 유머 때문에 이야기 전체가 익살스러운 것으로 기억되는 것은 좋지 않다. 익살스런 이야기는 결국 색깔 없는 이야기가 되어 청중들에게 아무런 교훈도 각인시키지 못함을 기억해야 한다.[32]

이야기 활용에 대한 신앙발달론적 접근방법

파울러(J. Fowler)는 신앙발달을 6단계로 이야기한다. 그는 특히 신앙은 명사가 아니라 동사로 보아야 한다고 말한다. 다시 말하면 신앙은 물건처럼 일단 가지면 자신의 소유가 되는 것이 아니라 서로 다른 신앙유형의 회중들과 상호관계를 맺으면서 자기중심성에서 탈피하여 나선형으로 점차 자기부정의 단계로 끊임없이 변화할 수 있는 가능성이 있다는 것이다. 이것을 파울러는 앞 단계의 신앙형태를 버림이 아니라 재구성하면서 신앙의 세 차원을 형성하는 끊임없는 회심의 과정이라고 말한다. 이 신앙단계들은 그 순서대로 미분화된 신앙(0단계, 영아기), 직관적-투사적 신앙(1단계, 유년초기), 신비적-문자적 신앙(2단계, 학령기), 종합적-인습적 신앙(3단계, 사춘기), 개별적-반성적 신앙(4단계, 청장년기), 결합적 신앙(5단계, 중년기 이후), 보편화된 신앙(6단계) 등이다.[33]

첫째, 미분화된 신앙(undifferentiated faith)은 영아에게 일차적인 사랑과 돌봄을 제공해 주는 어머니와의 관계적인 상호성의 경험을 통해 형성된다. 이 단계는 0단계로 발달단계에는 포함되지 않으나, 이 시기에 형성된 상호성의 질, 신뢰, 자율성, 희망은 이후에 발달하는 모든 단계의 기초가 된다.

---

32) Jonathan N. Thigpen, *op. cit.*, pp. 49-50.

33) James Fowler, *Stages of Faith* (San Francisco: Harper & Row Publishers, 1981), pp. 119-211.

둘째, 직관적-투사적 신앙(intuitive-projective faith)은 3-7세의 아동에게 전형적으로 나타나는 현상으로 자기중심적으로 사고하고, 현실과 환상을 잘 구별하지 못한다. 이 시기의 아동은 부모의 가시적인 신앙의 실례들, 분위기, 행동, 이야기들을 반사하는 모방 단계에 해당한다.

셋째, 신비적-문자적 신앙(mythic-literal faith)은 자신이 속한 공동체의 상징, 신념, 관행을 받아들이는 단계로 학령기 아동에게 해당되는 시기이다. 이 시기의 아동은 상징을 일차원적으로 받아들이며 문자 그대로의 의미로 이해한다.

넷째, 종합적-인습적 신앙(synthetic-conventional faith)은 사춘기에 나타나는 현상으로 개인의 경험은 가족을 넘어 다양한 영역들로 확대된다. 이 시기의 신앙은 복잡하고 다양한 경험 안에서 일관된 방향으로 나아가게 된다. 즉 신앙은 다양한 가치들과 정보를 종합하며 정체성과 전망을 위한 근거를 제공하는 역할을 한다.

다섯째, 개별적-반성적 신앙(individual-reflective faith)은 자신의 공동체와 신념에 대한 성인으로서의 책임에 초점을 맞춘다. 이 시기의 신앙은 개별적이며 반성적인 것으로 다른 사람들과는 구별되는 반응, 해석, 판단에 기초하여 개인의 가치들을 발전시킨다.

여섯째, 결합적 신앙(conjunctive faith)은 4단계인 개별적 반성적 신앙을 넘어서는 것으로 개인은 물론 종족이나 민족, 이데올로기적 경계를 넘어서 폭넓게 받아들이며 결합하는 성숙한 신앙 단계이다. 이 시기의 신앙은 통합적인 것으로 개인과 타인의 의문들을 총체적인 의미로 발전시키는 견해를 나타낸다.

일곱째, 보편화된 신앙(universalizing faith)은 세상의 역설과 양극단을 넘어서 초월자 하나님과 일치하는 단계인데, 이 단계에 도달하는 사람은 거의 없으며 소수의 영적 거장들에게서만 발견된다. 이 시기의 신앙은 절대적인 헌신을 통해 이웃과 사회에 대한 보편적인 사랑으로 나타난다.

이러한 파울러의 신앙단계 이론은 연령에 따라 자연스럽게 발달하는 것은 아니다. 어떤 사람은 성인이 되었음에도 2단계나 3단계 수준에 머무를 수도 있다. 또한 4단계는 이미 성숙한 신앙에 해당하며, 5단계에 도달하는 사람은 많지 않으며, 6단계에 도달하는 사람은 거의 없다. 그러나 이런 신앙단계 이론은 자신이 어떠한 신앙의 위치에 있는지 알게 해 준다. 예를 들면 어떤 사람이 성경 이야기를 할 때도 자신의 신앙유형에 따라 해석하고, 자신의 삶의 이야기를 나눌 때에도 그 사람의 신앙단계가 나타난다. 많은 사람들은 공동체가 해석해주는 대로 믿는 전통적 신앙단계(3단계)에 머물고 있고, 어떤 사람들에게서는 그 전통을 비신화화하려는 비판적 신앙단계(4단계) 유형이 나타나며, 또 다른 사람들에게서는 모순과 역리성을 수용하고 상징과 의미를 연합하는 결합적인 신앙단계(5단계)가 나타남을 볼 수 있다.[34)]

그러므로 교사가 이야기를 교육적 매체로 사용할 때 주의할 점은 원주를 맴도는 식으로 해서는 안 된다. 교사는 이야기하는 사람의 현재 단계를 진단하는 능력이 있어야 함과 동시에 격려와 도전이 균형을 유지하며 학습자가 더 넓은 경지의 신앙단계로 도약하도록 돕는 촉진자의 역할을 해야 한다.[35)] 이야기를 나누면서 자신과 다른 신앙유형을 발견하도록 돕고 때로는 이해하도록, 때로는 도전을 받도록 학습의 장을 이끌어가야 하는 것이다. 이처럼 이야기를 통한 성경 교육은 먼저 각자 읽고 자신의 말로 이야기하는 것, 다음으로 의역을 하게 하여 같은 성경 본문 이야기를 어떻게 이해하고 해석하는 지를 비교하며, 마지막으로 역할극을 통해 성경 이야기를 자신의 이야기로 적용하여 이야기하므로 평소에 동의할 수 없었던 견해를 수용하

---

34) Susan M. Shaw, *op. cit.*, pp. 374-375.

35) Laurent A. Daloz, *Effective Teaching and Mentoring: Realizing the Transformational Power of Adult Learning Experience* (San Francisco: Jossy-Bass Publishers, 1986), p. 214.

게 하는 것이다.

이야기 활용에 대한 해석학적 접근방법

그룸(Thomas H. Groome)은 해석학적 방법을 "행동-성찰-성찰된 행동"이라는 프락시스(praxis) 원리를 이용하여 기독교교육, 특히 성인교육의 교수학습 방법으로 발전시켰다. 그룸은 공유적 실천 접근법의 다섯 단계를 다음과 같이 말한다.[36]

첫째, 현재의 행동의 명명(naming present action)이다. 여기서 학습자는 관심을 기울여야 할 중심 주제에 관한 자신의 행동을 명명하도록 요청된다. 학습자는 현재 행동을 자각하고, 그 행동이 자신이 속해 있는 공동체에서 경험된 것임을 표현하게 된다. 여기서 교사는 학습자로 하여금 자신의 행동에 대해 분명한 진술을 할 수 있도록 촉진해야 한다.

둘째, 참여자의 이야기들과 비전들(the participants' stories and visions)이다. 이 단계에서 학습자는 그가 왜 그렇게 행동하고 있는지와 행동의 결과는 무엇인지 성찰하도록 요청된다. 학습자는 이 단계에서 그들의 비판적 성찰에 의해 자신의 이야기와 비전에 대해 인식하게 된다.

셋째, 기독교공동체의 이야기와 비전(the christian community story and vision)이다. 이 단계는 성경 본문을 통해 기독교 공동체의 이야기를 만나고 그 이야기가 하나님 나라의 빛 아래 초대 받는 비전을 배우면서 응답할 기회를 제공한다. 이야기와 비전은 대화를 통해 생생한 경험으로 전달되어야 한다. 이 단계에서 교사는 현안의 주제에 관한 기독교공동체의 이야기와 그것이 요청하는 신앙적 응답을 학습자에게 제시한다.

넷째, 기독교의 이야기와 참여자들의 이야기들 사이의 변증법적인 해석

36) Thomas H. Groome, *Sharing Faith: The Way of Shared Praxis* (New York: Harper Collins, 1991), pp. 207-223.

(dialectic hermeneutics between the story and participants' stories)이다. 학습자는 기독교의 이야기를 자신의 이야기와의 변증법 속에서 자신의 삶에 적용하도록 요청된다. 개인의 이야기는 하나님의 백성의 이야기의 빛 안에서 성찰되고, 또 하나님의 백성의 과거 이야기의 빛 안에서 개인의 현재 이야기를 성찰한다. 우리의 이야기를 위해 성경에 등장하는 공동체의 이야기는 무슨 의미를 주는지, 또 우리는 그 공동체의 이야기에 어떻게 응답할 것인지 물으면서 학습자의 이야기는 하나님의 백성의 이야기에 응답하게 되고, 이로써 보다 큰 이야기의 전체적인 차원과 공유함으로, 참여자는 기독교 신앙공동체와의 대화를 통해 윤리적 결단을 할 수 있게 된다.

다섯째, 기독교의 비전과 참여자들의 비전들 사이의 변증법적 해석학(dialectical hermeneutics between the vision and participants' visions)이다. 이 단계는 하나님 나라의 비전의 빛 아래서 개인과 집단에게 주체화된 현재의 행동, 즉 비전들을 비판하게 하여 미래의 행위를 결단하도록 하는 기독교적 프락시스 과정이다. 그런데 여기서 미래의 행위를 실제적으로 결단하는 것은 개인 스스로 할 수는 없다. 이런 결단은 기독교 공동체 안에 주어지는 대화에의 참여를 통해 그리스도의 자유하게 하는 초청에 응답하고, 하나님 나라를 소망하고 미래를 선물로 받아들임으로 이루어지는 것이다.

이와 같은 해석학적 접근방법은 학습자의 일상의 이야기로부터 시작하고 그들이 결단하고 실천하게 함으로써 학습자가 학습의 주체가 되도록 하는 방법이다. 다만 이 방법을 쓸 때 성경에 나타나는 신앙공동체의 이야기를 해석의 잣대로 쓴다는 점을 유의해야 한다.

본 장에서는 대표적인 기본교수방법으로 강의법, 질문법, 이야기법을 살펴보았다. 강의법은 교회교육 현장에서 설교와 공과교수를 실행하기 위한 거의 유일한 교육방법이다. 현대 설교와 공과에서는 여러 가지 교육장비의 덕을 보고 있는데, 그럴지라도 그 장비가 목사와 교사에 의한 강의를 완전히 대체하지는 못한다. 강의법을 잘 활용하기 위해서는 무엇보다 가르치는 자가 자신이 가르칠 내용에 대한 충분한 지식을 갖기 위해 주력해야 한다. 그 지식은 막연한 것이 아니라, 믿음 가운데 확신에 도달한 것이어야 한다. 또한 그 내용을 전달하기 위한 다양한 기술들을 습득해야 한다. 이를 위해 청중을 잘 이해하고, 그들에게 적합한 방식을 개발하여 전달해야 한다. 그리고 여러 가지 교육 장비를 적절하게 활용하는 기술도 습득해야 한다. 이처럼 가르치는 자가 준비될 때에 현대 교육에 있어서 강의법은 사양길로 접어드는 것이 아니라, 더욱 크게 빛을 발할 것이다.

질문법은 학생의 사고를 활발하게 촉진시킴으로 교사가 의도하는 목표에 도달할 수 있도록 돕는 매우 유용하고 보편적인 방법이다. 그러나 질문법의 수많은 가치에도 불구하고 교사는 질문 사용에 주의해야 한다. 부적절한 질문은 학생의 학습 의욕을 침체시키고, 학습 목표 달성에 큰 장애를 초래한다. 그러므로 교사는 긍정적이고 유용한 질문을 사전에 계획하고 준비해야 한다. 그리고 학생을 존중하고 그들의 관심사를 품는 태도로 질문을 하고 또 학생의 질문을 수용해야 한다. 질문은 수업 현장에서 또는 삶의 모든 현장에서 가장 빈번하게 활용된다. 따라서 교사가 의식적으로 주의를 기울인다면 다양한 관계 속에서 질문법을 연습할 수 있다. 이러한 연습을 통해 수업은 활기를 띠게 된다. 또한 학생은 준비된 교사로 인해 많은 유익을 얻게 될 것이다.

이야기법은 설교나 전통적인 수업 시간에 가장 많이 사용되는 교수 방법이다. 이것은 누구나 쉽게 사용할 수 있고, 다른 교수 방법과도 어색함이 없이 병행할 수 있다는 장점이 있다. 그러나 무분별하게 사용될 경우 치명적인 손실을 가져온다는 점에 유의해야 한다. 교사가 다른 것보다 이야기하는 것이 편하다고 쉽게 생각하고 사용하면 학생들에게 거짓된 내용을 각인시킬 우려가 있다. 그러므로 이야기법을 활용하는 교사는 이야기가 담고 있는 내용에 대한 진정성을 확인해야 한다. 또한 부지런히 좋은 이야기를 찾고, 검토하고 자신의 것으로 만들어야 한다. 이런 노력들은 설교와 강의를 포함하여 기독교교육의 현장을 풍성하고 생동감 있는 교육 현장으로 만들어 줄 것이다. 또한 준비된 교사를 통해 들려지는 이야기로 인하여 학생들은 효과적으로 기독교 공동체의 삶에 접목될 것이다.

✣ 학습 문제

1. 강의법의 장점과 단점에 대해 말해 보라.

2. 성경교수에서 질문의 가치와 유의점은 무엇인가?

3. 성경교수에서 이야기법이 지니는 가치에 대해 말해 보라.

4. 이야기법에서 신앙발달론적 관점과 해석학적 관점에 대해 설명해 보라.

〈읽을 거리〉

강용원 편, 《기독교교육학개론》, 서울: 생명의 양식, 2007.

김영호, 《교회교육방법론》, 서울: 종로서적출판, 1997.

김희자, 《창의적인 기독교교육방법》, 서울: 대한예수교장로회총회, 2004.

이성호, 《교수방법론》, 서울: 학지사, 2004.

3장

창의적 교수방법(2): 그룹을 통한 교수방법

사람들은 독자적으로 존재하지 않고 무리를 형성하여 관계를 맺으며 삶을 영위한다. 이런 방식은 매우 자연스러운 것이면서 동시에 학습을 가능케 하는 필수적인 환경이다. 여기서 무리가 모인다는 것은 그 성격상 지속적인 관계를 수반하기 때문에 집단 혹은 그룹이라 할 수 있다. 그룹이란 여러 가지로 정의될 수 있으나, 일반적으로 "행위를 규제하는 규범을 공유하고 어느 정도 지속적이고도 반복적인 역할관계로 맺어진 2인 이상의 개인들로 이루어진 사회적 단위"라고 말할 수 있다.[37] 그룹을 통해 인간은 학습하고 또 그가 학습한 것을 다음 세대로 전수한다. 그룹은 딱딱한 기계와 같

37) 전병재, 《사회심리학: 관점과 이론》(서울: 경문사, 1980), p. 401.

은 것이 아니라, 생성에서 사멸까지 여러 과정을 거치는 유기체와 같은 조직이다. 이 그룹 과정에는 그룹을 구성하는 개인이라는 유기적인 존재들이 모여서 상호 관계하면서 발생하는 수많은 양태들이 포함된다. 또한 그 그룹 안에 소속된 개인들은 특정한 역할을 보이기도 한다. 우리는 이 장에서 그룹의 일반적인 원리에 대해 다루되 특히 소그룹과 연관되는 원리와 몇 가지 방법에 대해서 다룰 것이다.

1. 그룹의 원리

그룹의 정의

그룹의 두드러진 특성은 2인 이상의 개인들이 서로 상호 작용한다는 데서 찾아볼 수 있다. 그러므로 그룹은 상호작용이 없이 모인 군집(군중)과는 구별된다. 한편 그룹과 그룹이 아닌 것을 구별하는 선을 명확하게 그을 수 없다는 점을 고려하여 집단도(degree of groupness)라는 개념을 사용하기도 한다. 호프킨스(Hopkins)는 집단도의 개념을 규범적 기대에 대한 회원들 간의 합의 정도, 구성원이나 타인에 의해서 그 집단이 사회적 단위를 이루고 있다고 규정되는가 하는 사람들의 생각, 상호작용의 안정성 등을 기준으로 하여, 어떤 집단을 집단도가 낮다거나 혹은 높다고 말할 수 있다고 한다.[38]

또한 그룹이 무엇인지를 보여주는 요소들은 상호작용성과 함께 구성원들의 지각, 상호의존 여부, 목표, 동기, 구조화된 관계들 그리고 상호 영향 등이다.[39] 구성원들의 지각은 그룹에 속한 구성원들이 자기가 그 그룹에 속해

38) T. K. Hopkins, *The Exercise of Influence in Small Groups* (Totawa: The Bedminister Press, 1964), p. 11.

있다는 지각을 갖는 것을 말하는데, 이는 소속감이라 할 수 있다. 그룹은 상호의존적인 개인들의 집합이라 볼 수 있는데, 이는 어떤 개인이 타인에게 영향을 주지만 타인 주위의 사람들 모두에게 영향을 주지 않는다면 그룹이 아니라는 뜻이다. 이런 점에서 한 그룹 안에 있는 개인들은 예외 없이 어떤 형태로든 서로 영향을 주고받으며 상호의존적이어야 한다. 그룹은 한 개인의 힘으로는 성취할 수 없는 목표를 갖고, 그 목표를 향해 나아가는 집단이다. 그룹에는 공동목표가 있으며, 이 목표가 없다면 그룹이 아니다. 그룹은 각 개인들의 연합을 통해 그들의 욕구를 만족시키고자 하는 동기를 가지고 있다. 그리고 그룹은 일련의 역할들과 규범들에 의해 구조화된 개인들의 집합이다. 이러한 그룹은 서로에게 영향을 주며 그 그룹의 존재를 지속적으로 이어간다.

잔슨과 잔슨(D. Johnson & F. Johnson)은 "그룹은 얼굴과 얼굴을 맞대고 상호작용하며, 그룹 안에서 자신의 멤버십을 알고, 그들이 공동목표들을 성취하기 위해 노력할 때 적극적인 상호의존을 알게 되는 둘 또는 그 이상의 개인들"이라고 그룹을 정의한다.[40] 이 정의는 상호작용의 중요성으로부터 구성원들의 소속감과 공동목표 그리고 이 목표를 향한 적극적인 상호의존을 경험하는 2인 이상의 사람들이란 요소를 언급하고 있다.

그룹의 약정

그룹을 시작할 때에는 처음부터 명확한 약속을 가지고 시작하는 것이 바람직한데, 이러한 약속을 그룹의 약정(contract)이라 부른다. 그룹 약정은 무엇보다도 그룹구성원들이 함께 정하는 것이 좋다. 구성원들의 그룹 약정

39) David W. Johnson & Frank P. Johnson, 《함께 참여하기》(*Joining Together: Group Theory and Group Skills*), 최대석 역 (서울: 한국장로교출판사, 1997), pp. 29-35.

40) *Ibid.*, p. 34.

에 대한 합의 정도는 그룹과정의 전반적인 흐름을 강화시켜 준다. 또한 그룹 약정은 가능한 구체적으로 정하는 것이 좋으나, 가능성 있는 약정을 세우는 것이 중요하다. 그룹 약정에 포함될 중요한 요소는 다음과 같다.[41]

- 목적: 그룹의 성격을 규정하는 가장 중요한 요소이다. 이 그룹이 무엇을 하는 그룹인지를 명확히 하는 것이다. 기도 그룹인지, 성경공부 그룹인지, 취미 그룹인지, 개인 성장 그룹인지, 봉사 그룹인지 분명히 해야 한다.
- 크기와 구성: 여기서는 회원의 수를 정하는 것과, 남녀의 구성 등이 중요한 요소이며, 연령관계도 고려되어야 한다. 이런 것들은 무엇보다도 그룹의 목적을 고려하면서 정해져야 한다.
- 시간: 모이는 회수(간격)와 시간을 정하는 일이다. 시작하는 시간뿐만 아니라, 끝나는 시간도 명확히 해야 할 것이며, 또한 정해진 시간은 지켜야 한다.
- 리더십: 리더십의 형태를 정해야 한다. 전문적인 것을 다루는 그룹이라면, 전문적인 지식이나 조예가 깊은 사람이 리더가 되어야 한다. 그룹 목적과 성격에 따라 한 사람의 리더를 세울 수도 있고, 혹은 돌아가면서 리더 역할을 할 수도 있다.
- 상호작용의 범위: 그룹과정에서 멤버들의 상호작용의 범위가 지식을 나누는 차원인지, 감정을 나누는 차원인지, 혹은 더 나아가 삶을 공유하는 차원인지 등을 정해야 한다.
- 기타 세칙: 이상의 요소들 이외에 모임의 순서, 회비, 모임의 준비 등 가능하면 구체적인 것까지 정하는 것이 좋다.

---

41) Clyde Reid, *Groups Alive, Church Alive* (New York: Harper & Row, 1969), pp. 32-43.

그룹 학습의 원리

학습이 변화를 의미한다면, 그룹 중에서도 소그룹은 효과적인 학습을 위한 유리한 조건을 많이 갖추었다고 할 수 있다. 그런데 소그룹 학습상황은 다른 학습상황보다 효과적인 학습을 위한 유리한 조건이 될 수 있으나 동시에 지도자들은 몇 가지 원리를 인식함으로써 더욱 효과적인 소그룹 학습을 가능케 할 수 있을 것이다.[42)]

- 변화는 의미의 맥락 속에서 발생한다. 사람은 제시된 어떤 것에서 의미를 발견할 때, 배움의 동기를 얻게 되는 법이다. 사람은 의미를 지향하는 존재이다. 그러므로 지도자는 다루고자 하는 내용을 참여자의 삶과 부단히 연결시켜 줌으로 학습자가 스스로 의미 있다고 느낄 수 있도록 노력해야 한다.
- 사람이란 학습되는 정보나, 사용되는 기술보다 더 중요하다. 학습과정에서 학습자는 언제나 가치 있는 인간으로 취급되어야 한다. 만약 다른 사람이 동의할 수 없는 생각이나 느낌을 가지고 있거나, 혹은 행동을 한다고 해도, 그 사람은 그 나름대로의 이유가 있다는 것을 이해하는 것이 중요하다. 우리는 자주 가르치려는 내용에만 집착하여 그것을 강요하거나, 방법론에만 의존하여 학습자를 도외시하는 태도를 갖기 쉬운데, 이런 점에 주의해야 한다.
- 의미 있는 학습은 학습자들 상호간의 적합한 관계를 통해서 이루어진다. 사람들은 서로를 용납하고, 다른 이의 말을 적극적으로 경청할 때, 변화의 분위기를 형성할 수 있다.
- 느낌이란 모든 학습에서 기본적인 요소이다. 우리는 흔히 학습상황에서

---

42) Martha M. Leypoldt, *Learning is Change* (Valley Forge: Judson Press, 1978), pp. 67-81.

중요한 것은 가르칠 내용이나 혹은 지적인 요소라고 생각한다. 그러나 진정한 학습이 변화를 의미한다면, 지적인 요소만이 아니라 그 지식이 내면화되고 결단으로 이끌어지는 일에는 느낌이 아주 중요한 역할을 한다는 것을 기억해야 한다.

- 학습의 절차들은 학습자들에 의해서 결정된 목표에 의해 수행되어야 한다. 목적의식이 분명할 때, 학습자들은 효과적인 학습을 수행할 수 있다. 그러기에 목적은 언제나 선명하게 진술되어야 한다. 또한 여기서 중요한 것은 강요된 목적이기 보다는 학습자들에 의해서 스스로 인정되고 받아들여진 목적이 될 때 학습은 더욱 효과적으로 진행될 수 있다는 점이다.
- 상호통행적인 커뮤니케이션은 변화를 위한 분위기를 형성해 준다. 상호통행적인 커뮤니케이션은 학습자로 하여금 적극적인 경청자로, 준비된 참여자로 그리고 학습과정에 대한 기여자로 만들어 준다. 리더 한 사람이나, 혹은 한 두 사람이 학습의 과정을 주도하면, 나머지 학습자들은 그룹의 과정에 수동적이 되고, 관망적 위치에 머무르게 된다. 모든 학습자가 함께 그룹과정에 참여하게 되면, 모두가 그룹과정의 성공과 실패를 공유하게 되고, 그 만큼 책임을 나누어 갖게 된다. 물론 지도자의 역할은 중요한 것이지만, 지도자만이 유일한 책임자는 아니다.
- 비언어적 커뮤니케이션은 언어적 커뮤니케이션만큼 중요하다. 사람들은 말을 통해서보다는 그들의 행동을 통해서 더 많은 것을 표현한다.
- 학습자와 리더의 상호관계는 지원적인 분위기에서 직접적인 도전으로 발전되어야 한다. 진정한 학습은 갈등이 없이는 불가능하다. 하나님은 언제나 인간에게 선택의 기회를 주시고, 그 선택에 책임을 지도록 하신다. 그래서 선택은 인간을 성장하게 한다. 만약 어떤 갈등도 없다면, 누구도 변화할 수 없는 법이다. 스나이더(Snyder)는 "사람들은 선택과 결단의 순간에만 단지 의미 있게 살아있는 것이다"라고 하였다.
- 평가는 교수 학습의 상황에서 지속적인 과정이 되어야 한다. 교수 학습

과정에서 평가는 언제나 의미 있는 학습을 불러일으키게 된다. 평가는 교수 학습과정의 마지막 단계만이 아니라, 출발이며 또한 모든 진행과정 속에서 부단히 고려되어야 한다.

• 물리적인 조건들과 설비들은 학습을 방해할 수도 있으며, 또한 도울 수도 있다. 학습의 공간, 자리 배열, 온도, 공기의 순환, 밝기, 더 나아가서 학습자의 신체적 상태 등이 학습을 위해서 결정적인 영향을 준다.

그룹 발달 과정

그룹은 유기체와 같이 생성하고 소멸한다. 그룹의 발달단계에 대해서는 여러 가지 견해가 있는데, 일반적으로는 다음과 같은 단계를 밟아나간다.[43]

• 시작 단계이다. 이 단계에서 그룹의 멤버들은 조심스럽게 상호간에 눈치를 보며 탐색을 한다. 행동에 대한 불안감, 집단 구조에 대한 불확실성, 집단 지도자에 대해 보다 의존적인 경향을 보인다. 멤버들은 집단의 기본 규칙을 알려고 힘쓰며, 집단 속에서의 자신의 역할과 기능을 파악하려고 노력한다.

• 갈등 단계이다. 멤버들은 집단의 상황과 다른 멤버에 대해 정서적으로 부정적인 반응을 나타낸다. 주어진 자유에 불안을 보이며, 지도자를 원망하고 저항, 공격하며, 서로에게 책임을 전가하는 단계이다.

• 응집성 발달의 단계이다. 이 단계에서는 부정적인 감정이 극복되고, 조화적이고 협력적인 집단 분위기가 발전된다. 멤버는 집단에 대해 좋은 느낌, 즉 적극적인 관심과 애착을 갖게 되고, 집단과 자신을 동일시하게 된다. 그 결과 상호간의 신뢰도가 증가되고 집단의 사기가 높아지며 자기 노출의 정도가 깊어진다.

---

43) Clyde Reid, *op. cit.*, pp. 62-71.

• 생산적 단계이다. 갈등에 직면하면서도 그것을 취급하는 방법을 학습하여 능동적으로 처리할 수 있게 되고, 행동에 책임을 지며, 집단 문제 해결에 활발하게 참여함으로 생산력을 높이는 단계이다.

• 종결 단계이다. 자신의 문제를 해결하게 되고, 노출이 감소된다. 깊은 유대 관계로부터 분리되어야 하는데 대한 아쉬움을 가지며, 집단과정을 반성해 보면서 집단의 전 과정을 마무리하게 된다.

이와 같은 단계를 보면, 그룹은 마치 생명체와 같이 성장하고 쇠퇴하며, 어린아이의 미숙성과 의존성, 청소년기의 이유 없는 반항, 성년기의 독립성, 생산성, 상호 의존성과 유사한 모습을 보인다. 그룹 지도자들이나 회원들은 이러한 그룹의 발달과정에 민감해야 하며, 이때에 비로소 보다 적극적으로 그룹에 기여할 수 있게 된다.

집단역학(group dynamics)의 이해

일반적으로 '집단역학'은 유기체적인 성격을 가진 소그룹을 이해하는데 꼭 필요한 개념이다. 유기체에는 언제나 힘이 작용하는데, 이 힘의 성격을 파악하는 것은 그룹과정의 개선을 위한 필수적인 조건이다. 집단 활동에 참여하는 개인은 완전히 독립된 행동을 할 수 없으며 다른 구성원과의 유대관계 속에서 행동하게 된다. 따라서 그룹의 멤버들이 서로 접촉하면서 서로 영향을 주고받으며 변화, 적응해 나가는 과정을 역동적이라 할 수 있다. 그리고 여기서 작용하는 힘은 물리적인 힘이 아니라, 심리적이며 사회적인 힘이다. 이제 소집단에 존재하는 공통적인 힘의 요인들에 대해 주로 리드(C. Reid)가 정리한 요소들 중심으로 살펴보고자 한다.[44]

• 분위기(climate): 우리는 어떤 집단에 참여할 때, 그 집단이 풍기는 전

44) *Ibid.*, pp. 49-55.

체적인 분위기에 접하게 된다. 어떤 집단은 따뜻한 느낌을, 어떤 집단은 차가운 느낌을 준다. 이것이 바로 그룹의 분위기이다. 이는 일종의 힘으로 작용한다. 그룹을 지배하는 일반적인 분위기만이 아니라, 그룹의 진행과정 속에서도 다양한 분위기가 교차될 수 있다. 이때 리더는 그런 분위기가 나타나는 원인이 무엇인지 빠르게 파악, 규명하여 분위기를 바꾸어 나갈 수 있어야 한다.

- 참여의 형태(pattern of participation): 그룹과정에서 멤버들은 여러 가지 모습으로 참여하게 된다. 예를 들면 의견의 제안, 제안된 의견에 대한 보충, 제안된 의견에 대한 반대, 문제의 제기, 던져진 문제에 대한 답변 등 다양하다. 또 어떤 이는 여러 번 발언의 기회를 가지나, 어떤 이는 시종일관 침묵할 수도 있다. 그룹의 리더는 이러한 참여의 형태를 면밀히 분석, 대처하도록 해야 한다. 한 마디도 이야기하지 않는 멤버가 있다면, 그 이유가 무엇인지 파악해야 한다. 만약 그가 수줍음을 타서 이야기를 하지 않는다면, 누구라도 "우리 OO의 의견도 들어봅시다." 혹은 "OO께서 한 번 이야기해 주시지요."라고 말문을 열도록 도와주는 일이 필요하다.
- 참여와 도피(engagement and flight): 이것은 어떤 논의를 진행하는 도중에 생기는 현상인데, 어떤 때는 활발하게 참여가 이루어지다가도 한 동안은 별로 참여가 이루어지지 않는 시간이 있을 수 있다. 참여가 이루어지지 않고, 긴 침묵이 연속된다면 이는 분명히 도피의 상황이다. 일반적으로 이런 때는 멤버들이 더 이상 토의하는 일이 무의미하다고 느낄 때, 논의가 꼬여서 풀기가 어려울 때, 그저 당연한 이야기 밖에는 안 될 때, 혹은 문제 자체가 어려울 때나 말하기 거북한 상황이 되었을 때 등 다양한 원인이 있을 수 있다. 이때 리더는 빠른 원인 판단을 통해서 그 해결책을 제시해야 한다.
- 통솔력 경쟁(leadership competition): 리더십을 갖고자 하는 것은 인간사회에서 공통된 현상인데, 이것은 그룹 과정에서도 동일하다. 적당한

통솔력 경쟁은 그룹과정에 기여하는 것으로 보여 지나, 그 도가 넘어선다면 부정적인 영향을 미치게 된다.

- 숨겨진 의제(hidden agenda): 숨겨진 의제는 주로 회원 개개인의 마음을 빼앗아가는 것들을 말한다. 만약 토의를 진행하고 있는데, 대다수 회원들이 다른 것에 마음을 빼앗기고 있다면 토의과정이 지장을 받게 되는 것이 당연하다. 이러한 원인으로는 사회적인 사건이나, 이슈, 혹은 극히 개인적인 사정이 될 수도 있다.
- 신뢰의 수준(level of trust): 그룹 멤버들 사이에는 신뢰감이 작용하는데, 서로를 신뢰한다면 이는 바람직한 일이며, 그룹 과정에서 큰 힘으로 작용하게 된다. 집단은 멤버 간의 신뢰의 수준을 높임으로서 그 결속력을 강하게 할 수 있다.

2. 효과적인 그룹을 위한 역할들

그룹유지 역할(group maintenance role)

그룹 역할은 그룹이 건강하게 유지되고, 강화될 수 있기 위해 기대되는 역할을 말한다. 그룹 리더가 이 역할에 민감할 때 그룹은 보다 건강하게 유지될 수 있는데, 이것은 단지 리더만의 몫은 아니며 그룹 멤버 모두가 여기에 민감해야 한다.

- 격려자(encourager): 다른 멤버들을 격려함으로써, 용기와 힘을 북돋아 주는 역할을 수행한다.
- 조화자(harmonizer): 여러 가지 의견들의 차이점보다는 공통점을 의식함으로써 여러 회원들을 조화시켜나가는 역할을 수행한다.
- 타협자(compromiser): 자기 의견을 끝까지 고집하지 않으며, 잘못될 수

있다는 점을 인정하고, 어느 정도 양보해 가면서 더 나은 결과를 향해 나가는 것을 말한다.

- 문지기 혹은 촉진자(gatekeeper, expediter): 다른 사람들로 하여금 그룹과정에 활발하게 참여할 수 있도록 돕는 역할을 수행한다.
- 추종자(follower): 어떤 좋은 의견이 제안되었을 때, 그 의견에 동의해주는 회원이다. 추종자가 없다면 그룹 내 원만한 인간관계는 유지되기 어렵고, 합의된 사항에 대해서 반대만을 고집할 때 그룹은 파괴되고 만다.
- 그룹 느낌의 표현자(expresser of group feeling): 유기체는 자신의 몸에 어떤 문제점이 나타날 때, 이를 감지하고, 아픔을 호소하거나 그 대책을 갖게 된다. 그룹 과정에서도 그룹 진행 과정에서 문제가 느껴졌을 때, 이를 표현해 주는 사람이 필요하다. 이런 표현을 통해 문제점 해결에 모든 멤버들이 관심을 갖게 될 것이다. 예를 들어 "갑자기 분위기가 굳어졌군요"라고 말하는 것이다.
- 관찰자(observer): 관찰자는 그룹 진행과정에 관심을 갖고 이를 정리하여 보고해 주는 역할이다. 발언의 진행과정, 반응 등을 면밀히 기록하여, 참고 자료로 제시한다. 그룹 실습에서 이런 역할을 돌아가면서 맡음으로 그룹 진행과정을 민감하게 느낄 수 있게 하는 일에 도움을 줄 수 있다.

그룹과제 역할(group task role)

그룹과제 역할은 그룹에게 주어진 과제를 잘 수행하기 위해 요구되는 역할을 의미한다.

- 제안자 혹은 창안자(initiator): 문제를 창출하거나 제안하는 역할을 말한다.
- 정보를 구하는 자(information seeker): 제안된 문제에 관한 정보를 구하는 역할이다.
- 정보제공자(information giver): 필요 적절한 정보를 말하는 역할이다.

- 의견을 구하는 자(opinion seeker): 제공된 정보를 기초로 한 개인의 의견을 개진하도록 하는 역할이다. 여기서는 정보와 의견의 차이를 분명히 할 필요가 있다. 정보는 객관적인 지식이며, 의견은 주관적인 개인의 생각이다.
- 의견을 말하는 자(opinion giver): 제시된 정보들에 대해 개인의 의견을 말하는 역할이다.
- 조정자(coordinator): 제시된 다양한 의견들을 조정하는 자이다.
- 방향을 잡는 자(orientator): 그룹과정이 정해진 목표를 향해서 나가고 있는지 점검하면서 빗나가는 경우에는 다시금 목표를 의식하도록 촉구하는 역할이다.
- 활력을 북돋는 자(energizer): 그룹 진행과정이 활발하게 진행되기 위해 다양한 조처를 취하는 역할이다.
- 요약자(summarizer): 지금까지 진행된 것을 잘 요약 정리해 줌으로 앞으로의 그룹 진행을 돕는 역할이다.
- 진단자(diagnoser): 그룹과정에서 어떤 문제가 발생했을 때, 그 문제가 무엇인지 파악하여 말해주는 역할이다.
- 시험자(tester): 이 역할은 그룹 과정이 어디까지 왔는가 말해 주는 것이다. 조금 더 토의가 필요한지, 혹은 가부를 물어 결정할 시기가 되었는지 말해 주는 자이다.
- 평가자(evaluator, critic): 그룹과정에 대한 평가를 통해 보다 효과적인 방안을 모색하는 역할이다.
- 절차의 협조자(procedual technician): 그룹과정의 다양한 절차상의 일들을 돕는 자이다.

비 기능적 역할(non-functional role)

이것은 그룹유지역할과 그룹과제역할에 있어서 부정적인 측면 즉 파괴적인 역할을 하는 것이다.

- 공격자(aggressor, blocker): 문제와 관련이 없이 언제나 남을 헐뜯고, 인신공격을 즐기는 자이다.
- 지배자(dominator): 그룹 과정에서 발언을 독점하려 하거나 지나친 리더십 경쟁을 벌이는 자이다.
- 무관심자(indifferent member): 그룹 진행과정에 관심을 보이지 않고 자기 생각에 빠지거나 다른 일을 하는 자이다.
- 주제에서 빗나간 자(wanderer from subject): 그룹 목표에는 관심이 없고 지엽적인 것과 관련된 자기 경험을 이야기하거나 관련도 없는 이야기를 끌어오는 자이다.
- 인정이나 동정을 구하는 자(recognition seeker, sympathy seeker): 그룹과정과는 관계없이 자신의 개인적인 이야기를 하거나, 남의 관심을 끌어보려는 일에 열중하는 자이다.

3. 그룹방법들

레이폴트(M. Leypoldt)는 기독교교육의 목적을 바람직한 변화를 추구한다는 전제 아래 그 변화의 형태에 따라 교육방법들을 분류한 바 있다. 이 유형은 정보를 얻게 하는 방법, 어떠한 견해들을 갖게 하는 방법, 문제에 대한 해결책들을 찾게 하는 방법, 경험들을 먼저 가질 수 있게 하는 방법, 성경의 진리와 만나게 하는 방법, 창조적으로 자신을 표현하게 하는 방법, 내면의 의식에 대해 반응하게 하는 방법, 과제를 수행하게 하는 방법 등이다. 김영

호는 레이폴드의 분류를 따라 다음과 같이 네 가지로 요약하여 분류하였다.[45)]

지식과 정보를 얻게 하기 위한 교육방법

- 작은 그룹 방법: 독서보고(book report), 조사보고(research and report), 인터뷰(interview), 스터디 그룹(study group), 세미나(seminar)
- 큰 그룹 방법: 패널(panel), 반응 패널(reaction panel), 대담(colloquy), 청중 반응팀(audience reaction team), 배경연설(screened speech), 심포지엄(symposium), 심포지엄 대화(symposium dialogue)

창조적 경험을 통한 교육 방법

- 작은 그룹 방법: 자세 취하기(picture posing), 행동 판토마임(action pantomime), 성경과의 만남(depth Bible encounter), 귀납적 성경 연구(inductive Bible study), 작은 모험(mini-plunge)
- 큰 그룹 방법: 그림붙이기(group pasting), 즉흥극(creative drama), 이야기 판토마임(narrative pantomime), 경험나누기(confrontation), 공간탐험(space exploration), 무언의 행동(action parable), 피드백 게임(feedback game)

---

45) 김영호, 《교회교육방법론》(서울: 종로서적성서출판, 2000), pp. 13-14. 또한 Martha M. Leypoldt, *op. cit.*, pp. 85-86을 보라.

공동의 견해에 도달하게 하기 위한 교육방법

- 작은 그룹 방법: 순환 응답(circle response), 그룹 토의(group discussion), 확장 패널(expanding panel), 말씀의 나눔(Bible sharing), 계약 그룹(covenant group)
- 큰 그룹 방법: 포럼(forum), 설교토의(sermon forum), 청취팀(listening team), 토크백(talk-back), 촌극 대회(short drama contest), 명상모임(quiet meeting), 계획 퇴수회(planning retreat)

문제 해결과 과제수행을 위한 교육방법

- 작은 그룹 방법: 브레인스토밍(brainstorming), 역할극(role playing), 현장 실습(field work), 프로젝트 그룹(project group), 임상연구회(clinic)
- 큰 그룹 방법: 버즈 그룹(buzz group), 워크 그룹(work group), 사례연구회(case study), 모의게임(simulation game), 단기 강습회(institute), 워크숍(workshop), 연구 협의회(study conference)

그룹방법의 선택 원리

그룹 선택은 그룹의 목표 성취를 위해 가장 적합한 방법이다. 목표가 주로 앎(knowing)에 관한 것이라면 그룹방법들은 독서보고, 강의, 패널, 질의응답, 심포지엄 등을 선택해야 한다. 목표가 깨달음(feeling)이라면 브레인스토밍, 버즈 그룹, 사례연구, 공개토론 및 여러 가지 패널과 토의 방법을 활용하는 것이 좋다. 그리고 그룹 목표가 행함(doing)에 초점을 두고 있다면 그룹방법들은 시범활동, 현장답사, 활동 그룹 및 워크샵을 선택해야 할 것이다. 한편 최적의 방법을 선택하기 위해 그룹 규모와 학습 장소, 소요 시간 등 다각적인 검토가 선행된다면 실제 그룹 상황에서 최선의 결과를 얻을 수 있게 될 것이다. 이러한 방법을 결정한 후 본격적으로 수업 계획에 들어가는데, 이 수업계획을 위해 여섯 가지 단계를 고려할 필요가 있다. 첫째, 흥미와 요구를 발견한다. 둘째, 그 흥미나 요구에 관련된 논제를 결정한다. 셋째, 성취하고자 하는 목표들을 정한다. 넷째, 사용할 수 있는 자원들을 점검한다. 다섯째, 목표를 성취하는데 있어서 적당한 방법을 선택한다. 여섯째, 수업의 개요를 작성하고 책임을 분담한다.[46]

4. 그룹 방법의 실례

여기서는 빈번하게 활용되는 방법들인 순환응답, 세미나, 패널, 심포지엄, 버즈 그룹, 콜로퀴에 관해 간략히 살펴보기로 한다.[47]

순환응답(circular response)

순환응답은 원탁회의라고도 하는데, 원형탁자에 둘러앉아 얼굴을 마주보며 진행하는 형태로 친교의 효과를 높이며, 여러 사람의 생각을 모으는데 유용한 방법이다. 그룹원들의 활발한 참여는 소속감을 높여주며 자기 생각을 정리하고 세련되게 만드는 기회가 된다. 순환응답의 특징은 방향을 정하여 정해진 순서대로 이야기를 하게 한다는 것이다. 필요하면 2-3차례

---

46) John Mckinley & Robert M. Smith, *Guide to Program Planning: A Handbook* (New York: The Seabury Press, 1965).

47) 각 그룹 방법에 대한 설명과 도안은 Martha M. Leypoldt, 《그룹 활동을 통한 40가지 교수-학습방법》(*40 Ways to Teach in Groups*), 권용근 외 3인 역 (서울: 한국장로교 출판사, 1995)의 것을 정리함.

이야기를 돌릴 수 있다. 이야기를 하고 싶을 때 하지 못함으로 생기는 단점도 있으나, 다른 사람의 이야기를 들으며, 자신의 생각을 평가, 정리해 나가는 유용한 체험을 할 수 있게 된다. 특별히 이야기할 것이 없는 회원은 발언을 쉬고, 다음 기회를 기다릴 수 있다.

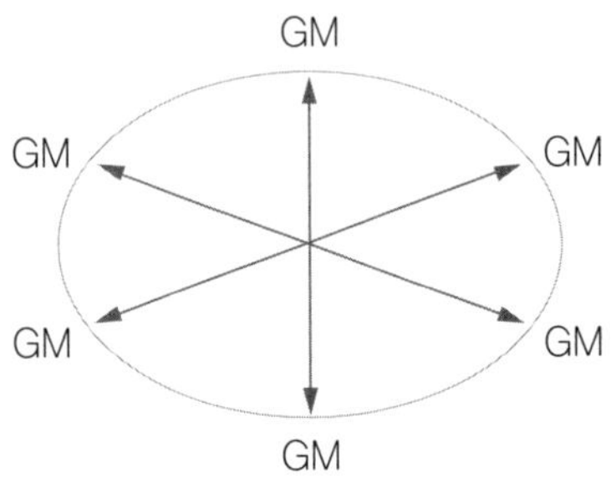

GM: group member

세미나(seminar)

세미나는 연구와 토의를 통해 지식을 얻는 대표적인 그룹 방법으로 전문가(리더)의 인도아래 이루어지는 일련의 공동연구 과정이다. 그룹 리더는 그룹에서 연구하기에 적합한 문제나 주제를 선택할 수 있게 지도하며, 그룹 구성원으로부터 연구 보고를 하게 유도한다. 이때 다른 그룹원들은 그 보고에 대해 반응한다. 연구보고에 관한 요점을 정리하고, 정보 사용법이나 활동과정을 제시한 후 그룹의 학습 경험을 평가한다. 그룹 구성원은 그들이 연구하기 원하는 것을 선택하고, 선택한 것에 대한 연구를 수행한 후, 연구한 것을 발표하고 그룹 구성원들의 반응을 듣고, 또 자신도 그룹원들의 반응에 응답한다. 이 형태는 전문가인 교수의 지도아래서 이루어지는 대학원의 수업방식이라고 볼 수 있다.

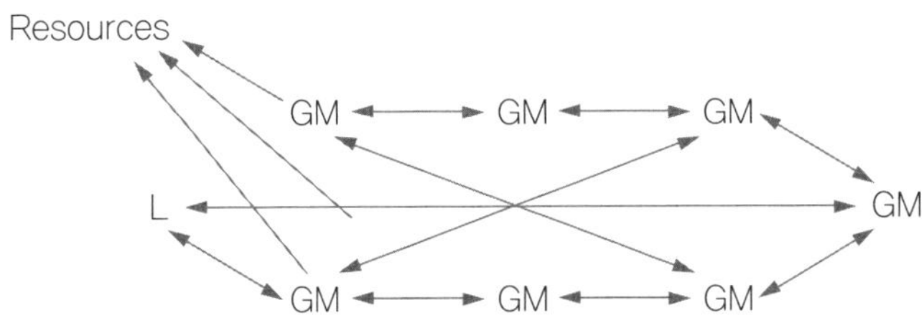

L: leader

패널(panel)

패널은 그룹 리더와 몇 사람의 전문가에 의해 진행되는 그룹 방법이다. 리더는 패널을 위해 3-4명의 전문가를 선정하여 의뢰하고, 역할을 알려준다. 이때 리더는 미리 원하는 질문 목록을 준비하고, 패널 전에 전문가들을 만나서 순서를 결정한다. 실제 패널 상황에서 그룹 리더는 사회자 역할을 담당하여 패널 회원들의 중요한 논점들을 정리한다. 그룹에 참석하는 청중들은 패널 전에 미리 주제에 관해 자료를 읽는다. 청중들은 패널 상황에서 패널 회원들의 이야기를 듣고 그 패널 회원들의 논점을 생각함으로 새로운 정보를 얻고 이전의 지식과 통합시킨다. 패널 회원들은 각자에게 요구된 주제에 관해 전문적인 준비를 하고, 패널 상황에서는 리더의 질의에 전문적인 지식을 가지고 응답함으로 토론에 기여한다. 또 다른 패널 회원에게 적절히 반응함으로 보다 심도 깊은 토의가 되도록 기여한다.

패널의 장점은 다음과 같다. 첫째, 여러 사람이 참여하는 토의의 형태이기에 관심 유발이 용이하다. 둘째, 어떤 주제에 대해서 포괄적인 지식을 얻을 수 있다. 셋째, 비형식적으로 진행되기 때문에 편안한 마음으로 참여할 수 있다. 넷째, 연극적 효과가 있기 때문에 청중의 흥미를 북돋운다. 다섯째, 어떤 주장에 대한 강점과 약점을 잘 이해할 수 있고, 판단력과 분석적 능력을 길러준다. 여섯째, 복잡한 기술이 아니므로 언제나 쉽게 사용할 수 있다.

패널의 단점은 다음과 같다. 첫째, 유능한 사회자를 구하기가 어렵다. 둘째, 무책임한 패널 멤버의 지나친 자기주장으로 청중을 도외시할 수 있고, 일련의 연설로 끝날 수 있다. 셋째, 내용이 질서정연하게 주어지지 않고 산만해질 가능성이 있다. 넷째, 아무리 체계적인 기술이라도 모든 문제를 다 대답해 줄 질문을 만들 수 없다.

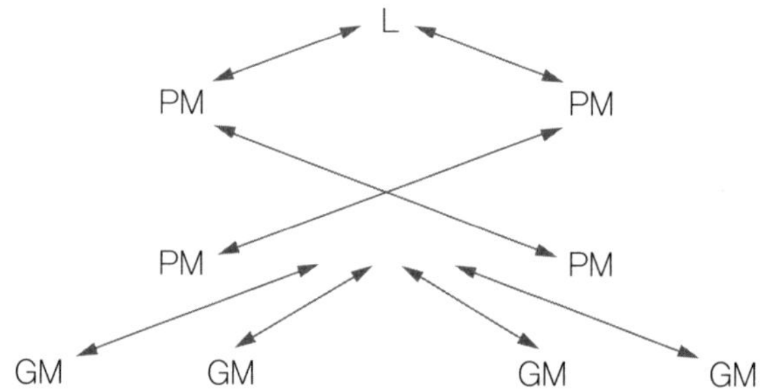

PM: panel member

심포지엄(symposium)

심포지엄은 전문적 그룹으로부터 지식을 얻기 위해 사용하는 그룹방법으로 일련의 주제가 소주제로 나뉘어져 여러 강연자들에 의해 강연되는 것이다. 2-5명의 연사가 주제에 대해 다른 관점에서 이야기하는데, 이야기의 길이는 연사의 수에 따라 유동적이다. 리더는 당면 주제를 정하고, 여기에 적합한 전문가를 섭외한다. 이때 하나의 주제 아래 몇 가지 세부 관련 주제가 정해지고, 그 각 주제에 맞는 전문가가 선정되어야 한다. 리더는 심포지엄이 열리기 전에 선정된 강사를 만나서 진행 일정을 미리 알려주어야 한다. 회원들은 심포지엄 전에 미리 공지된 주제에 관해 자료를 읽는다. 심포지엄에서 회원들은 강연자들의 발제를 듣고 자신의 이전 경험과 통합하여 학습한다. 강연자는 제시된 주제와 회원들의 요구를 미리 파악하기 위해 그룹 리더에게 문의할 필요가 있다.

심포지엄의 장점은 다음과 같다. 첫째, 전문가들로부터 주제에 관련된 다양한 지식을 배우게 된다. 둘째, 짧은 몇 개의 이야기는 긴 이야기보다 듣기에 편하고 재미있다. 셋째, 서로 비교된다는 점과 경쟁적 구성이라는 점 때문에 강연자들이 더 많은 준비를 하게 된다. 넷째, 주제에 관한 어느 정도 정리된 논점을 파악할 수 있게 한다.

심포지엄의 단점은 다음과 같다. 첫째, 연사에 따라서 치우친 견해를 얻을 수 있다. 둘째, 강의식이기 때문에 단조롭다. 셋째, 문제에 핵심적으로 접근할 수 있는 몇 개의 소주제를 나누는 일이 쉽지 않다. 넷째, 각 주제에 대한 적합한 연사를 구하기가 힘들다. 다섯째, 일방통행적이다. 여섯째, 각 분야의 전문가들이 각각의 측면에서 이야기하기 때문에, 청중으로서는 통합하는 일에 어려움을 느낀다. 일곱째, 적합한 연사를 구하는 것이 힘들다.

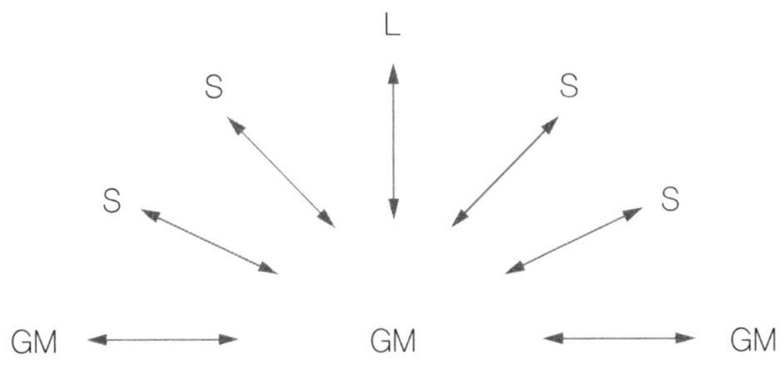

S: speaker

버즈 그룹(buzz group)

버즈 그룹은 어떤 문제를 논의하기 위해 일정한 시간 동안 3-6명씩 소그룹으로 나누어 진행하는 것이다. 원래 buzz라는 말은 '벌들이 웅웅거린다'는 뜻이다. 아마도 이 명칭은 소그룹으로 나누인 상태에서 진행되는 토의의 소리에 착안한 것으로 보인다. 이 방법은 'Philip's 66' 라고도 불린다. 필립(Philip) 박사가 만든 것으로 6명씩, 6분의 시간이 주어지는 방법이라는 의미이다. 소수로 구성된 소그룹은 정해진 시간에 토의하며 그 결과를 전체 그룹 앞에서 발표한다. 전체 그룹 리더는 여러 그룹에서 토의가 원활하게 진행되는 여부를 관찰하고 필요할 때 도움을 제공한다. 특히 전체 그룹 리더는 각 소그룹이 과제를 분명히 파악하고 있는지, 또 과제를 성취하기 위해 미리 정해 둔 시간을 잘 지키는지, 또 각 소그룹 회원들이 유용한 토의를 위해 자체적으로 지도자와 서기를 선택하는지 살펴보고 도와준다. 전체 리더는 소그룹에게 부여한 시간이 잘 지켜지도록 해야 하며, 이 시간이 지나면 신속하게 그룹을 다시 모아서 전체 발표가 진행되도록 해야 한다. 전체 리더는 각 소그룹 발표를 요약하고 부가적으로 필요한 연구 활동을 제안한다.

버즈 그룹의 일반적인 진행 순서는 다음과 같다. 첫째, 토의할 특정한 주제를 준비한다. 둘째, 각 소그룹을 위한 지침서를 준비한다. 지침서에는 그룹토의의 요약을 쓰기 위한 충분한 공간이 있어야 하며, 제한된 시간이 제시되어야 한다. 셋째, 학급을 가능한 비슷한 수로 나눈다. 넷째, 각 조별 인도자(leader)와 서기(reporter)를 정해 주거나, 각 조별로 어떻게 선정하는지를 설명한다. 다섯째, 각 조를 격려하기 위해서 순환하거나(circulate, floating), 각 그룹을 돕는다. 여섯째, 학급을 다시 모은다. 일곱째, 각 그룹의 서기는 소그룹에서 모아진 생각들을 요약하여 발표한다. 여덟째, 결과를 정리하고 평가한다.

버즈 그룹의 장점은 말없는 회원들이 소그룹 속에서 상호 작용하도록 격려한다는 것과 새로운 아이디어나 통찰력을 낳는다는 점이다. 버즈 그룹의 활용을 위해서 고려할 사항은 다음과 같다. 첫째, 전체가 흩어져서 조로 모이는 일을 원활하게 하는 방법이 고려되어야 한다. 둘째, 조별 모임의 장소가 지정되어야 한다. 셋째, 조에 해당되는 회원들이 분명히 알 수 있는 소집책이 지정되어야 한다. 넷째, 조별 사회자와 발표자가 결정되어야 한다. 다섯째, 토의 중의 지도자의 위치는 그룹 회원들과 함께 있어야 한다. 여섯째, 시간을 알리는 신호를 결정해 두어야 한다. 일곱째, 토의결과를 발표하는 방법을 마련해야 한다. 여덟째, 지침서(instruction sheet)를 미리 준비해야 하는데, 여기에는 안내문과 토의를 위한 시간과 같은 정보가 들어가야 한다. 아홉째, 토의 결과는 향후 활용을 위해 보존해야 한다.

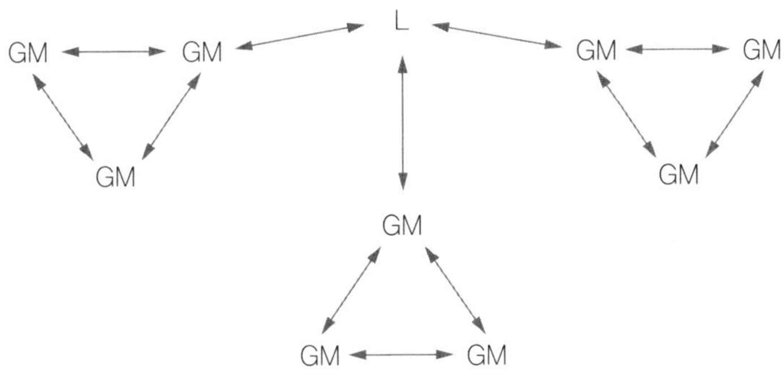

콜로퀴(colloquy)

콜로퀴는 한 그룹에서 3-4명의 대표 회원이 선택되어 3-4명의 자원인사에게 다양한 문제의 여러 측면에 대해 질의응답을 진행하는 그룹방법이다. 그룹으로부터 선출된 대표(GR)가 어떤 주제에 대한 전문가나 실력을 가진 자원인사(RP)에게 문제를 제시하면, 자원인사는 그 문제를 여러 방향에서 대답한다. 일반 회원(GM)도 사회자의 인도아래 참여할 수 있다.

콜로퀴는 연설(speech), 심포지엄(symposium), 패널(panel)에 이어서 사용하면 효과적이다. 콜로퀴는 어떤 문제에 대해 계속 연구해 왔고, 알아야할 질문이 많이 있을 때, 어떤 문제를 흥미 있게 해결하기 위해, 참여자에 의해 인지된 문제들이나 요구에 관한 프로그램을 만들 때, 전문지식을 지닌 사람들의 말을 들을 필요가 있을 때, 어떤 문제를 해결하기 위한 많은 질문들이 있을 때에 사용할 수 있다.

콜로퀴는 다음과 같이 네 단계로 구분된다.

• 사회자가 콜로퀴의 목적, 방법, 임무 등을 소개하고 소그룹으로 나누어 그룹토의 장소를 지정하고 문제를 제시한다.
• 10-15분 정도 소그룹활동을 하면서 주어진 문제에 대해 토의한다.
• 각 그룹에서 1명 씩 그룹대표(GR)로 나가서 앉고, 그룹대표(GR)는 그룹에서 만들어진 질문을 가지고 자원인사(RP)에게 질문한다.
• 사회자의 인도아래 부가적 질문이나 논평을 할 수 있다.

콜로퀴의 참여자들은 리더, 회원, 자원인사, 그룹대표이다. 리더는 다음과 같은 역할을 수행한다. 첫째, 주제에 적합한 자원인사(RP)를 선정하고, 해야 할 일을 알린다. 둘째, 필요한 설비를 준비한다. 교실의 정면에 비스듬하게 테이블 두 개를 서로 바라볼 수 있도록 놓고, 적당한 수의 의자를 준비한다. 그룹대표(GR)가 한 책상에, 자원인사(RP)를 다른 책상에 앉도록 배려한다. 셋째, 전체 그룹원에게 콜로퀴의 목적, 방법, 임무를 소개한다. 넷째, 주제와 학습문제를 제시한다. 다섯째, 소그룹으로 나누어 질의할 문제를 만들도록 요청한다. 여섯째, 소그룹의 토의 진행을 돕는다. 일곱째, 소그룹을 다시 모은다. 여덟째, 그룹원(GM)으로부터 그룹대표(GR)를 선출한다. 아홉째, 그룹대표(GR)가 자원인사(RP)에게 질문하는 동안에 사회자의 임무를 맡는다. 열번째, 시간 여유가 있으면 전체적인 그룹으로부터 더 질문을 받도록 요구한다. 열한번째, 자원인사(RP)의 대답을 요약한다. 열두번째, 더 연구할 문제나 행동의 방향 등을 제안한다. 열세번째, 학습경험(과정)을 평가한다.

회원(GM)은 다음과 같은 역할을 맡는다. 첫째, 문제를 재 진술하고 정의한다. 둘째, 토의에 참석한다. 이때 소그룹에서 리더와 기록자를 선출하는 것을 돕고, 주어진 문제를 열심히 생각하고, 다른 그룹멤버의 설명에 능동적으로 귀를 기울이며, 질문을 제시한다. 셋째, 그룹대표(GR)가 자원인사(RP)에게 질문하고, 대답하는 동안 스스로 문제에 대해 명확한 지식을 얻으며, 해결한다. 넷째, 필요한 견해를 피력한다. 다섯째, 행동의 방향을 결정하거나 얻어진 지식을 사용하는 방법을 결정한다. 여섯째, 평가를 돕는다.

자원인사(RP)의 역할은 다음과 같다. 첫째, 그 모임에서 요구하는 것이 무엇인지 알기 위해 회합 전에 인도자와 만난다. 둘째, 토의될 문제나 논점을 명확히 한다. 셋째, 문제나 논점에 관계된 적절한 사실과 흥미 있는 정보를 준비한다. 넷째, 그룹대표(GR)에 의해 질의된 문제에 대답하고, 관련된 정보를 제시한다. 다섯째, 자신의 견해를 간단히 요약한다.

그룹대표(GR)의 역할은 다음과 같다. 첫째, 소그룹 토의를 인도한다. 둘째, 소그룹에 의해서 준비된 질문들을 정리하여 조직한다. 셋째, 자원인사(RP)에게 질문하면서 토론에 참여한다.

콜로퀴의 장점은 다음과 같다. 첫째, 직간접적인 관중의 참여를 허용한다. 회원(GM)의 의사가 전달됨으로 관심 있게 참여할 수 있다. 둘째, 자원인사(RP)의 말을 회원(GM)이 더 잘 이해할 수 있다. 셋째, 자원인사(RP)가 청중의 요구에 맞게 이야기하게 된다. 넷째, 회원(GM)에게 전문가로부터 정확한 지식을 얻는 기회를 제공한다. 다섯째, 연단의 멤버들과 친근감을 가질 수 있다. 여섯째, 폭넓은 문제라도 흥미롭게 다룰 수 있다. 일곱째, 정선된 문제를 통한 심도 있는 문제해결이 가능하다. 여덟째, 현실감 있는 토론이 진행된다. 아홉째, 정리된 질문에 대한 답이므로 시간을 효율적으로 사용할 수 있다. 열번째, 자원인사(RP)의 다양한 의사를 들을 수 있는 기회가 있다.

콜로퀴의 단점은 다음과 같다. 첫째, 자원인사(RP)가 직무를 잊고 긴 연설을 할 가능성이 있다. 둘째, 준비된 자원인사(RP)를 찾기가 어렵다. 셋째, 회원(GM)이 계속하여 들으려고만 한다. 넷째, 시간조절이 어려울 가능성이 있다.

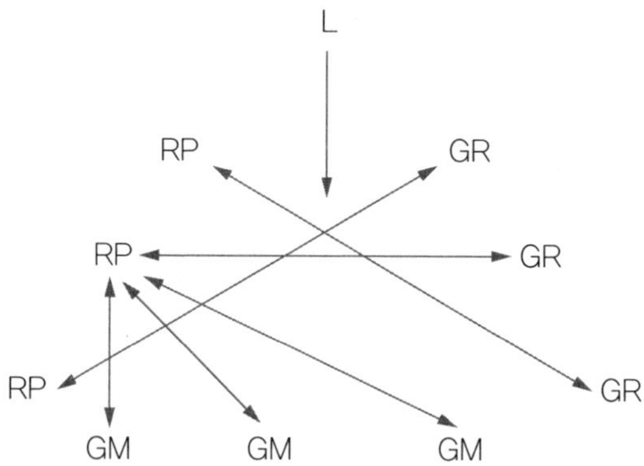

RP: resource person
GR: group representative

5. 그룹 인도자

우리는 본 장에서 그룹의 제반 원리와 그룹방법에 대해 살펴보았다. 이러한 사항들 위에 더하여 그룹에 있어서 매우 중요한 요소는 그룹 리더에 대한 것이다. 이는 최근 리더십 이론으로 중요하게 취급되는 연구 분야이기도 하다. 한 그룹의 발전과 쇠퇴가 리더의 자질에 크게 좌우될 수 있기 때문에 그룹의 리더는 부단하게 자신의 자질을 개발해야 한다. 그룹 리더는 여러 그룹 구성원들과 융화를 잘해야 하고, 그들의 생각을 존중하는 자세를 가져야 한다. 그룹 과정에는 예기치 못한 사태가 발생하기 마련이다. 때로는 커다란 위기가 찾아오기도 한다. 이럴 때에 준비된 리더는 당황하지 않고 그룹의 미래를 내다보며 문제에 효과적으로 대처해 나간다. 리더는 또한 자신의 권한이라고 인정되는 것을 끊임없이 분산시키려는 의지가 있어야 한다. 그러지 못할 때 리더는 자신의 위치와 능력을 과신하려는 욕심에 사로잡힌다. 좋은 지도자는 사람들 뒤에 머물러 있으면서 그들을 가장 훌륭하게 성장시켜내는 자이다.

그룹 지도자에 대한 중요한 교훈은 마태복음 23장에서 찾아볼 수 있다. 이 교훈은 첫째, 기독교적 리더십은 그리스도께 종속적이라는 사실을 가르친다. 10절에서 "너희 지도자는 하나이니 곧 그리스도니라"는 말씀이 이것을 잘 보여준다. 우리가 얼마나 그리스도께 종속적이며 의존적이냐에 따라서 우리의 리더십이 결정된다. 배우고 따르기를 중단한 사람은 결코 지도자가 될 수 없으며, 특히 그리스도인 리더들은 날마다 그리스도를 본받으려 애쓰는 자들이어야 한다. 이런 점에서 바울은 "내가 그리스도를 본받는 자 된 것 같이 너희는 나를 본받는 자 되라"(고전 11:1)고 권고했다. 둘째, 기독교적 리더십의 조건은 겸손이라고 가르친다. 11-12절은 "너희 중에 큰 자는 너희를 섬기는 자가 되어야 하리라 누구든지 자기를 높이는 자는 낮아지고 누구든지 자기를 낮추는 자는 높아지리라" 우리는 남을 섬기기 위해 갖춘 자가 되어야 한다. 그리고 그 가진 것으로 타인을 섬길 때 그가 진정 의미 있는 지도자가 된다. 이처럼 다양한 그룹 방법들을 연구하고 개발함과 함께 그 그룹방법을 사용하여 합당한 변화를 도모할 리더로서의 자질을 점검하고 개발하는 일을 소홀히 하지 말아야 한다. 그럴 때에 그룹방법이 본래 의도하는 바, 올바른 변화가 성취될 수 있는 것이다.

✤ 학습 문제

1. 그룹의 발달과정에 대해 생각해 보라.

2. 그룹 다이나믹스의 원리는 무엇인가?

3. 그룹 방법의 선택 원리에 대해 생각해 보라.

4. 순환응답, 세미나, 패널, 심포지엄, 버즈 그룹, 콜로퀴의 특징에 대해 설명해 보라.

〈읽을 거리〉

론 니콜라스, 《소그룹운동과 교회성장》, 서울: IVP, 1986.

마르타 레이폴트, 《그룹 활동을 통한 40가지 교수학습방법》, 권용근 외 역, 서울: 한국장로교출판사, 1995.

조엘 코미스키, 《사람들이 몰려오는 소그룹 인도법》, 서울: NCD편집부 역, 서울: NCD, 2003.

전요섭, 《그룹활동과 인간관계 훈련》, 서울: 은혜출판사, 2007.

지미롱, 《소그룹리더핸드북》, IVF자료개발부 역, 서울: IVP, 1996.

클라이드 리이드, 《소그룹이 살면 교회가 산다》, 전요섭 역, 서울: 쿰란출판사, 1996.

4장

창의적 교수방법(3)
: 창조적 활동을 통한 교수방법

인간은 다양한 활동을 통해 학습하기에 교수 현장에서는 학습을 위해 여러 가지 방법이 활용될 것이 요청된다. 적절하게 선별된 활동은 틀에 박힌 수업을 활기차게 만들며, 학습 효과를 높이는데 기여할 수 있다. 인간은 하나님의 형상을 따라 피조된 존재로서 창의적인 면을 가지고 있다. 인간의 창의성은 다양한 활동을 통해 드러난다. 이것을 예술활동이라 부르기도 한다. 그러면 성경교수에서 이와 같은 창의적 활동은 어떻게 활용되는가? 여기서는 마임, 드라마, 글쓰기, 놀이, 미술, 음악에서 이러한 창조적 활동을 통한 성경교수법을 생각해 보기로 한다.

1. 마임

마임이 교수 방법에서 가지는 특별한 가치는 이 방법이 드라마와 같이 대단히 극적인 효과를 불러일으킬 수 있다는 데 있다. 마임은 입으로 말하는 언어 대신에 몸을 통해 가시적인 동작을 강력한 언어로 사용함으로 보는 이들에게 강렬한 공감과 이해를 불러일으킨다. 또한 드라마는 설정된 상황을 참여자들이 적극적으로 시연해 봄으로 생생한 경험을 통해 학습 효과를 극대화시킨다.

마임이 사냥꾼이나 군인들의 의사 전달 수단으로 사용된 여러 가지 몸동작에서 비롯되었다고 본다면, 그 기원은 매우 오래된 것이다. 역사적 기록에 의하면 주전 5세기 인도에서 마임이 사용되었는데, 무용수, 광대들이 연극의 신 바라타(Bharatta)를 위해 공연하였다고 한다. 세월이 흐르면서 마임은 배우가 말없는 연극을 수행하는 형태로 변화한다. 16세기에 마임은 유랑극단의 한 형태로 우스꽝스런 여흥을 베풀기 위해 몸짓과 말을 사용하는 소박하고 단순한 형태를 나타낸다. 그리고 19세기 초에 비로소 현대적인 의미에서 마임이 시작되었다. 이 현대적인 마임은 데부로(Jean Gaspard Deburau)에 의해 시작되었는데, 그는 유명한 인물 삐에로(Pierrot)를 고안하여 일상생활을 중심으로 한 이야기를 창조하는 마임의 새로운 지평을 열었다.[48]

마임의 의미

마임은 그리스어로 모방하다는 의미를 지닌 단어로부터 유래된 말로, 극

48) Cindie and Matthew Straub, 《판토마임, 이렇게 시작하자》(*Mime: Basics for Beginners*), 김동규 역 (서울: 예니, 1998), pp. 11-13.

적인 동작(dramatic action)을 말한다.[49] 모든 사람들이 마임을 사용한다. 멀리 떨어져 있는 사람에게 무엇인가 전달하려고 할 때, 신호를 보내거나, 제스처를 사용하는 것은 마임이라고 볼 수 있다. 마임과 춤은 아주 유사한 근원을 가지고 있으나, 그 초점은 다르다. 마임은 땅의 움직임(movement of soil)을 표현한다. 그 자신이 이 땅에 뿌리를 내리고 있음을 인식하는 세속적인 피조물의 움직임이다. 그 안에서 사람은 자기를 넘어설 것을 필요로 한다. 또한 기독교인은 도달하고자 하는 이러한 요구가 창조자에 의해서 각자에게 간직되어 있다고 인식한다. 마임은 지상의 존재로서의 인간의 조건을 강조하며, 또한 현재보다 더 나은 것이 되기 원하는 열망을 강조한다. 마임은 우리들의 삶에서의 거대한 고투를 시각화하도록 허용한다. 이와 같이 마임은 삶에 기초를 두고 있다. 그러나 춤은 이 땅에 뿌리를 둔 것이 아니다. 춤은 더 추상적(abstract)이며, 무중력(weightless)하며, 가볍다(airy). 춤추는 자들은 뛰어오르고, 공기 중에 떠돈다. 반면에 마임을 하는 사람은 모든 표현을 몸의 근육으로 나타낸다.[50]

마임의 유익

마임은 관객을 끌어들여서 연기자와 함께 호흡하며 행동하게 만드는 힘이 있다. 그래서 마임은 정치적인, 사회적인, 환경적인 메시지를 제시하는 일에 사용된다. 마임은 성경교수를 위한 도구로 적절하게 사용된다면 큰 유익을 가져다 줄 수 있다. 마임은 비록 전문가가 아닌 교사라고 하더라도 자신의 수업시간에 활용할 수 있다. 즉 수업 시간에 임하는 교사는 흰 얼굴이 될 필요도 없고, 훈련받은 마임 연기자들의 놀라운 동작을 보여야할 필

49) Marlene D. LeFever, *Creative Teaching Methods: Be An Effective Christian Teacher* (Elgin: David C. Cook Publishing Co., 1985), p. 119.
50) *Ibid.*, pp. 120-121.

요도 없다. 수업 중에 활용되는 마임은 사람들로 하여금 삶을 반영하기 위해서 말보다는 감정과 몸동작을 사용할 것을 격려한다.

감정을 표현하고, 서로의 감정을 비교하고, 그 감정에 대해 토의하는 것은 성경교수 현장에서도 필요한 일이다. 그러나 대개 많은 사람들은 감정을 노출하는 일을 회피한다. 그런데 자신의 감정을 제대로 표현할 때 성경의 가르침을 머리만이 아니라 가슴으로 받고 적용할 수 있다. 이를 위해 마임은 유용한 가치를 가진다. 마임은 청소년과 성인들에게 이러한 비교와 토의를 위한 안전한 도구를 제공해 준다. 마임에서는 언어를 사용하지 않기 때문에 학생들은 그 자신의 결론을 도출할 수 있게 해 준다. 그리고 그들이 마임의 메시지를 숙고한 후에는 마임이 그들에게 보여주는 진리를 개인적으로 적용할 수 있다.

2. 드라마

드라마를 통한 가르침은 모든 학생의 참여를 유도할 수 있는 장점이 있다. 예를 들면 2-3명의 학생이 적극적으로 시연에 참여하는 동안에 나머지 모든 학생들은 그것을 지켜보면서 계속되는 토의에 함께 참여하게 되는 것이다. 이런 방법이 성경교수에 적용된다면, 학생들은 머리로만 아는 성경의 진리를 보다 생생하게 느끼며 참여할 수 있다.

효과적인 드라마 학습을 위해서는 먼저 학생들이 안정감을 느낄 수 있는 학급 분위기가 조성되어야 한다. 분위기가 열렬하다고 해도 처음부터 드라마를 성공적으로 수행하는 것은 쉽지 않다. 그러므로 교사는 처음에는 한 역을 맡아서, 다른 연기자들에게 그들이 반응할 수 있는 질문을 계속 공급해 줄 필요가 있다. 이런 활동을 몇 회 반복함으로 학생들은 역할극의 기술을 습득할 수 있다. 교사는 학생들을 잘 통제해야 한다. 특히 10대 청소년들은 드라마와 같은 극화 방법이 단순한 재미에 머무는 것이 아니라, 기독교인의 삶을 위해서 심각한 훈련이라는 것을 알아야 한다.

창조적인 드라마(creative drama)의 진행 단계

창조적인 드라마 곧 즉흥극은 연극으로 나타낼 수 있는 어떠한 주제를 회원들에게 제시하고, 그룹 회원들에게 몇 개의 소그룹으로 나누어 그 주체를 상징적으로 표현할 수 있는 상황과 줄거리를 함께 구상하고 등장인물들에 대한 역할들을 분담한 후, 전체 그룹 앞에서 소그룹별로 즉흥적인 짧은 연극들을 행하고, 그들이 표현한 주제에 대해 함께 토의하게 하는 방법으로 다음과 같은 방식으로 전개된다.[51]

- 도입: 지도자는 즉흥극을 위한 주제를 제시하고, 즉흥극의 목적과 진행 과정에 대해 설명한다. 즉흥극의 주제는 그룹 회원들이 평소에 문제의식을 가지고 있는 것이거나, 또는 문제의식을 불러일으킬 수 있는 도전적인 것들을 선택하는 것이 좋다.
- 소그룹별 준비와 발표: 전체 회원들을 소그룹으로 나누어서 제시된 주제에 대하여 그것이 무엇을 의미하는 것이며, 무엇을 요청하고 있는 것인가를 명확하게 이해하도록 하며, 그 주제를 어떠한 방식으로 표현할 것인가를 함께 구상한다. 상황과 줄거리가 설정되면 역할을 분담하고 간단한 연습을 해 본다. 즉흥극은 대본을 암기하지 않고 상황에 따라 즉흥적으로 이루어지는 것이 좋다. 연습이 끝나면 각 소그룹별로 전체 회원들 앞에서 발표하는 시간을 갖는다.
- 토의와 평가: 발표가 끝나면 전체 회원들이 모여 즉흥극을 만들고 연기하는 과정들을 통해 느낀 점을 나눈다. 그리고 주제에 대한 토의 시간을

51) Pam Barragar, *Spiritual Growth Through Creative Drama* (Valley Forge: Judson Press, 1981), pp. 129-152.

가진다. 끝으로 이런 경험을 통해 특별히 배운 점들이 무엇인가 평가하며, 지도자가 종합적인 논평을 한다.

즉흥극은 연극을 위한 연극이 아니라 교육을 위한 연극이다. 그러므로 연극의 실제 연출보다는 그것을 준비하는 과정이 더 중요하다. 즉흥극은 회원들 전체가 모두 창조적인 경험 가운데 참여하고, 그들의 생각을 함께 묶어 공동의 견해로 표현하게 만드는 교육의 장이다. 즉흥극에 있어서 유의할 점은 이러한 경험을 그룹 토의 또는 다른 학습 방법과 연결하여 주제에 대한 더 깊은 이해로 이끌어 주도록 해야 한다는 것이다.

한편 세프(Phyllis W. Sapp)는 창조적인 드라마는 성경의 이야기나 시, 혹은 설화체의 한 부분을 생생하게 만들면서, '삶의 질' (quality of the life)을 부여해 주기 때문에 학습자에게 창조적인 사고를 자극하며, 창조적인 행동으로 이끌어 준다고 하면서 이러한 드라마를 위한 네 단계를 제시한다.[52]

1단계는 드라마를 위한 교사의 준비단계이다. 이 단계에서 교사는 드라마를 위한 내용의 강조점을 선택하고, 드라마를 통해서 얻고자 하는 목표를 설정한다. 교사는 학생들에게 드라마에 대해 명확하게 이야기해 주고, 학생들은 등장인물과 드라마의 장면과 감정적인 내용을 파악한다.

2단계는 드라마를 위한 준비에 학생들을 개입시키는 단계이다. 교사는 학생들과 함께 성경본문을 읽고, 본문에 대해서 이야기를 나누고, 전반적인 내용을 파악한다. 성경본문에 나오는 사람들의 태도, 느낌, 행동 등에 초점을 맞춘다. 가능하면 성경본문을 드라마로 만들기 위한 몇 개의 장면으로 나누어본다. 등장인물을 결정하고 배역을 결정한다. 배역은 이미 파악한 등장인물의 특성을 고려한다. 배역은 교사가 정할 수도 있으며, 학생들이 스스로 정할 수도 있다.

52) Phyllis Woodruff Sapp, *Creative Teaching in the Church School* (Nashville: Broadman Press, 1967), pp. 16-19.

3단계는 교사가 학생들과 함께 드라마를 만들고 시연하는 단계이다. 교사는 격려하고, 칭찬하고 공감하는 일을 통해서 완성도 있는 드라마를 만들어야 한다. 여기에는 드라마 대사를 만드는 일이 중요한 과제이다. 대사는 교사가 만들어 줄 수도 있지만, 교사의 지도아래 학생들이 협력하여 만드는 것이 좋다. 교사는 학생들이 성경내용을 바르게 이해하고 드라마 대사를 만들 수 있도록 도와야 한다. 이렇게 만든 대사를 대본으로 하여 드라마를 시연한다.

4단계는 토의를 진행하는 단계이다. 이 단계는 평가가 이루어지는 단계이다. 여기서 주의할 점은 학생들의 연기력이 평가대상이 되어서는 안된다는 것이다. 드라마는 학생들의 연기력을 개발하기 위한 것이 아니라 학생들의 삶의 정황 안으로 적용하기 위해 하는 것임을 기억해야 한다. 그러므로 토의할 때에는 드라마의 배역에 대해 본받을 것과 피해야 할 것을 살피는 것이 요청된다.

성경교수를 위한 드라마 활동

성경교수를 위한 드라마는 제한된 시간을 고려하여 준비되어야 한다. 아브라함, 모세, 다윗 등과 같은 인물의 일대기를 한 수업 안에 드라마로 진행하는 것은 바람직하지 않다. 교회학교에서 매주 공과 시간에 적절하게 활용할 수 있는 드라마를 구상해야 한다. 이런 경우에는 흔히 열린 이야기(open-end stories) 방식을 사용하게 된다. 교사는 성경 본문을 기초로 이야기를 들려준다. 그리고 끝을 결정짓지 않은 상태에서 학생들로 하여금 가능한 진행 방향을 창의적으로 토의하고 드라마로 만들어보게 하는 것이다. 예를 들면 빌레몬서를 기초로 교사가 바울, 빌레몬, 오네시모의 이야기를 중간까지 한 다음, 학생들에게 결말이 어떻게 될 것인지 묻는다. 학생들은 오네시모가 고개를 숙이고 바울과 이야기한 것, 바울이 주인에게 돌아

가라고 충고한 것, 바울이 편지를 써서 준 것, 의심과 불안 그리고 기대감 속에서 오네시모가 주인에게로 간 것, 그리고 편지를 건네면서 주인에게 용서를 빈 것 등을 창의적으로 각색하고 드라마를 시연한다. 그리고 바람직한 결말에 대해 학생들이 돌아가면서 발표하는 것이다.[53]

드라마를 성경교수에 활용하는 데에는 많은 시간이 소요될 수도 있다. 학생들이 제한된 공과 시간 내에 드라마를 준비하고 발표하는 것은 많은 무리가 따를 수 있다. 그러나 이런 시간을 공과 시간 외에 따로 모여서 충분한 시간을 갖고 학생들이 교사와 함께 준비한다면 많은 유익을 얻을 수 있다. 교사는 드라마를 시연할 학생들을 선별할 때 어떤 학생이라도 참여의 기회를 거절당하지 않도록 배려해야 한다. 학생수가 많아서 제한해야 한다면 드라마에 참여하지 못한 학생은 다음번에 참여할 기회를 주어야 한다.

3. 글쓰기

글쓰기는 다양한 쓰기 방법을 통해서 자신의 생각을 나타내고, 스스로의 삶에 적용시킬 수 있는 용기와 기회를 갖게 한다. 이런 점에서 창조적 글쓰기는 자기를 전달하는 유용한 도구가 된다. 특히 어린이는 창조하고 자신을 표현하고자 하는 욕구를 가진다. 창조적인 글쓰기는 의사전달의 유용한 도구이며, 자기표현 능력을 개발하고, 자기생각을 명료화하는데 도움이 된다.[54]

첫째, 글쓰기는 의사전달의 유용한 도구이다. 의사 전달 방식은 말뿐만이 아니라 글로도 가능하다. 어떤 학생들은 자기 생각을 타인에게 전달할 때 말로 하는 것이 편하다. 또 어떤 이들은 종이 위에 자기 생각을 기록하여

53) *Ibid.*, pp. 20-21.
54) Marlene D. LeFever, *op. cit.*, pp. 262-267.

나누는 것에 더 익숙하다. 이때 종이 위에 기록된 글을 읽는 사람들은 그 글을 근거로 토의를 하거나 즉흥적 활동을 할 수 있다. 요일 1:1은 우리에게 의사 전달의 여러 가지 방식들이 있음을 내포한다. "태초부터 있는 생명의 말씀에 관하여는 우리가 들은 바요 눈으로 본 바요 주목하고 우리 손으로 만진 바라" 요한은 사람들이 예수님께 친숙해 지는 방식들에 대해 말한다. 여기에는 듣기, 보기, 만지기와 같은 활동들이 나타나며, 이런 활동과 관련된 여러 가지 방법들이 존재하는 것이다.

둘째, 글쓰기는 자기표현 능력을 개발하도록 돕는다. 학생들은 글쓰기를 통해 자기 자신을 정직하게 동료들 사이에서 표현하게 할 수 있다. 학생들이 그들의 생각, 사상 그리고 결정들을 기록하는 것은 영속적인 가치를 가질 수 있다. 예를 들어 학생들이 하나님과 그들의 관계의 본질을 다루는 시, 노래 그리고 기도를 쓴다면 그들은 그 기록들을 보존하게 될 것이다. 그들은 그들의 창작물 중에 몇 개를 더욱 다듬어서 다른 사람들에게 소개하므로 자신의 생각을 보다 많은 사람들과 공유할 수 있다.

셋째, 글쓰기는 자신의 생각을 명료화하는데 도움을 준다. 학생들은 그들의 동료들이 그들 자신을 어떻게 표현하는지 들을 때 도전받을 수 있다. 처음 신앙을 접한 사람은 자신의 동료가 기록한 것을 읽을 때 자기 생각을 보다 더 잘 명료화할 수 있다. 그리고 이를 통해 예수 그리스도에 대한 지식이 증가한다. 이미 오랫동안 그리스도인으로 살아온 학생들은 새신자의 글로부터 열정과 새로운 접근을 발견하고 유익을 얻는다. 물론 그리스도인으로 이제 막 출발한 사람은 영적인 것을 표현하는데 익숙하지 않다. 그러나 그렇기 때문에 더욱 더 개인적으로 또 창조적인 방식으로 기록할 수 있다.

글쓰기의 유익

글쓰기는 일방적인 교사나 설교자의 가르침보다 더욱 효과적으로 학생들에게 영향을 줄 수 있다. 동료들이 기록한 글이 나누어질 때 그것을 듣는 학생들은 교사의 강의나 설교자의 설교를 들을 때보다 더 강한 인상을 받을 수 있다. 글쓰기를 통해 자신의 생각을 공유할 때 보다 더 기독교 개념들에 개인적으로 친숙해 질 수 있다.

학생들이 글을 쓴 후에 그들이 쓴 글을 나눌 기회를 갖는 것이 중요하다. 어떤 이들은 그들이 기록한 것이 아무런 가치가 없다고 여긴다. 그러나 실상은 속으로 자신에게 더 기회를 주었으면 하는 마음이 있다. 나눔은 학습 과정의 한 부분이다. 교사는 학생들이 자원하도록 격려해 주어야 한다. 우리는 집에서 혼자 글 쓰고 공부할 수 있다. 그러나 우리는 함께 할 때 그리고 우리가 기록한 것들을 다른 이들과 나눌 때 더욱 잘 배운다.

창조적 글쓰기의 종류

글쓰기에는 편지, 기도, 시, 일기 등이 있다. 첫째, 편지쓰기를 통한 의사 전달과 표현은 기독교교육에서 중요한 의미를 갖는다. 편지쓰기에는 직접적으로 연관을 가진 인물에게 실제적인 편지를 쓰는 경우와 가상적인 인물에게 편지를 쓰는 경우가 있다. 편지쓰기를 통해서 자신의 느낌과 생각을 나눌 때, 사람들은 더욱 기독교적인 개념들을 개인적인 것으로 소유하게 된다. 편지쓰기는 그들에게 그리스도를 다른 사람에게 전달할 수 있는 양식을 제공해 준다. 또한 교사는 편지에 담긴 내용을 통해 평소 알지 못했던 부분을 발견하고 학생들을 더 잘 이해할 수 있다.[55]

둘째, 기도쓰기는 학생들로 하여금 하나님께 대한 사랑, 기쁨, 결단 안에서 행동하도록 하는 가치 있는 활동이다. 기도쓰기는 학생들이 원하지 않는다면 다른 사람들과 나누지 않고 개인의 것으로만 간직할 수 있도록 해야

---

55) Marlene D. LeFever, "Creative Methods," Roy B. Zuck & Warren S. Benson (ed.), *Youth Education in the Church* (Chicago: Moody Press, 1968), p. 417.

한다. 특별히 기도쓰기에서 주의할 점은 학생들이 거짓으로 꾸며서 그들이 믿지 않는 것을 믿는 것처럼 기록할 수 있다는 것이다. 교사는 모든 학생들이 기도쓰기에 적합한 준비가 되어 있지는 않음을 알아야 한다. 그래서 기도쓰기는 일상의 언어들로 정직하게 기록해야 한다는 점을 강조해야 한다.[56]

셋째, 시는 종합적이고 심오한 예술로, 재능, 감수성, 지식, 통찰 등이 요청되는 고도의 작업이다. 시는 삶의 신비를 이해하는 데 큰 도움이 된다. 좋은 시를 쓰려고 하면 좋은 시를 많이 읽어야 한다. 교사는 신선하면서 학생들 수준에 맞는 좋은 시를 선별하여 제시할 필요가 있다.[57]

넷째, 일기는 학생들의 조직된 사고를 장려하는 좋은 도구가 될 수 있다. 그런데 일기는 비공개적인 성격을 가진다는 점을 고려해야 한다. 만약 학생들이 검사받기 위해 일기를 쓰게 되면 그들은 일기 내용을 조작한다. 어떤 경우는 며칠의 일기를 한꺼번에 쓰기도 하고, 다른 아이의 글을 옮기기도 한다. 그러나 일기는 자신과의 대화이며, 자신의 일을 정리하고 다시 한 번 생각하며, 반성하고, 새로운 결심을 하는 일이어야 한다. 이렇게 될 때 일기가 산 공부가 되며, 실제적인 도움이 된다. 교사는 어린이의 사적인 생활을 존중하면서 진실한 일기를 쓰도록 지도해야 한다. 일기 중에 다른 사람들과 공유하기에 유익한 글은 공개할 것을 요청할 수도 있다. 그런 일기 나눔은 비판의 기회가 되어서는 안 된다. 그 대신 학생들의 일상의 기회들을 하나님의 말씀을 실천하는 기회로 삼고, 하나님을 신뢰하며, 하나님이 주신 축복에 대해서 감사하는 기회로 삼아야 한다.[58]

---

56) *Ibid.*, p. 418.

57) Marlene D. LeFever, *Creative Teaching Methods: Be An Effective Christian Teacher*, p. 268.

58) J. Barbara Bolton & Charles T. Smith, *Creative Bible Learning for a Children Grade 1-6* (Ventura: Regal Books, 1977), pp. 194-195.

4. 놀이

놀이는 종종 잘못 이해되곤 한다. 어른들은 어린이들에게 공부는 하지 않고 놀기만 한다고 책망한다. 이때 어른들은 놀이가 학습과는 상관이 없으며 도리어 학습을 방해한다는 오해를 갖고 있는 것이다. 그러나 어린이들에게 놀이는 전인 발달을 돕는 중요한 가치를 가진다. 그렇기 때문에 놀이는 어린이의 학습에 절대적인 위치를 차지하고 있다. 듀이(J. Dewey)는 놀이를 유아의 신체, 인지, 사회, 그리고 정서발달을 도모하는 수단으로 간주했다. 듀이는 몇몇 학자들에 의해 놀이가 시간만 소비하는 가치 없는 활동으로 간주되고 있음을 인식하고 유아놀이의 특성을 '작업' (work)으로 서술함으로 유아 놀이와 작업을 같은 맥락에서 생각하였다.

놀이의 정의

놀이는 '유아기의 언어' (language of childhood)로 불린다. 놀이는 과학적 탐구 활동의 결과가 아니라 창의적인 언어에 의해 생겨난 개념이기 때문에 하나의 공통된 현상으로 정의내리기 어렵다. 호이징가(Huizinga)는 놀이를 역사 · 문화적인 현상의 하나로 간주하여 설명한다. "놀이란 일정한 시간과 장소 내에서 일어나는 자발적인 활동으로서 자유롭게 만들어진 규칙에 따르며, 놀이 자체에 목적을 두고 일상생활과는 다른 즐거움과 긴장감을 동반하는 활동이다."[59] 호이징가는 인간이나 동물 모두에게 중요한 기능은 '놀이하는 것' 인데, 이런 관점에서 '생각하는 인간' (homo sapiens)과 같은 차원에 속하는 용어로 '놀이하는 인간' (homo ludens)를 주장하였

59) 장혜순, 《유아놀이의 이론과 실제》(서울: 학지사, 2004), p. 17.

다.[60]

유아의 놀이에 대한 일치된 정의를 내릴 수 없으나, 그 특성을 고려하여 몇 가지로 서술하면 다음과 같다. 첫째, 상징적이다(symbolic). 둘째, 의미심장하다(meaningful). 셋째, 활동적이다(active). 넷째, 즐거운 것이다(pleasurable). 다섯째, 자발적이고 내면적으로 동기화되어 있다(voluntary and intrinsically motivated). 여섯째, 규칙 지배적이다(rule-governed). 일곱째, 일화적이다(episodic). 이처럼 놀이는 지어낸 어떤 가상의 활동이면서 자유로운 행위를 의미하기 때문에 여기에는 자발성이 기초가 된다. 놀이는 물질적 이해를 필요로 하지 않는다. 또한 시작과 끝이 분명하며 시간과 공간의 명확한 한계를 갖고 있다. 그리고 놀이는 어떤 규칙에 따라서 질서정연하게 진행된다. 이와 같은 점에서 놀이는 현실과의 거리를 둔 신비나 가장(假裝)을 통한 삶의 여유를 맛보게 하며, 객관적으로 삶을 돌아보게 만들어 준다. 그리고 놀이는 즐거움과 재미가 있어서 사람들을 쉽게 사로잡는 기능이 있다.

놀이의 특징

김재은은 놀이의 특징을 다섯 가지로 정리한다.[61]

첫째, 놀이의 자발성이다. 놀이의 원천에는 자유가 있다. 자유는 통제받지 않음을 뜻한다. 이러한 자유가 곧 창조성을 양산하는 요인이 된다.

둘째, 희열성이다. 일은 고통을 감수해야 하지만, 놀이는 즉각적으로 실현되기 때문에 즐거움을 준다.

셋째, 사회성이다. 인간은 더불어 논다. 혼자 노는 것 같아도, 가지고 놀 만한 것이 존재한다. 놀이는 움직임이며 이 움직임에 대한 반응이 있다. 이

60) 이숙재, 《유아를 위한 놀이의 이론과 실제》(서울: 창지사, 1996), p. 16.
61) 김재은, 《성인기독교교육》(서울: 기독한교, 2004), pp. 244-246.

러한 반응은 주위 사람들을 불러들여 반향을 일으킬 때 절정에 도달한다. 이런 점에서 모든 놀이는 놀이친구를 전제한다.

넷째, 자기목적성이다. 놀이는 일의 준비가 아니다. 말타기 놀이를 하는 것은 장래 기마수가 되기 위한 연습이 아니다. 소꿉장난은 장래 요리사가 될 준비를 하는 것이 아니다. 그러므로 놀이는 직업훈련이 아니다. 놀이는 그 자체로 목적을 가지며 이것이 삶의 능력을 증대시킨다. 여기에 놀이의 교육적 가치가 있다. 놀이를 통해 사람들은 자기억제 훈련, 습관 수정, 인간관계 확장 등을 체득한다. 또한 놀이는 보상을 기대하지 않으면서도 열심히 하게 만드는 성향이 있다. 그래서 놀이를 할 때 활발한 두뇌 작용이 수반된다.

다섯째, 개혁성이다. 놀이는 삶의 원자료이다. 그 원자료에 비추어 보면서 벗어난 삶을 되돌리는 요소가 놀이에 있다.[62] 놀이에서 나의 원래의 모습을 보게 되며 함께 희망해야할 공동체의 모습을 본다. 여기서 새 창조의 힘을 부여받는 것이다.

놀이의 교육적 가치

놀이는 학습의 반대 개념이 아니라 학습을 돕는 매우 유용한 도구이다. 어린이는 본능적으로 놀이를 통해 전인발달을 이루어 간다. 밀러(David Miller)는 놀이의 종교적 기능을 심미감(aisthesis), 시적 상상력(poiesis), 변형(metamorphosis), 치유(therapeia)로 본다.[63] 또한 몰트만(Moltmann)은 사람들이란 놀이를 통해서 현재의 시간을 초월하여 영원의

62) Otto Weininger, 《놀이와 교육》(*Play & Education*), 강선보 역 (서울: 재동문화사, 1990), p. 18.

63) David Miller, *God & Games: Toward a Theology of Play* (New York: Harper & Row Publishers, 1973), chapter 5.

시간을 맛본다고 말한다.[64] 놀이는 과거를 되살아보고, 미래를 다가가 경험한다. 그러기에 환희가 생기는 것이다. 이러한 놀이에 대한 이해는 기독교교육의 핵심 자리에 놀이가 위치할 수 있다는 가능성을 암시하고 있다. 밀러가 언급한 심미감, 시적 상상력, 변형, 치유 같은 것들은 기독교교육의 목적과 맞닿아 있다. 인간은 상상을 통해 세상을 넘어 영원한 세계를 들여다본다. 이때 심미감은 신비한 세계를 인정하기 위한 중요한 역할을 담당한다. 세상 속에 죄로 인해 왜곡된 인간은 변형을 필요로 하며, 치유를 필요로 한다. 여기에 놀이는 특별한 위치를 차지한다. 그리고 몰트만이 이해한 놀이의 기능에 따르면, 인간은 놀이를 통해 이 세상 저편에 있는 영원한 세계를 맛볼 수 있다. 시간의 노예인 인간이 시간을 초월하여 신적인 세계를 경험할 수 있는 도구가 있다면 그것은 기독교교육에 있어서 매우 가치 있는 교육 수단이 될 것이다. 여기서 그 수단으로 놀이를 이야기하는 것이다.

한편 놀이의 가장 근본적인 가치는 그것이 주변적 요소가 아니라 가장 본래적인 현상이라는 데서 찾을 수 있다. 사람들은 최상의 순간에 논다. 생일, 결혼식에서 노는 것은 기쁨을 함께 나누는 대표적인 경우이다. 이처럼 사람들은 인생의 특별한 순간을 장식하기 위해 함께 논다. 이 점에서 그리스도인들이 함께 모여 노는 것에 담긴 의미를 생각해 볼 수 있다. 그리스도인에게 있어서 최고의 순간은 하나님과 만나는 시간이다. 다윗은 하나님의 법궤가 다윗성에 들어올 때 크게 기뻐하며 춤을 추었다. 이것이 최상의 순간에 자발적으로 행하는 놀이라 할 것이다. 다윗은 자신을 비난하는 미갈에게 하나님 앞에서 노는 것이 정당함을 이야기해 주었다. "여호와께서 나를 택하사 나를 여호와의 백성 이스라엘의 주권자로 삼으셨으니 내가 여호와 앞에서 뛰놀리라."(삼하 6:23)[65]

---

64) J. Moltmann, 《놀이의 신학》(*Die ersten freigelassenen der Schoepfung*), 손규태 역 (서울: 신태양사, 1977), p. 428.
65) 양금희, "하나님나라 놀이터에서 하나님과 함께 놀기," 《교육교회》(2005. 10), p. 19.

놀이는 어린이만 하는 것이란 통념이 있지만, 어른들도 놀이를 즐기고 좋아한다는 것은 엄연한 사실이다. 특히 기독교교육의 현장에서는 공동체성을 형성시켜줄 수 있는 놀이의 개발이 필요하다. 우리는 놀이를 학습 방해의 부정적 요인으로 간주하기 보다는, 놀이가 지닌 교육적 가치를 염두에 두어야 한다. 또한 놀이의 가치를 수긍하고 다양한 놀이를 개발하고 도입하는 것과 함께 우리가 할 일은 놀이가 지닌 종교적 가치를 염두에 두는 것이다. 우리가 교육의 현장에서 놀이의 종교적 가치를 고려하여 신중하게 적용한다면 기독교교육에 있어서 긍정적인 결실들을 맛볼 수 있을 것이다.

그러나 놀이에 대한 긍정적인 면과 함께 놀이가 지닌 부정적인 면에 주의해야 한다. 놀이는 여가를 전제하는 사치성이 있으며, 현실과의 구분을 해주지 않으면 사실을 왜곡시킬 수 있음을 고려해야 한다. 또한 놀이에 치중하다보면 교육적 효과보다는 즐거움에만 치중하는 부작용이 나타날 수도 있다. 우리는 놀이에 대한 종교적인 가치와 함께 부정적인 면에 주의하여 놀이를 기독교교육 현장에 적용해야 할 것이다. 일하는 인간(homo faber)의 삶은 경탄하는 인간(homo admiraus)의 삶으로 균형이 맞아야 하듯이, 놀이하는 인간(homo ludens) 역시 경탄하는 인간(homo admiraus)이 되어야 하며, 이러한 인간이 바로 진정한 신앙인(homo religious)이라 할 것이다.

5. 미술

교사는 주로 말을 하며 가르친다. 교사의 말은 대체로 "내가 하는 대로 너희가 하지 않으면 틀렸거나, 최소한 옳은 것이 아니다."라고 하는 것이다. 우리는 우리 자신의 가르침에 너무 익숙해 있어서 우리 자신과 우리 학생들을 제한한다. 성경공부의 경우에도 이런 경향을 볼 수 있다. 즉 대부분의 성경공부는 문제를 읽고 성경 구절을 찾아 답을 적는 방식으로 진행되어야 하지, 다른 방식으로는 진행될 수 없다는 편견이다. 그러나 우리는 여기서 왜 다른 방법으로 성경공부를 하지 않는지에 대해 의문을 가져볼 필요가 있다. 사실 하나님은 창조적이시다. 우리는 성경공부 교재의 빈 칸에 답을 적어 넣는 것으로 공부를 한다고 하지만, 하나님 말씀을 다른 방법들, 특별히 색깔과 형태와 같은 것들을 통해서도 할 수 있는 것이다.[66]

색깔을 사용하는 성경공부

먼저 성경, 크레용, 흰 종이 일곱 장을 준비한다. 그리고 성경책을 펴서 사도행전 4:32-37과 5:1-6을 세 번 읽는다. 다음으로는 다음에 제시되는 일곱 개의 질문들에 답을 그리는 것이다. 질문 하나에 종이 한 장을 사용한다. 이때 색을 선택하고, 무엇을 어떤 형태로 그릴지 정한다. 당신은 그림을 그리면서 당신의 기분, 정서, 태도를 표현한다.[67]

- 사도행전 4:32을 읽어라. 색깔 하나를 집으라. 연속된 선으로 초기 기독교인들이 그들의 상황에 관해 느꼈던 것을 표현하라.
- 사도행전 4:33을 읽어라. 색깔 하나를 집어 들고, 네 개의 직선을 사용하여 그 사람들이 처음으로 구원의 메시지를 듣고 어떻게 느꼈는지 표현하라.
- 사도행전 4:34-37을 읽어라. 색을 들고, 어떤 형태를 사용하여 '교회를 위해 바치는 것' 에 관해 오늘날 그리스도인들이 어떻게 생각할지 표현하라.
- 사도행전 5:1-6을 읽어라. 색을 하나 들고 직선 하나를 사용하여 아나니아의 인격을 그려보라.
- 아나니아의 죄가 실제 무엇이었는지 결정하라. 색 하나를 들고 어떻게 그리스도인들이 그 죄에 대해 느껴야 할지 묘사하는 계획을 세우라.

---

66) Marlene D. LeFever, *op. cit.*, pp. 297-298.
67) *Ibid.*, pp. 298-299.

- 하나님께서 아나니아를 죽일 때 그리스도인들이 어떻게 느꼈는지를 색 하나를 들고 묘사하라.
- 사도행전 5:7-11을 읽어라. 색 하나를 들고 우리가 하나님께 드리는 바른 방법을 보여주는 상징적인 설계를 하라.

이상의 작업을 마치고 나면 당신이 한 것을 다른 사람과 나누어 본다. 당신의 생각을 이제는 그림이 아니라 말로 설명한다. 당신이 이 계획을 통해 일하면서 어떻게 느꼈는지 주위 사람들에게 말해 본다.

성경공부에서 미술 활용의 계획

성공적인 계획은 수업 목표와 조화를 이루어야 한다. 그리고 계속되는 교수 과정의 부분이어야 한다. 성경지리를 공부한다면, 재료 목록을 만들고, 다이어그램을 그리고 함께 토의한다. 예를 들어 부활절 날에 공연하고자 예루살렘 도시를 재연하는 것은 의미 있는 성경공부가 될 수 있다. 이처럼 미술이 활용되는 수업 계획은 다음과 같은 가치를 지닌다.[68]

- 학생들을 귀납적 성경공부에 관여하게 한다.
- 소그룹 안에 그리고 한 학급으로 함께 작업하는 것을 배운다.
- 참고 자료를 어떻게 활용하는 지 배운다.
- 예수님 일생의 마지막 주간 안에 일어난 사건들을 기억하고 그 사건들의 중요성을 배운다. 공동작업을 통해 어느 위치에서 어떤 사건이 일어났는지 정확하게 알게 되는데, 이는 현실감을 증진시켜 준다.
- 성경공부와 토의가 수반되면서 학생들로 하여금 그리스도와의 관계가 어떤 것인지 결정하게 해 준다.
- 하나의 계획을 완성하는 것과 전체 교회 앞에 전시하는 것으로 만족감을

68) *Ibid.*, p. 307.

얻게 된다.

• 전시회를 할 때 아직 교회에 출석하지 않는 가족들을 참석케 하여 학생들이 만든 것을 보게 할 수 있다.

이와 같은 미술 활동을 수업에 활용하고자 할 때에는 몇 가지 질문들을 고려해 보아야 한다.[69]

• 학생들의 연령 수준과 수용력을 감안할 때 그 계획이 적합한가?
• 당신의 수업 목표에 적합하고 또 학생들이 미술 활동에 참여할 뿐만 아니라, 그것을 통해 배우기에 적합한가? 그런 미술 활동 계획은 학생들에게 영적으로 성장할 기회를 부여하는가?
• 그 계획이 실행되는 시간에 비례하여 학생들은 효과적으로 배우는가?
• 그 계획은 학생들의 주의를 끄는가? 항상 100퍼센트 참여를 기대하는 것은 현실적이지 못하지만, 그러나 최대한 학생들의 참여를 높일 수 있는 계획인가? 미술 활동을 다양하게 계획하여 수업 현장에서 연속적으로 활용할 수 있겠는가?
• 활동 계획이 분주한 일거리가 되지 않아야 한다. 이런 계획은 학생들에게 기독교적 삶을 소개하고 그런 삶으로 학생들을 이끌기 위해 교사가 사용하는 중요한 도구가 되어야 한다. 학생들이 하나님을 위해 그들이 일하는 방법을 더욱 잘 이해하도록 하는데 이와 같은 미술 활동이 활용되어야 한다.

미술은 인간의 감각 중 가장 많이 활용되는 시각과 직결된 영역이다. 그러므로 시각을 최대한 활용하는 교육은 수업이 생동감 있고 효율적인 결과를 양산하는데 크게 기여할 수 있다. 또한 한 권의 책을 읽을 때에도 필요적절한 곳에 그림과 도안이 들어가면 딱딱한 형식을 완화시키고 주의를 환기시킴으로 언어만으로는 전달하기 어려운 측면들을 쉽게 전달해 준다. 그러

69) *Ibid.*, pp. 307-308.

므로 교사는 자신의 교수방법 중에 시각과 관련된 기술들을 지속적으로 점검하고 개발할 필요가 있다. 수업을 준비할 때 수업 내용을 학생들에게 효과적으로 전달하기 위해 특별히 시각적인 자료는 어떤 것이 좋을지 고민하는 것은 수업의 질을 높이는 데 기여한다.

오늘날에는 영상 매체 활용이 강화되면서 입체적이고 동적인 시각 자료를 활용하는 기술이 교육의 장에 도입되고 있다. 또한 현대사회에서는 어린이들도 다양한 그림과 영상이 담겨 있는 휴대폰을 선호하며, 인터넷을 통한 영상 매체에 익숙해 있다. 이런 점에서도 교사는 미술을 활용하는 교수법을 활용할 필요가 있다. 또한 미술은 단순히 시각적인 보여주기에만 국한되지 않고 직접적인 활동을 통해 공동작업을 가능케 하는 유용한 기능을 가지고 있다. 이런 점에서 미술활동은 미술 수업에만 국한되는 것이 아니라 특별히 21세기 영상세대를 교육하는 모든 수업의 현장에 유용한 도구가 될 수 있다.

6. 음악

음악의 기능

음악은 대화의 한 형식이며, 기독교신앙 교수를 위한 적절한 도구가 된다. 모든 예술은 본질상 대화적이다. 그리기는 미술가가 지닌 세계관과 그의 경험과 비전을 그림에 나타나는 색깔과 형태를 통해 그 그림을 보는 관찰자에게 일종의 통찰을 제공하는 기능을 한다. 대화는 참여를 창출하는 것으로, 각각 분리된 것을 상호 연결짓는다. 대화적인 관점에서 볼 때 기독교신앙이란 모든 대화의 형태를 통해 하나님과 인간의 만남을 예수 그리스도를 기초하여 성취하는 것이다. 음악은 특별히 모두가 참여할 수 있는 대화의 형태이다. 음악은 자발성과 훈련을 통해 점차 많은 기술을 만들어내며, 성인과 어린이의 만남을 위한 매개가 되며, 과거와 현재를 이어주는 매개이다.[70]

첫째, 음악은 자발성과 훈련의 조합으로 점차적으로 많은 기술들을 만들어내는 기능을 한다. 유아는 말하기 시작하기 전부터 소리를 구별하는 것과 그것을 모방하는 것을 점차적으로 배운다. 그 후에 유아는 음률의 고저를 조화시키는 것을 배운다. 취학 전 시기에는 손뼉을 치며 소리 내고 이를 듣는 것을 즐기는데, 손뼉을 크게 치기도 하고 약하게 치기도 한다. 또 발을 구르며 행진을 하는데, 이때에도 강약을 조절하는 것을 즐긴다.

둘째, 음악은 성인과 어린이의 만남을 위한 본질적인 매개를 제공한다. 즉 음악의 기능은 가교역할에 있다. 현대 사회는 연령층 간의 만남이 거의 이루어지지 않는다. 그런데 음악은 각각의 연령층이 함께 대화에 참여할 수 있도록 한다.

셋째, 음악은 과거와 현재를 이어주는 매개이다. 그러나 음악은 단지 과거의 것을 반복해 주는 수단만은 아니다. 음악은 교수 보조 도구 이상이다. 음악은 현재적인데, 이는 음악이 지금 들려지기 때문이다. 음악은 과거에 그 곡을 지은 작곡자의 경험으로부터 현재 청자에게로 연결되는 것이다. 내가 오래 전에 작곡된 곡을 듣는다는 것은 과거의 것을 현재 듣는 것이다. 이런 점에서 음악은 과거와 현재를 이어주는 매개이다.

음악의 교육적 가치

음악을 포함하는 성경학습은 아동들을 성경의 진리를 배우고 기억하는데 능동적으로 참여시키는 방법이다. 윌슨(John F. Wilson)은 음악이 어린이

70) Wayne R. Rood, *The Art of Teaching Christianity: Enabling the Loving Revolution* (Nashville: Abingdon Press, 1980), p. 195.

들에게 가치가 있는 몇 가지 이유를 들고 있다. 그 이유들은 표현에의 기쁨(joy in expression), 복음적 증거(evangelistic witness), 프로그램에 있어서 다양성(variety in program), 인격적 관계됨(personal involvement) 등이다.[71]

첫째, 음악은 표현의 기쁨을 가져다준다. 어린이들은 노래에 반응하는 것을 배우고 그들 자신이 음악을 통해 표현하기를 배운다. 오늘날 라디오, 텔레비전의 상업적 대중적 노래들이 어린이 귀에 스며든다. 이런 노래들은 어린이가 의문을 가질만한 철학들과 저급한 도덕 표준들 그리고 비기독교적 가치들을 심어준다. 기독교 교사들은 어린이의 마음과 인생을 진리로 채우기 위해 그리고 그들이 말로 하나님을 위한 그들의 사랑을 표현하고 또 다른 이들을 위한 관심을 표현하기 위해 이런 매체들을 건전하게 사용해야 한다. 음악이 즐거운 경험을 가져다준다는 사실을 고려할 때, 음악은 효과적인 교수 도구가 될 수 있다. 어린이는 음악을 통해 표현하는 기쁨을 맛본다.

둘째, 음악은 복음적 증거를 위한 유용한 도구가 될 수 있다. 어린이들은 음악에 쉽게 끌린다. 이것은 그리스도에게로 인도하는 최초의 접촉점이 될 수 있다. 이 점에서 음악은 전도사역을 향상시켜 준다. 어린이가 복음적인 내용을 담은 음악에 매력을 갖게 되면, 결과적으로 구원의 메시지에 직면할 기회를 얻게 된다. 이와 같은 복음전도의 단계는 이끌림(attraction), 참여(participation), 직면(confrontation), 구원(salvation), 제자도(discipleship)로 이어진다.

셋째, 음악은 학습 방법의 다양성을 가져다준다. 대개 어린아이는 평균적으로 주의력이 짧다. 어린 아이가 몇 분 이상을 한 가지 일에 집중하기는 어렵다. 그러므로 잘 선택된 음악을 효과적으로 사용한다면 다양성을 증가시켜줄 뿐 아니라 가르치는 주제를 크게 강화시켜 줄 수 있다.

71) John F. Wilson, "Using Music with Children," Roy B. Zuck and E. Clark (ed.), *Childhood Education in the Church* (Chicago: Moody Press, 1975), pp. 259-260.

넷째, 음악은 인격적 관계를 맺어줄 수 있다. 사람은 참여를 통해 메시지에 직접적으로 직면할 수 있다. 즉 단순히 듣는 것보다는 개인적으로 참여할 때 더욱 잘 학습한다. 음악은 이러한 참여를 가능케 하는 도구이다. 찬양은 회중을 자기고백을 통해 예배에 참여하게 한다. 또한 음악은 회중이 진리를 붙잡게 하고, 그것에 의해 변화되는 기회를 증가시킨다. 이런 점에서 음악은 사람으로 하여금 실제적이고 인격적인 관계 맺음을 가능케 한다.

음악은 모든 사람들을 함께 참여시켜 주는 유용한 도구이다. 또한 음악은 가사와 곡조가 결합하여 진리를 효과적으로 가르치는 교수 도구이다. 골로새서 3:16에서 바울은 "그리스도의 말씀이 너희 속에 풍성히 거하여 모든 지혜로 피차 가르치며 권면하고 시와 찬미와 신령한 노래를 부르며 마음에 감사함으로 하나님을 찬양하고"라고 가르친다. 이는 시와 찬미와 신령한 노래는 그리스도의 말씀과 연관되며, 신령한 노래는 말씀의 지식으로부터 나온다는 것, 노래는 하나님께 대한 감사의 마음을 표현하며, 하나님께 찬양하는 도구가 된다는 것, 말씀과 노래의 연결은 음악이 피차 권면하고 가르치는 도구가 될 수 있음을 암시한다. 여기서 시(psalms)는 구약의 시편이며, 찬미(hymns)는 하나님을 찬양하고 높이기 위한 기독교적인 노래이며, 신령한 노래(spiritual songs, sacred songs)는 기독교적인 경험을 표현하는 복음송(gospel song)과 같은 것이다.[72] 특별히 현대음악은 다수의 대중들을 지지기반으로 삼고, 수많은 사람들에게 세속적인 가치관을 심어주고 있다. 그리고 음악의 이러한 파급효과는 교회 내 어린이들과 청소년들을 포함하여 모든 연령층에 침투하고 있다. 이런 상황 속에서 음악의 가치들을 재발견하고 기독교교육 현장에 활용함으로 참된 찬양과 예배 갱신의 기초를 확립하는 것은 대단히 중요한 과제이다.

---

72) William L. Hooper, *Church Music in Transition* (Nashville: Broadman Press, 1963), pp. 21-22.

시편 23편 교수를 위한 창조적 활동들

그룹

- 어떤 이가 선한 목자인지 브레인스토밍(brainstorming)해 본다.
- 관련된 이야기 자료를 복사하여 읽게 하고, 토의하거나 질문한다.
- 주제를 정하고 표어를 만들어본다.

글쓰기

- 시편 23편을 시 형식으로 종이에 나누어 써본다. 쉬운 번역을 활용하는 것이 좋다.
- '나와 하나님' 이라는 주제로 짧은 글을 쓰고, 발표한 후 느낌을 나눈다.
- 목동의 입장에서 일기를 쓴다. 성경 속 인물의 입장에서 일기를 쓰는 것은 성경의 정황 속으로 들어가게 하는 좋은 작업이 된다.

미술

- 신문의 글자들을 오려내서 성경구절을 만들어 본다. 조별로 경쟁을 하면서 만들면 효과적이다. 헌 신문, 잡지, 풀, 칼, 가위, 켄트지를 준비해 둔다.
- 선한 목자로 묘사된 예수님(요 10장)의 특성을 분석한다. 본문을 복사하여 나누어주고 색깔로 그 특성을 묘사한 부분에 표시한다.
- 여러 가지 활동의 결과들을 모아서 전시하고 신문으로 만들어 벽에 붙인다.

음악

- 목장의 분위기를 알 수 있게 만든 녹음테이프를 들려준다. 또는 푸른 초원을 눈을 감고 상상할 수 있도록 하기 위해 사용할 수 있는 적합한 음악을 고른다.
- 시편 23편 읽기 작업: 솔로(solo), 코럴(chorale), 유니슨(unison), 남녀가 교대로, 혹은 나누어서 읽는다(이런 작업을 녹음하여 듣게 한다). 읽은 후 서로의 느낌을 나눈다.
- 시편 23편을 가사로 한 찬양이나 양과 목자를 주제로 한 찬송가를 듣는다. 또는 찬송가의 가사를 나누어주고, 읽게 한 후 느낌을 나눈다.
- 가사를 만들어 노래를 부른다. 이미 있는 짧은 선율에 가사를 붙여서 부른다.

매체

- 그림교재: 목자와 양, 목자가 들어 있는 그림을 통해 그 상황을 느껴보게 한다. 서로 이야기한다거나 느낌을 나눌 수 있다. 또는 시편 23편에 나타나는 몇 가지 장면을 그림으로 그려서 연속적으로 보여줄 수 있다.
- 모델, 실물의 제시: 피리, 지팡이 등을 실제로 보여준다.
- 배경 설명을 위해 팔레스틴의 지형을 설명한다. 이때 지팡이와 막대기와 관련된 목축 습관, 혹은 팔레스틴의 목축업이나 목동의 생활을 담은 시청각 자료를 활용한다.
- 여호와의 인도하심과 관련된 시각교재나 그림을 활용한다.
- 주제와 관련된 동화를 녹음하여 들려준다.

✣ 학습 문제

1. 마임의 교육적 가치는 무엇인가?

2. 성경교수에 있어서 창조적 드라마 활용이 지니는 효과에 대해 말해 보라.

3. 성경교수에서 창조적 글쓰기 활용 방안에 대해 생각해 보라.

4. 성경교수에서 놀이 활용의 방안과 유의점은 무엇인가?

5. 성경교수에서 음악과 미술이 지니는 가치와 활용에 대해 말해 보라.

〈읽을 거리〉

김재은, 《성인기독교교육》, 서울: 기독한교, 2004.

박화윤, 《창조적 미술활동》, 서울: 정민사, 1997.

바바라 볼튼, 《창조적인 성경학습 활동》, 탁영철 역, 서울: 파이디온, 1996.

| 제4부 |

성경교수의 활용과 미래

1장

매체의 활용

매체는 교사와 학생 사이에 이루어지는 커뮤니케이션을 유용하게 보조하는 모든 도구 혹은 매개물이다. 본래 매체(media)라는 용어는 '사이'(between)라는 의미를 가진 라틴어 medius에서 유래된 말로, 의사소통을 위해 메시지를 주고받는 송신자와 수신자 사이에서 정보를 전달하는 모든 수단이나 매개물을 말한다. 교수매체(instructional media)는 매체의 여러 가지 형태 중에서 특히 학습이 일어나도록 하기 위해 교사(송신자)와 학습자(수신자) 사이, 또는 학습자와 학습자 사이에 필요한 의사소통을 돕는 모든 수단이라고 할 수 있다.[1] 본 장에서는 매체의 역사, 필요성, 성경에서의 매

1) 권성호, 《교수매체 이론과 방법》(서울: 대한예수교장로회 총회 출판부, 2005), pp. 10-11.

체 활용의 예를 살펴보고, 매체 활용상의 유의점에 대해 알아보기로 한다.

1. 매체의 역사

매체의 시초는 인쇄술의 출현으로부터 생각해 볼 수 있다. 인쇄술은 우리나라 신라 성덕왕 5년경(AD 706) 목판인쇄와, 고려시대 1234년 금속활자 인쇄가 그 시초이다. 서양에서는 1443년 구텐베르그(Gutenberg)가 성서를 첫 인쇄한 것이 시초이다. 한편 문자 인쇄와 함께 삽화를 사용한 것은 우리나라의 경우에는 고려 목종 10년(AD 1007) 일체다라니경 권두에 수록된 《앙각불서》가 효시이다. 서양에서는 1658년 코메니우스(J. A. Comenius, 1592-1670)의 《세계도해》(Orbis Pictus)에서 처음 삽화가 등장하였다.[2]

본격적인 매체의 발전은 17, 18세기 유럽의 일부교육사상가들 곧 베이컨(F. Bacon)과 캄파넬라(Campanella) 및 코메니우스의 사상에 힘입고 있다. 베이컨은 지식이란 경험을 통해서만 얻어진다고 하였고, 캄파넬라는 감각적 인상을 통해 지식을 가르쳐야 한다고 주장하였다. 특히 17세기 코메니우스는 지식의 출발은 감각(sense)으로부터 이루어져야 한다고 하였는데, 그의 생각은 본격적인 매체 운동의 출발점으로 생각된다. 그는 교실 사면 벽에 그림을 걸 것, 교과서에 그림을 넣을 것 등을 언급하면서 시청각 교육에 의한 세 가지 교육 원리를 제시하였다. 첫째로 교육내용을 쉬운 것으로부터 어려운 것으로 단계적으로 등급을 붙여 배열한 교과서와 직관적 회화자료를 준비하여 가르칠 것, 둘째로 구두로 교육내용을 가르치기 전에 회화 자료와 같은 구체적인 시각자료를 제시할 것, 셋째로 실물을 먼저 다루고 그것과 관련된 구두설명을 할 것 등이다. 이런 코메니우스의 사상은

2) 이성호, 《교수방법론》(서울: 학지사, 2004), pp. 105-107.

루소(J. J. Rousseau)와 페스탈로치(J. H. Pestalozzi)에 의해 계승 발전되었다. 루소는 말만으로 가르치는 것보다는 사물의 직관이나 관찰을 통해 가르쳐야 한다고 하였고, 페스탈로치는 언어는 단지 상징적인 것에 지나지 않으며, 실제적인 경험에 연결되지 않는 한 한낱 공허한 것에 불과하다고 하였다.

이와 같이 현대 교수공학의 발전은 시각매체의 발달로부터 출발하였다. 이것이 19세기 중반 이후부터 연구 발달되기 시작한 시청각 혼합 매체 출현을 힘입어 급격한 발전을 이루게 된다. 1894년 에디슨(T. Edison)은 활동사진을 발명하여 1920년대 유성영화시대를 가능케 하였다. 1940년 코닥(Eastman Kodak)은 색체 필름을 제작하여 영화산업의 획기적인 전환기를 마련하였다. 그런데 영상매체를 교수목적으로 활용한 것은 제2차 대전 때 미국의 군대교육에서였고, 이를 통해 빠른 속도로 확산되기 시작하여 학교 교실로 파급되었다. 그 후 텔레비전과 인공지능(artificial intelligence) 컴퓨터가 등장하면서 매체를 중심도구로 하는 교수공학의 새로운 장을 열었다.

2. 매체 활용의 필요성

호반(C. F. Hoban), 올슨(E. G. Olsen), 데일(E. Dale)은 교수매체의 이론적 기초를 마련하는데 기여하였다. 호반은 개개학습자로 하여금 각자의 교육과정 경험을 구체적인 데서부터 추상적인 과정으로 일반화시켜 나가도록 하는 것이 곧 교육의 목적이 되어야 한다고 하면서, 교육과정의 시각화(visualizing)를 주장하였다. 올슨은 학습을 지각경험으로 보면서 그것을 3층의 피라미드로 분류하였는데, 학습을 가장 구체적인 아래층은 실제적인 경험을 통한 직접적 학습, 중간층은 시청각매체를 통한 대리적 학습, 위층은 언어를 통한 추상적 학습과 같이 세 가지 위계적 유형으로 분류하였다. 데일은 경험의 위계를 좀더 세분하여 11개 요소로 구성된 경험의 원추를 제시하였다. 위로 올라갈수록 추상성이 높은 경험이고 밑으로 내려올수록 구체성이 높은 경험이다. 데일의 경험의 원추를 그림으로 보면 아래와 같다.[3)]

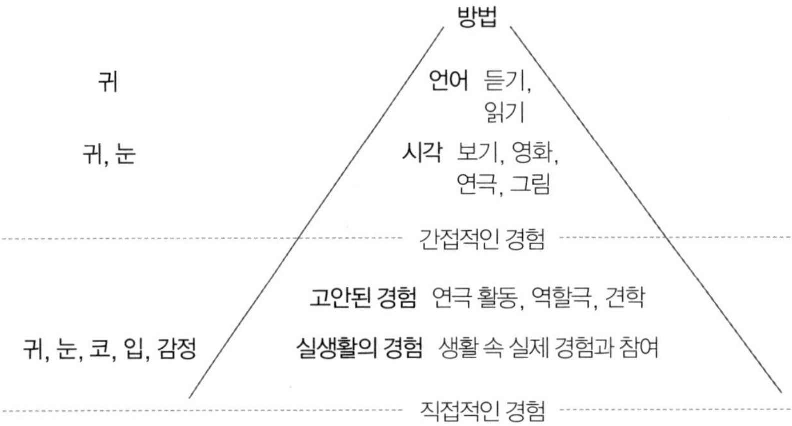

이러한 이론은 경험을 통한 학습이 단순히 음성이나 인쇄물을 통해서만 이루어지는 것이 아님을 보여준다. 학습은 귀, 눈, 코, 입, 감정을 복합적으로 사용하면서 이루어지는 종합적인 것이며, 이것은 간접적 경험에서 직접적 경험으로 나아가면서 효과적으로 이루어질 수 있다. 이런 점에서 교육의 장에서 적절한 교수매체 활용이 필요하다. 매체는 직, 간접적 경험을 통한 학습을 보조할 수 있는 유용한 도구가 된다.

전통적으로 교사들은 고전적인 책 형태 안에서 교수학습 과정을 유지하려고 애쓴다. 특히 기독교교육에 있어서 이런 태도는 두드러진다. 물론 책

3) Edgar Dale, *Audio-visual Methods in Teaching* (New York: Holt, Rinchart & Winston, 1969), p. 107.

의 내용을 전달하는 형태의 교수학습 방식은 매우 오래된 역사이다. 교회에서 성경과 교리문답과 같은 기록된 자료들은 매우 분명하고 구별된 사상들을 가르친다. 이런 성경과 교리문답교육이 기독교교육에 있어서 중심 내용이 되어 왔다. 그러나 교수(teaching)는 단순히 책을 가르치는 것과는 구별된다. 마찬가지로 학습(learning)도 책의 내용을 그대로 받아들이는 것만은 아니다. 학습자를 가르친다는 것은 그들 자체 그대로 가르침을 말한다. 이는 교사가 그들이 되기를 원하는 그것을 가르치지 않는다는 것이다. 학습자들은 단순히 책이나 어떤 전통을 답습하는 것으로 학습되어서는 안된다. 그러므로 학습자들에게 접근할 때 인쇄물이 요구하는 방향을 우선으로 하면 그 교수활동은 실패하게 된다. 이런 점을 고려할 때 교사와 학생 사이에 적절한 매개체가 필요하다.[4]

3. 성경에서의 매체 활용

현명한 교사는 하나님의 말씀의 진리를 전달하기 위해 그의 재량대로 모든 것을 사용한다. 성경은 하나님께서 말씀을 전달하시기 위해 다양한 자료를 사용하셨음을 잘 보여주고 있다.[5]

구약성경에서의 매체 활용

하나님은 이스라엘 백성 안에 믿음을 개발하시려고 시각적 상징과 함께

---

4) Ronald A. Sarno, *Using Media in Religious Education* (Birmingham : Religious Education Press, 1987), p. 85.

5) Eleanor Daniel, John Wade, Charles Gresham, *Introduction to Christian Education* (Cincinnati: Standard Publishing, 1980), pp. 162-172.

말씀을 강화하신다. 출애굽 때 하나님의 기적들은 시각적으로 나타나서 이스라엘을 출애굽하게 만들었다. 하나님은 기적이라는 시각 매체를 사용하실 뿐만 아니라 이스라엘 가운데 보다 영속적인 시각적 보조들을 두신다. 그 예는 나실인(the Nazarite)에서 발견할 수 있다. 이는 세상 속에서 이스라엘의 독특한 목적과 기능을 시각적으로 연상케 하는 서약(vow)을 보여준다. 나실인 제도는 사람의 생애 중 30일 간 고정된 기간 자발적으로 행해졌다. 이 기간 중에 서약한 것은 효력을 가졌다. 나실인은 포도주와 같은 취하게 만드는 음료들을 삼가야 했다. 이 맹세의 의미는 하나님에 의해 제정되었는데, 세상과 관계를 끊고 하나님을 위해 구별되어야 함을 말한다. 맹세하는 남자들과 여자들은 이스라엘의 남은 자를 위한 시각적 연상자들이다. 또한 민수기 15:37-40에는 의복 가장자리에 하나님의 율법을 연상케 하는 끈을 달게 하였다. 이것은 이스라엘 백성이 시각적으로 그 끈을 보면서 항상 율법에 순종해야 함을 기억하게 만드는 효과를 가진다. 이와 같은 시각적 매체를 통해 하나님은 이스라엘 백성이 그들의 의무를 늘 기억하도록 하셨다.

구약성경에서 기억을 위한 또 하나의 보존은 유월절 만찬(Passover Feast)이다. 유월절은 모든 이스라엘 백성이 대대로 함께 기억해야하는 절기였다. 만찬은 거대한 잔치로 여기에 참여하는 모든 사람들에게 생생한 연상을 가능케 하는 유용한 매체이다. 유월절 만찬은 하나님께서 이스라엘 백성들의 조상들을 어떻게 인도하시고 보호하셨는지 연상케 해 준다. 이 만찬에 참여하는 어린이들에게 호기심을 일으키고 질문하도록 만든다. 그 때에 어른은 하나님의 보호하심을 설명하는 훌륭한 교수기회를 갖게 된다(출 12:14, 26, 27).

구약시대의 성막 역시 하나님께서 이스라엘을 위해 사용하신 매체의 역할을 담당했다. 특별히 성막은 하나님께서 이스라엘 백성들과 함께 하신다는 사실을 시각적으로 보여주는 매우 중요한 매체이다. 하나님은 성막을 통해 이스라엘과 함께 하시며, 그들을 만나시며, 인도하신다는 사실을 보여주셨다. 이런 점에서 성막은 하나님의 임재와 동행하심의 매개체이며, 뚜렷한 증거이다(출 25:8; 33:7-11; 민 9:15; 10:33-35; 삼상 4:3-11; 왕상 8:27).

이와 같이 구약성경은 하나님께서 자기의 백성들을 가르치실 때 매체를 활용하셨다는 사실을 잘 보여준다. 하나님은 그의 메시지를 전달하실 때에 그의 백성을 위해 시각적 매체를 사용하여 주신다. 하나님은 사람들이 의심을 넘어 알기를 원하신다. 그래서 하나님이 누구인지 그리고 어떻게 그들이 하나님과 동행할 수 있는지 분명하게 가르치시기를 원하신다.

신약성경에서의 매체 활용

신약성경의 복음서에는 예수님께서 다양한 매체를 활용하신 실례들이 나타난다. 예수님은 성부 하나님께서 주신 메시지를 설명하고 강화하기 위해 시각 매체를 풍성하게 사용하셨다. 이를테면 "공중 나는 새를 보라"고 말씀하실 때에는 분명히 머리 위로 나는 새를 가리키며 하신 것이다. "들의 백합화를 보라"고 하실 때에도 역시 들판의 백합화를 그림으로 그리듯이 혹은 직접 가리키면서 하신 것이다(마 6: 26, 28). 이처럼 예수님께서 시각적 매체를 사용하신 것은 사람들에게 하나님의 진리의 말씀을 생생하게 깨닫게 하기 위함이다. 그런 점에서 예수님은 많은 비유를 사용하셨으며, 이 비유는 하늘의 추상적인 진리를 전달하기 위한 생생한 그림으로 가득하다. '씨 뿌리는 농부 이야기' (마 13장)에서 예수님은 비유에 비유를 더하여 하나님 나라의 본질에 대한 이해를 발전시키셨다. 또한 예수님은 잃은 양 비유, 잃은 드라크마 비유, 잃은 아들 비유를 통해 하나님 아버지의 사랑을 보여주셨다(마 18:12-14; 눅 15:4-7, 눅 15:8-32).

구약성경에서 유월절 만찬이 하나님의 구원을 체험하게 하며, 가르치는 중요한 교수매체가 되었다면 신약성경에서는 주님의 만찬이 그 역할을 수행하고 있다. 이 만찬은 모든 사람의 죄를 용서하시기 위한 예수님의 수난에 기초하고 있다. 예수님은 유월절 빵을 제자들에게 주실 때 이렇게 가르치셨다. "받아먹으라, 이는 내 몸이다." 또한 예수님은 유월절 잔을 나누어 주실 때 말씀하셨다. "너희 모두가 마셔라 이는 언약의 피니, 죄 용서를 위해 많은 이들을 위해 흘리는 것이니라."(마 26:26-29; 눅 22:15-20; 고전 10:16) 예수님께서 잡히시기 전날 친히 행하신 만찬은 교회의 성찬식의 모델이 되며, 이 성찬식에서 온 교회가 예수님의 수난과 죽으심 또한 주님의 부활을 기념한다. 이와 같이 구약시대 하나님의 백성이 유월절을 통해 어린양을 잡고 그들이 출애굽한 것을 기뻐하며 감사하고 기념했다면, 신약에서는 예수님께서 친히 베푸신 만찬을 통해 하나님의 자녀들이 예수님의 죽으심과 부활을 통해 얻은 구원을 기뻐하며 감사하고 기념하는 잔치가 된 것이다. 그러므로 성찬식은 모든 믿는 이들을 위해 예수님의 수난과 죽음을 생생하게 그려준다.

신약 성경에 나타나는 또 한 가지 중요한 매체는 세례이다. 이는 가장 인상적인 시작 매체 중 하나이다. 세례받는 사람을 물에 잠기게 하는 것은 단순하게 그 사람을 물에 집어 넣는다는 것보다 훨씬 큰 의미이다. 바울은 세례의 중요성을 로마서 6:4-7에서 설명한다.

> 그러므로 우리가 그의 죽으심과 합하여 세례를 받음으로 그와 함께 장사되었나니 이는 아버지의 영광으로 말미암아 그리스도를 죽은 자 가운데서 살리심과 같이 우리로 또한 새 생명 가운데서 행하게 하려 함이니라. 만일 우리가 그의 죽으심을 본받아 연합한 자가 되었으면 또한 그의 부활을 본받아 연합한 자가 되리라. 우리가 알거니와 우리 옛 사람이 예수와 함께 십자가에 못 박힌 것은 죄의 몸이 멸하여 다시는 우리가 죄에게 종노릇 하지 아니하려 함이니 이는 죽은 자가 죄에서 벗어나 의롭다 하심을 얻었음이니라.

이와 같이 세례는 죽음과 부활을 보여준다. 후보자는 물에 들어간다. 그가 물 아래 빠질 때 그는 숨쉬기를 멈춘다. 그 순간 관찰자는 예수님의 죽음을 그린다. 그리고 세례 받는 자는 그 죽음과 자신이 동일시된다. 그러나 그 사람이 세례를 받는 때에 다시 물 아래로부터 나타난다. 이는 생생한 연상이다. 예수님이 죄와 죽음을 넘어 무덤으로부터 승리자로 출현한다는 그런 연상이다. 세례받은 자는 분명히 새 사람과 동일시된다. 죄를 향해 죽은 자이고 그리스도께 산 자이다. 세례는 주님의 만찬과 같이 시각적 표현이다. 예수님의 죽음, 장사, 그리고 부활에 참여하는 자들을 연상시킨다. 이러한 시각적 그림은 수천마디 말로 설명하는 것보다 훨씬 더 가치가 있다.

4. 매체의 교육적 가치

그림은 천 마디 말의 가치가 있다.[6] 교사가 여러 말로 설명하는 것보다 그림 한 장을 보여줄 때 학생들이 그 의미를 더욱 분명하게 이해할 수 있다. 그런 점에서 교사는 이러한 매체를 효과적으로 자신의 수업에서 활용할 수 있는 방법을 개발할 필요가 있다. 매체는 시각에 호소하는 물건, 형상, 재료 또는 방법과 관련된다. 이것은 추상적인 것을 구체화하여 사상을 명백하게 나타내려는 목적을 갖고 있다. 학생들은 보는 것의 50퍼센트를 기억하는데, 이 점에서 시각매체는 다른 교수법을 보완해 준다. 변화의 동기를 학습속도를 증진시키며 주의를 사로잡으며 품행을 개선시키며 학습을 보다 재미있게 해 주며 시각적 흥미를 통해 영혼에 접근할 수 있는 길을 마련

---

6) One picture is worth a thousand words. 이 말은 중국의 격언으로 시각매체의 교육적 가치를 보여준다. J. Omar Brubaker, "Instructional Methodology For Adults," Roy B. Zuck & Gene A. Getz (ed.), *Adult Education in the Church* (Chicago: Moody Press, 1980), p. 136. 백문(百聞)이 불여일견(不如一見)이란 고사성어 역시 이 점을 잘 보여준다.

해 줄 수 있다. 따라서 매체는 교수학습 과정에서 매우 가치 있는 수단이다. 올바르게 활용한다면 교재내용을 명백히 전달할 수 있고, 어려운 요점들을 예증할 수 있으며 학습내용이 보다 오래 기억에 남게 할 수 있다.

시청각 매체가 지니는 교육적 가치는 다음과 같다.[7]

첫째로 시청각매체는 학습 장애를 극복한다. 언어 장벽은 모든 연령층에 관계하는 것이다. 그러나 특히 어린이나 추상적인 사고를 하지 못하는 사람에게 또는 경험이 부족한 사람에게 언어장벽은 학습의 장애를 초래한다. 그럴 때에 교사는 추상적인 내용을 학습자가 이해할 수 있게 시각적 매개체로 나타내 주면 많은 도움이 된다. 시청각 매체는 단어와 의미를 명료하게 해 주기 때문에 언어 장벽을 극복하는데 도움을 준다.

둘째로 시청각매체는 즐거운 학습을 가능케 한다. 시청각매체는 하나의 감각 이상에 호소한다. 연설은 청각이란 하나의 감각에 의존한다. 그러나 시각이 보충될 때 효과적으로 전달된다. 시청각매체는 흥미를 자극하는 유용한 방법이다. 이를 통해 학생들의 학습 동기를 부여하고 새로운 정보를 제공해 준다.

셋째로 시청각매체는 보다 영속적인 학습을 가능케 한다. 여기서 영속적인 학습이란 학생이 학습한 것을 보다 오랜 시간동안 기억하도록 하는데 시청각매체가 기여한다는 의미이다. 언제나 학생이 배운 내용을 잘 기억하도록 만드는 것은 모든 교사에게 최고의 도전이다. 특별히 주일학교를 담당하는 교사들에게는 이것이 매우 중요한 문제이다. 주일학교에서의 성경공부는 매 주일마다 이루어지기 때문에 7일이란 시간적 간격이 존재한다. 이 긴 시간 동안 학생들은 배운 것을 쉽게 잊어버리게 된다. 이것은 주일 지나서 한 주 동안 학생들의 삶의 경험에 학습한 내용이 관계하지 않기 때문에 발생한다. 그런데 시청각 매체는 학습한 것과 학생들의 경험을 하나로 묶

---

7) Eleanor Daniel, John Wade, Charles Gresham, *op. cit.*, pp. 165-166.

음으로 학생들이 학습한 내용을 의미 있게 기억하도록 돕는다. 학습을 의미 있게 기억하는 것은 중요하다. 왜냐 하면 인간은 중요한 것과 분명하게 이해한 것, 그래서 의미 있게 그에게 다가온 것을 기억하기 때문이다.

이차 세계 대전 이후 시청각 매체의 가치는 반복해서 입증되어 왔다. 수백 가지 연구들은 군대에서 또 학교에서 학습 속도를 높이는데, 기억력을 강화하는데, 개념들을 명료화하는데, 그리고 행동을 증진시키는데 있어서 시청각매체의 효율성을 지적해 준다. 오늘날 텔레비전을 비롯한 영상 매체가 미치는 영향은 크다. 이런 영상 매체는 대부분 인본주의적이며 비성경적 견해를 매력적으로 포장해서 전파하고 있다. 이런 분위기 속에서 성장하는 어린이들은 쉽게 세속화된다. 또한 현대 사회는 성경시대와는 굉장히 멀리 떨어져 있다. 현 시대는 시골에서조차 대중매체를 통해 현대 세계가 어떤지 알 수 있다. 그러나 성경 배경에는 거의 무지하다. 성경의 내용과 이것이 계시하는 방법 모두를 신뢰하는 자들은 교훈적인 매체를 사용하는 것에 보다 큰 의미를 부여한다. "만약 우리가 성경적으로 가르치려고 하면, 우리는 시각적으로 가르쳐야 한다."(If we would teach scripturally, we must teach visually.)[8]

하나님은 이스라엘에게 진리를 강조하시려고 시각적 객체를 종종 사용하신다. 예를 들면 타는 덤불, 모세의 나병에 걸린 손, 무지개, 기드온의 양털 등이다. 예수님은 위대한 교사로서 자주 사물들과 사건들을 사용하셔서 진리를 그림으로 그리듯이 말씀해 주셨다. 하나님은 사람의 본질을 아신다. 하나님은 우리가 어떻게 배우고 이해하는지 아신다. 예수님은 모든 진리를 알고 그 자신이 진리 자체이셨다는 것뿐 아니라 그가 백성을 아셨기 때문에 특별한 교사이셨다. 그는 성인들에게 시각 교수 방법을 사용하셨다. 그러

8) Ruth C. Haycock, "Using Visual and Audio Media with Children," Roy B. Zuck and Robert E. Clark (ed.), *Childhood Education in the Church* (Chicago: Moody Press, 1975), p. 231.

므로 교사들은 가르칠 때 시각 매체를 사용하여야 한다. 특히 어린이를 가르칠 때는 더욱 그러하다.

5. 매체의 종류

게츠(Gene Getz)는 목적이 있고 직접적 경험이 가장 효과적인 학습이라고 하면서 효과적인 면에서 학습과정과 시각 경험이 높은 순서대로 열 가지를 열거한다.[9] 시청각매체의 유형은 효과가 높은 순서대로 하나, 직접적이고 목적 있는 경험(direct, purposeful experiences), 둘, 자극된 경험(stimulated experiences), 셋, 극화된 경험(dramatized experiences), 넷, 실물교수(demonstrations), 다섯, 답사(excursions and visits), 여섯, 전시(displays), 일곱, 교육용 텔레비전(educational television), 여덟, 이동그림(motion pictures), 아홉, 시각 상징과 기록(visual symbols and recordings), 열, 단어들(words)이다.

첫째, 직접적 경험에 관하여는 많은 경우에 이것이 가능하지 않다는 어려움이 있다. 사람은 음성 상징에 의존할 수 있으나 음성만으로는 새로운 정보와 이전 경험 사이를 연결하는 것이 쉽지 않다. 그런데 시청각매체는 사람이 직접 경험하듯이 생생하게 기억할 수 있도록 도와준다.

둘째, 자극된 경험은 실제 삶의 대체가 될 수 있다. 이것은 실제 삶을 단순화한 것이다. 시뮬레이션, 사례연구, 모델, 실물 모형이 그런 것들로 자극된 경험을 제공해 준다.

셋째, 극화된 경험은 학생들이 어떤 현상을 보고, 듣고 느끼게 한다. 학생들은 극화 속에 몰입하며 마치 자신이 그것을 직접 경험하는 듯한 기분에

9) Gene Getz, *Audio-Visual Media in Christian Education* (Chicago: Moody Press, 1972), pp. 107-135.

젖어든다. 연극, 스킷, 역할극이 이런 매체가 된다.

넷째, 실물교수는 시각화된 설명이다. 학생은 실제 시각물을 보면서 자신이 보는 것을 받아들인다. 즉 시각이란 상징이 제시될 때 그에 대한 이미지가 학습자에게 기억되는 것이다. 이는 직접 경험을 위한 자료로 사용된다. 자연의 여러 소재들, 건축과 같은 인공물 등이 실물교수의 매체이다.

다섯째, 답사는 학생들이 자연 환경 안에서 사람과 사물을 관찰하는 것이다. 이런 직접적인 관찰 이후에 그룹으로 토의한다. 이런 교육을 현장답사(field trips)라고 한다.

여섯째, 전시는 관찰되는 것인데, 어떤 것을 조작해 보거나 실제 다루는 것이 아니라 이미 만들어진 물품을 관찰하는 것이다. 전람회가 여기에 해당된다.

일곱째, 교육용 텔레비전은 시간과 공간을 압축한 필름을 통해 불필요한 부분들을 생략하고 중요한 포인트를 잡아 집중적으로 보여주는 것이다. 단시간에 집중적인 효과를 볼 수 있다는 장점도 있으나, 학습자가 영상에 고착될 경우 깊은 사고와 상상력을 키우는데 오히려 장애로 작용할 수도 있다.

여덟째, 이동그림은 텔레비전과 같은 기능이다. 고정된 그림이 아니라 움직이면서 생동감을 맛보게 한다. 이것 역시 전달하고자 하는 내용을 집중적으로 제시하므로 학생들의 경험을 재구성하는데 도움을 준다.

아홉째, 시각적 상징과 기록물은 그림과 인쇄물 또는 라디오인데 이는 직접 경험과는 많이 떨어지는 시각과 청각 경험을 제공한다. 그런데 이것은 단지 음성으로만 전달되는 것보다는 훨씬 좋은 효과가 있다. 사진, 평면 그림, 음성테이프, 영사 슬라이드(filmstrips) 등이 이에 해당된다.

열 번째, 음성 상징(words)은 전달에 있어서 필수적인 요소이다. 그러나 단순히 시각적 실마리 없는 음성으로만은 효과적인 전달이 어렵다. 음성은 다른 경험들과 함께 사용될 때 효과적이다.

교실 안 수업 현장에서 일반적으로 활용되는 매체들은 칠판, 지도, 게시판, 그림이다. 칠판(chalkboard)은 교사가 준비된 기록들을 학습자들이 볼 수 있게 쓸 수 있는 도구이다. 기록하고자 할 때 즉석에서 사용할 수 있어서 유용하다. 칠판 기록 시 유의점은 학생들로부터 완전히 등을 돌리지 않도록 하는 것이다. 교사는 과의 개요(아웃라인), 주요한 성경구절을 판서할 수 있다. 또 스케치, 성경 지명 그림, 차트 등을 그릴 수도 있다. 또한 수업 전에 미리 수업에 사용할 중요한 질문을 판서해 놓음으로 학생들의 주의 집중을 유도할 수도 있다. 브레인스토밍에 사용할 수 있고 버즈 그룹으로부터 주어진 보고들을 위해 사용할 수 있다. 따라서 교사는 칠판 사용에 익숙해질 필요가 있다. 지도(map)는 출애굽 기사, 출애굽 이후 광야 여정 또는 바울의 선교 사역을 가르칠 때 사용하는 것이 효과적이다. 성경 지도는 과거의 사건에 생동감을 부여해 줌으로 학습 효과를 증진시킨다. 지도 사용은 학생에게 참여할 기회를 부여한다. 예를 들면 학생은 특정한 지역을 지도 위에 직접 표시해 보면서 학습에 참여할 수 있다. 게시판(bulletin board)을 잘 활용하면 학습에 도움이 된다. 주기적으로 인용문, 주요 과제, 삽화, 포스터와 그림들을 게시한다. 주제가 있는 장식물이나 적절한 그림이 부가된 게시판은 학습 분위기 조성에 도움이 된다.[10)]

그림(picture)은 어린이들은 물론 성인들에게도 효과적인 학습의 도구로 종종 활용된다. 또한 챠트(chart)는 어떤 사상을 나타내고 이를 설명하는 시각적 상징이다.[11)] 챠트 한 장을 보면서 많은 정보를 한 눈에 확인할 수 있다. 투사기(projected audio-visual)는 OHP 필름과 같은 것을 스크린에 비추어 주는 기기인데. 이를 효과적으로 사용하려면 단순하고 혼란스럽지 않은 시각 자료여야 하고, 산만하지 않게 한 면에 하나를 담아야 하며, 다양한 색과 강조가 분명해야 한다. 또한 직접 필름에 기록하면서 이런 기기를

---

10) J. Omar Brubaker, *op. cit.*, pp. 135-138.

11) LeRoy Ford, *A Primer for Teachers and Leaders* (Nashville: Broadman, 1963), pp. 102-105.

사용하려면 기록하는 동안 말을 하면서 사람들의 집중을 이끌어낼 필요가 있다.

6. 매체의 선택

매체를 선택할 때에는 신중해야 한다. 교사가 단순하게 보조 자료의 가치를 인식한다거나 또는 교수에 있어서 보조 자료를 풍부하게 사용하는 것만으로 학생이 진리를 명료하게 이해한다는 것을 보장해 주지는 않는다. 적합한 자료 선택을 결정하기 위해서는 몇 가지 사항을 고려할 필요가 있다.[12]

먼저 수업에 활용할 매체를 선택할 때에 특정한 과 또는 그 과에 포함되는 수업 목표를 고려해야 한다. 그리고 그 매체가 학생들의 수준에 맞는지 생각해야 한다. 수업목표와 학생들 수준에 맞는 자료라면 매체가 교수내용을 정확하게 전달하는데 기여할 수 있는지 고려해야 한다. 예를 들면 성경에 등장하는 삭개오 이야기(눅 19:1-10)를 할 때에 전달하고자 하는 내용이 삭개오가 사는 여리고 주변 지역에 대한 지리적 배경을 다룰 필요가 없다면 구태여 성경지도를 매체로 선택할 필요는 없다. 교사가 삭개오의 직업과 군중들의 반응을 부각시키고자 한다면 지도가 아니라 그 당시 화폐, 돈을 수금하고 기록하는 칠판과 같은 것을 보여주어야 한다.

이처럼 교사는 매체를 선택할 때 수업의 목표를 염두에 두는 동시에 학생들의 연령 수준, 흥미 등을 고려하여 그에 맞는 자료들을 준비해야 한다. 수업 목표와 학생 수준에 맞는 매체가 좋은 매체이다. 만약 이러한 주의를 기울이지 않고 매체를 무분별하게 활용한다면 오히려 수업에 장애가 될 수 있다. 즉 시청각 매체 자체가 전통적 교수방법의 자리를 대신하거나 그 자체

12) Ruth C. Haycock, *op. cit.*, pp. 231-232.

가 수업 보조가 아니라 단순한 오락물이 될 때 수업에 장애를 일으킨다. 혹은 적합한 시청각매체이지만 그 종류가 한가지로 제한된다면 학생들에게 지루함을 주게 되므로 유의해야 한다. 한편 교사가 시청각매체 활용법에 익숙하지 않은 경우에도 장애가 된다. 그러므로 교사는 시청각 매체를 다루기 전에 충분한 사전 지식을 갖추어야 하며 실제 수업 현장에서 활용하기 전에 여러 차례 반복해서 매체를 다루는 연습을 해보아야 한다.[13)]

본 장에서 우리는 매체의 발달 역사와 필요성, 성경에서 매체 활용의 예, 매체의 교육적 가치 그리고 매체 활용상의 유의점 등에 관하여 살펴보았다. 오늘날 매체는 멀티미디어의 광범위한 활용으로 교수학습에서 절대적인 위치를 차지하고 있다. 이제는 근거리만이 아니라 원거리 통신이 가능한 시대가 되었다. 일반 가정에서도 국경을 초월하여 화상으로 실시간 대화가 가능하기 때문에 직접 만나지 않아도 서로 만나서 이야기하는 것과 같은 경험이 가능하다. 그러나 한편으로는 이러한 통신기술의 발달에 대한 부정적인 면을 경계하는 견해들도 있다. 일례로 머그리지(Malcolm Muggeridge)는 매체를 활용하는 것에 대한 부정적 입장을 피력한다. 그는 매체가 전 세계적으로 도덕성과 기독교적 영성을 파괴한다고 본다. 기술의 발전이 인간의 의사소통을 원활하게 한 것은 사실이지만 이런 유익은 표면적인 것에 불과하며, 실상은 인간 사이의 진정한 의사소통을 간섭하고 왜곡시킨다고 말한다. 즉 현대사회에서 의사소통은 무엇이 진실이고 실제인지 알지 못하게 만들었다는 것이다.[14)]

머그리지는 텔레비전과 같은 매체를 통해서 사실을 전달받는 것이 아니라, 그 매체가 기대하도록 요구하는 것을 본다고 말한다. 이런 점에서 머그

---

13) Elmer L. Towns, 《주일학교교육백과》(*The Successful Sunday School and Teachers Guidebook*), 신원상 역 (서울: 기독교문서선교회, 1980), pp. 449-451.

14) Ronald A. Sarno, *op. cit.*, p. 88.

리지에게 시청각매체는 객관적인 의사소통의 형태가 아니다. 대신에 매체는 종속적인 커뮤니케이션과 자기기만의 광대하고 강력한 글로벌 네트워크를 대표한다. 결과적으로 머그리지는 시청각 매체가 세 가지 기본적인 죄들을 가져온다고 말한다. 첫째, 시청각 매체는 실체를 판타지로 대체함으로 큰 거짓말을 한다. 둘째, 시청각 매체는 악마적이고 자기 파괴적인 인간 본성의 이미지를 반영한다. 셋째, 미디어는 죄악적인 행동을 영화롭게 하고 고무시키기 때문에 전통적인 기독교 가치와 도덕성을 파괴한다.[15)]

이러한 부정적인 견해는 오늘날 편리함을 이룬 기술에도 불구하고 진실성 결여와 정직한 만남의 부재를 고려할 때 일면 신중하게 다룰 필요가 있다. 그러나 깊숙하게 자리 잡고 있는 다양한 시청각매체를 회피할 것이 아니라 올바른 활용을 위해 고민하는 건설적인 자세가 요청된다. 매체는 진리를 전달하기 위한 소중한 도구이다. 매체를 바람직하게 활용하는 것은 학생을 진리와 만나게 하는 기초를 만들어 준다. 이것은 단순히 음성이나 인쇄물에만 의존하여 실패를 초래하는 교육이 아니라 다양하고 생동감 넘치며 유익한 결실을 기대하는 교육을 가져다준다.

15) Malcom Muggeridge, *Christ and the Media* (Grand Rapids: Eerdmans, 1978), p. 98.

✤ 학습 문제

1. 매체의 의미와 발전과정에 대해 말해 보라.

2. 성경교수에서 매체 활용의 필요성에 대해 생각해 보라.

3. 매체 선택에 있어서 유의점은 무엇인가?

4. 매체의 교육적 가치와 유의점에 관해 생각해 보라.

〈읽을 거리〉

권성호, 《교수매체 이론과 방법》, 서울: 대한예수교장로회총회, 2005.

김청봉, 《우리가 세워야 할 교회학교의 미래》, 서울: 이레미디어, 2004.

최대석 외 5인, 《교회교육에서의 매체활용》, 서울: 한국장로교출판사, 1999.

엘머 타운즈, 《주일학교교육백과》, 신원상 역, 서울: 기독교문서선교회, 1980.

2장

사이버 시대의 성경교수

사이버 시대의 독특성을 활발하게 공유하면서 활동하는 세대를 N세대라고 하는데, 이것은 'net generation'을 말한다. N세대는 1977년부터 1997년 사이에 태어난 세대로 디지털 기술과 함께 성장해서 디지털 기기를 능숙하게 다룰 줄 아는 디지털 문명 세대를 말한다. 1950-60년대 베이비붐세대, 65-76년에 태어난 X세대가 있었다면 77년부터 97년 사이에 태어난 세대를 N세대라고 부른다. 그러므로 N세대는 베이비 붐 세대의 자녀들로 볼 수 있다. N세대는 디지털기술과 함께 성장해 온 첫 번째 세대로 집, 학교, 사무실 등 모든 공간에서 컴퓨터를 쉽게 접할 수 있는 것은 물론 비디오 게임, CD-ROM 같은 디지털 상품의 홍수 속에 자라난 세대이다. N세대는 디지털기술을 통해 부모세대보다 훨씬 더 많은 것을 배우고 있고, 기

존의 방식과는 매우 다른 방식으로 학습한다.[16)]

사이버 시대의 특징은 청소년층에 두드러지게 나타난다. 청소년들은 대부분의 시간을 인터넷상에서 보내며, 인터넷을 통해 많은 일들을 수행한다. 청소년들이 벌이는 사이버대화에는 실시간 교류와 비동시적 교류가 있다. 실시간 교류로는 통신과 채팅을 들 수 있고, 비동시적 교류로는 전자우편, 게시판, 웹사이트를 들 수 있다. 어떤 경우이든 청소년들은 일방적으로 이야기하지 않는다는 특징을 갖고 있다. 이것은 디지털식 커뮤니케이션 형태로 쌍방향 형식을 띠고 있다.[17)]

이러한 쌍방향 형태의 대화는 기존의 학습 형태와 갈등을 일으킨다. 특히 교회에서 이루어지는 형태는 일방적인 아날로그식 형태이다. 청소년들과 상호 공감대를 형성하는 분위기 속에서 가르칠 내용을 선택하고, 교회생활을 위한 제반 규칙을 만들고, 예배 형태를 의논하며, 교회 행사 진행 방식을 결정하는 방식을 따르기 보다는 지도자와 몇몇 리더들 사이에서 의결한 것을 토대로 청소년들을 이끌어가는 방식을 취하고 있다.[18)] 청소년층만이 아니라 교회 모든 계층에서 이러한 아날로그식 형태는 아직도 지배적인 방식이다.

이미 인터넷을 통한 쌍방향 대화에 익숙한 세대에게 아날로그식 방식을 고집하는 것은 교육의 효율성을 현저히 떨어뜨리는 결과를 초래한다. 왜냐하면 일방적인 지식 전달은 더 이상 새로운 세대에게는 인정되지 않는 방식이기 때문이다. 이러한 새로운 세대에 대한 이해가 선행되지 않고 기존의 방식을 고수하는 것은 성경교수 현장에서도 커다란 장애로 자리할 수밖에 없다. 그러므로 새로운 세대의 문화를 이해하고 여기에 적합한 형태로 교

---

16) 박문옥, "교육정보화 환경과 기독교교육", 강희천 외 10인, 《디지털환경과 기독교교육》(서울: 나남출판, 2002), pp. 202-203.
17) 유영만, "디지털 시대의 책, 어떻게 읽어야 하나", 《교육마당 21》, 224 (2000, 10), pp. 63-67.
18) 권순택, "사이버 공간에서의 청소년문화와 기독교교육", 강희천 외 10인, op. cit., p. 112.

수법을 전환할 필요성을 갖게 된다.

1. 사이버 시대의 등장

현대는 사이버 시대라고 한다. '사이버 공간'(cyber space)은 사이버 안에 가상현실(virtual reality)이 서로 연결되어 있는 광범위한 전자 네트워크를 말한다. 여기서 가상현실이란 그 전자 공간 속에서 일어나는 현상이다. 가상현실은 컴퓨터를 이용하여 가상적인 환경을 만들어 그 환경 내에서 3차원의 의사(擬似)체험을 가능하게 하는 첨단기술이다. 가상현실이라는 환경은 시각, 청각, 후각, 미각, 촉각, 균형감각, 방향감각을 컴퓨터를 이용하여 인공적으로 만들어 현실과 같은 느낌을 갖게 하는 의사(擬似)환경이다. 사이버 환경에서는 가상현실이라는 것은 물리적으로 존재하지 않지만 멀리 떨어져 있는 곳과 정보의 교환과 대화를 나눌 수 있는 논리적 가상공간이다. 그러므로 사이버 공간에서 국경은 없다. 인터넷이 만들어 내는 사이버 공간에는 개인과 기업, 국가들이 시간과 공간을 초월하여 상호교류하고 있다. 이 사이버 공간에서 현실적으로 이루어지는 연구, 거래, 취미활동을 다 행할 수 있다.[19]

'사이버'(cyber)라는 용어는 '컴퓨터로 자동 제어되는' 혹은 '인공두뇌화된'이라는 말인데,[20] 이 말은 인공두뇌를 뜻하는 'cybernetics'에서 온 말이다. 'cybernetics'는 미국의 수학자 와이즈너(Norbert Wisner)가 그리스 말의 'kybern', 'kybernet'을 빌어 명명한 말이다. 본래 이 말은 배의 키잡이, 조타수, 조종사, 운전자를 의미한다. 여기에 'cybernetics'와

---

19) 김진년, "가상현실의 도전과 교회의 준비", 김영한 외 8인, 《사이버문화와 기독교문화 전략》(서울: 쿰란출판사, 1999), pp. 64-65.
20) 김용국 · 이동현, 《최신 시사영어 18000》(서울: 아이피에스, 1999), p. 82.

'automation'을 조합하여 'cybernation', 즉 컴퓨터 등을 이용하여 제조 과정이나 작업 같은 것을 자동 제어한다는 말이 나왔다. 이처럼 '사이버'란 컴퓨터가 사람의 머리를 대신하여 스스로 조정 제어하는 기계 기술적 변화를 말한다. 이와 같은 기술이 통신기술의 혁신과 만나 창출해낸 정보통신 혁명을 정보화라 부른다. 또한 재료공학의 혁신으로 발견한 신(新)물질을 이용하여 통신의 속도를 획기적으로 증대시킨 변화는 네트워크화로, 여기에 전세계적 차원의 모든 미디어와 컴퓨터를 연결시키는 소프트웨어 기술의 접목은 인터넷화로 간주할 수 있으며, 이에 덧붙여 전자공학의 발달에 힘입어 전자기기가 자료를 인식하고 저장하는 방식으로서 아날로그에 대비하여 새로이 등장한 디지털(digital)화는 이 사이버 혁명을 선도하는 기술 혁신이 된다. 따라서 사이버 시대는 복합적 기술혁신의 소산으로 최근에 나타난 새로운 시대를 의미한다.[21]

현대 문화는 이러한 복합적 기술 혁신에 따라 사이버 문화를 형성하고 있는데, 이 시대는 기존의 대중매체에 새로운 정보처리 및 정보 전달 기술이 융합되어서 독립적으로 정보 교환 기능을 갖춘 신매체의 시대를 의미한다. 사이버 문화는 정보전달이 갖는 시간과 공간의 한계와 제한의 벽을 넘어 무제한의 정보를 대량으로 동시에 어디든지 보낼 수 있다는 점에서 매체의 혁명을 이루었다고 볼 수 있으며, 이런 점에서 기존의 대중매체보다 기술적으로 훨씬 진보한 매체의 형태를 지니고 있다.[22]

오늘날 사이버 문화의 급진적인 발전은 어디서나 손쉽게 활용할 수 있는 휴대전화와 휴대용 소형 컴퓨터의 개발에 힘입은 바가 크다. 이들 휴대전화와 휴대용 소형 컴퓨터는 비교적 저렴한 가격에 어디에서나 사용 가능한 이동 인터넷 접속을 제공하기 위해 경쟁하고 있다. 이것은 컴퓨터 장치도

---

21) 김경동, "사이버 시대의 도래와 삶의 질: 문명론적 고찰", 《사이버 시대의 삶의 질》(서울: 아산사회복지사업재단, 2000), pp. 19-20.

22) 김영한, "사이버 문화와 개혁신앙", 김영한 외 8인, *op. cit.*, p. 8.

현재 광범위하게 사용하고 있는 전구와 같이 일반화 되고 있음을 시사한다. 휴대전화의 급속한 보급과 휴대 전화의 인터넷 단말기로의 전환은 휴대용 음성 및 데이터 장비의 통합을 가져오게 된다.[23]

오늘날 대부분의 사람들이 이미 인터넷 접속이 가능한 휴대전화 단말기를 가지고 있다. 이들은 단말기를 가지고 대상, 장소, 사람을 온라인상에서 자유롭게 만나고 있다. 이것은 사람들이 주변의 사람들은 물론 멀리 떨어져 있는 세계 도처의 사람들과도 쉽게 사이버 공간에서 만날 수 있게 하며, 의견을 교환하고, 결정을 내리며, 삶을 공유하는 등 교제권의 확대를 가능하게 해 준다. 과거에는 교제권을 형성하기 위해 많은 시간과 비용이 들었다면, 이제는 자신의 사무실이나 집 안에서 저렴한 비용으로 원하는 혜택을 누릴 수 있게 되었다. 심지어 이동 중에도 단말기를 가지고 화상 대화가 가능하다. 이와 같이 사이버 공간에서 누리게 되는 경제성과 편리성은 더욱 많은 사람들에게 사이버 공간을 활용하게 만드는 강력한 힘이 되고 있다. 향후 남은 문제는 이런 휴대폰 단말기를 통한 인터넷 접속의 상용화이다. 통신비가 대다수의 사람들이 언제든지 활용 가능한 저렴한 가격대로 인하되면 사이버 문화는 가정과 사무실만이 아니라 휴대폰 통신이 가능한 모든 장소로 확산될 것이다.

2. 사이버 공간의 조망

온라인상에서 대화를 가능케 하는 시스템은 독특한 방식으로 상호작용을 구조화시키는데, 일부의 경우에는 그것을 사용하는 사람들로부터 출현하는 사회적 조직의 유형에 극적인 효과를 미치기도 한다. 기본적으로 사이

23) Marc Smith, "무선통신망 확산의 사회적 함의", Marc Smith and Peter Kollock (ed.), 《사이버공간과 공동체》(Communities in Cyberspace), 조동기 역 (서울: 나남출판, 2001), p. 17.

버 공간에는 전자 우편, 전자게시판(BBS), 문자형 대화방, 머드(MUD), 웹사이트, 그래픽 환경과 같은 요소들이 있다.[24)]

전자우편

전자우편은 인터넷에서 가장 오래되고 대중적인 상호작용 유형이다. 전자우편 리스트는 일반적으로 개인이나 소규모집단이 소유하고 있다. 소유자는 전자우편 리스트에 가입하는 사람들에 대하여 통제권을 행사한다. 즉 리스트의 소유자는 리스트에 들어오는 모든 메시지를 개인적으로 열람할 수 있고, 특정 메시지를 검열하여 전체 회원에게 배포되는 것을 차단할 수 있다. 그러나 적극적인 검열과정은 많은 시간과 노력이 필요하기 때문에 대부분의 전자우편 리스트는 개방적 공간으로 운영된다. 이런 점에서 리스트에 가입하거나 메시지를 보내는 것은 자유롭다. 전자 우편을 이용하는 것도 상호작용을 가능하게 하지만 이것은 한 메시지에 대한 즉각적인 응답을 기대할 수 없다는 점에서 비동시적(asynchronous)인 매체이다. 예컨대 전자우편을 보내면 그 메시지를 본 후에 응신을 하게 되는데, 여기에는 수분 혹은 수일이 걸릴 수 있다는 것이다. 이것은 불편한 면이 있긴 하지만 한편으로는 특정한 시간에 얽매이지 않고 자유롭게 메시지를 교환할 수 있다는 장점도 가진다.

전자게시판

전자게시판은 또 다른 형태의 비동시적 매체이다. 전자게시판은 전자우편과는 달리 일종의 회의 시스템(conference system)이다. 이것은 참여자

24) Peter Kollock and Marc Smith, "사이버공간의 공동체", *ibid.*, pp. 51-58.

들이 주제그룹(topic group)을 만들 수 있게 허용하는데, 이를 통하여 일련의 메시지가 차례로 주어진다. 전자게시판으로는 유즈넷, WELL (picospan), ECHO(caucus), 아메리카 온라인(AOL), 마이크로소프트 네트워크(MSN)와 같은 상용 온라인 서비스에서 운영되는 게시판 형태의 토론방 등이 있다. 각 게시판은 광범위한 토론주제를 다루며, 이를 통해 참여자들의 지속적인 상호교환을 이루고 있다.

전자게시판이 전자우편과 다른 또 하나의 특성은 이것이 '수신자 주도' (pull) 매체라는 점이다. 전자우편은 '발신자 주도' (push) 매체로 메시지가 사용자들에게 발송되지만 수신자들은 여기에 어떤 행위를 할 의무는 없다. 반면에 전자게시판과 같은 회의 시스템은 '수신자주도' 매체로서, 사용자들은 자신이 원하는 그룹과 메시지를 선택하고 능동적으로 반응해야 한다.

문자형 대화방

대화방은 인터넷에서 가장 인기 있는 상호작용 유형 중 하나이다. 이것은 전자우편이나 전자게시판과 달리 동시적인 커뮤니케이션을 가능하게 한다. 즉 다수의 사람들이 실시간으로 서로 문자형 메시지를 주고받음으로 대화를 할 수 있다는 것이다. 인터넷 대화방에서 서버의 소유자는 상당한 힘을 행사하게 되는데, 각 채널마다 소유자가 있어서 사람들이 들어오는 것을 거부하거나 통제할 수 있고, 들어오는 사람의 수를 결정할 수도 있다.

머드(MUD)

전자우편과 전자게시판은 일반우편과 게시판의 형태를 모방한 것이다. 문자형 대화방은 민간용 무선통신 모형에 기초한다. 그런데 머드(Multi-User Domains 또는 Dungeons; MUD)는 대면적 상호작용뿐만 아니라 물리적 장소를 모형화 시키려고 시도한다. 머드는 문자를 사용하는 가상현실로서 상이한 공간을 서로 연결시켜서 일종의 공간감각을 유지시켜 준다. 본래 머드는 어드벤처 게임에 대한 관심으로부터 생겨났는데, 이러한 게임은 상이한 방과 그 속에 있는 객체(objects)에 대한 문자적 묘사를 제시하여 게임을 하는 사람들이 이 방 저 방 옮겨 다니고, 물체를 취하거나 버리고, 용으로 변하여 싸움을 하거나 수수께끼를 풀 수 있도록 해 주는 것이다. 1970년대 말 대학 캠퍼스에서 통신망으로 연결된 컴퓨터들이 늘어남에 따라 머드는 컴퓨터가 아닌 사람들과 어드벤처 게임을 즐길 수 있도록 발전되었다. 현재 머드는 사용자들을 서로 연결시키기 위하여 전자우편이나 토론그룹과 같은 다양한 커뮤니케이션 양식을 접목시키고 있다. 머드는 동시적 커뮤니케이션을 지원하는데, 이는 문자형 대화방처럼 실시간 상호작용을 하는 것이다.

월드와이드 웹 사이트(world wide web: www)

현재 월드와이드 웹은 매우 대중적인 것이 되었으나 이것이 상호작용의 장이 된 것은 최근의 일이다. 웹은 초기에는 문서를 접근하고 연결하는 방식으로 사용되었다. 그런데 현재 웹사이트는 동시적인 커뮤니케이션과 비동시적인 커뮤니케이션을 모두 지원할 수 있다. 웹사이트는 그래픽을 활용한 사용자 인터페이스를 가지고 있고 이미지와 소리를 통합시킬 수 있으므로 문자형 대화방을 위한 직관적이고 풍부한 맥락을 형성한다. 온라인 사용자들은 웹사이트 내에서 옮겨 다니는 것이 이미 친숙한 경험이 되었다. 웹사이트는 화면배치, 이미지 및 소리를 통하여 상호작용의 분위기나 양식을 조정함으로써 커뮤니케이션의 채널을 증가시킬 수 있다.

그래픽 환경

컴퓨터의 처리 능력과 통신망의 전송 능력이 증가하면서 사람들이 상호작용을 위해 사용할 수 있는 미디어의 종류가 확장되었다. 여기에는 이미지, 소리 및 공간에 대한 2차원적, 3차원적 모형이 포함된다. 실시간 비디오 및 오디오 상호작용 수단이 개발되었고, 이에 따라 문자형 대화와 참여자와 장소를 시각적으로 표현하는 방식을 통합시키는 온라인 상호작용 시스템이 활용되고 있다. 이와 같은 그래픽 환경의 지원은 실시간 음성대화를 가능케 할뿐만 아니라 전화상에서 음성으로만 상호 작용하던 방식에서 마주보며 대화할 수 있는 화상대화 방식으로의 전환을 가져왔다.

3. 인터넷 교수의 이론적 기초와 효과

구성주의 교수 이론

인터넷 온라인 교수의 기본이 되는 이론으로 구성주의를 들 수 있다.[25] 구성주의는 행동주의 교육에 대한 반성에서 출발하여 인간 존엄성이 무시되는 교육을 극복하고자 하였다. 이것은 지적인 행동이 반복수행에 성취될 수 있다는 일반적 관념과 종교를 대치한 과학이 절대적 진리에 이르는 길로 과장되어 제시된 것에 대해 회의를 가지면서 이에 대한 대안을 제시한 이론이다. 여기에는 개인적 구성주의와 사회적 구성주의가 있다. 개인적 구성주의는 구성의 주체가 개인으로, 이들에게 있어서 지식은 감각기관이나 의사소통에 의해 수동적으로 받아들여지는 것이 아닌 능동적으로 구성된다.

25) 김명숙, "인터넷 온라인교육(e-learning)과 기독교교육: 이론적 배경과 기대효과", 강희천 외 10인, *op. cit.*, pp. 85-89.

이때 인지는 생물학적 의미에서 적응의 기능을 한다. 한편 사회적 구성주의에서 구성은 사회에서의 합의와 의사소통을 통해 이루어진다. 과학만능주의, 인간에 대한 생물학적 접근에의 반성에서 초래된 이와 같은 신(新)인식론은 진리란 외부세계의 상태나 사상들을 그대로 반영하는 것으로 간주하던 기존의 개념을 유용성(viability)이라는 개념으로 대치하였다. 구성주의자에게 있어서 개념, 모델, 이론 등은 창출되는 맥락에 적절하다고 입증될 때 유용하다고 할 수 있다.

구성주의적 학습은 개인의 사회적 경험에 의거하여 개인적으로 지식이 구성된다는 것, 인지적 충돌이나 갈등은 오히려 학습을 자극하며 학습의 내용과 구조의 본질을 결정하는 주요 요인이 된다는 것, 그리고 지식은 사회적 관계 속에서 협상되고 평가되고 성장하기 때문에 사회적 환경은 지식발달에 영향을 미친다는 것이다. 이와 같이 학습은 사실의 기억이라기보다는 의미의 구조화이다. 구성주의적 학습을 위해서는 학습자의 능동적 참여가 보장되어야 하고, 학습자 입장에서 중요하고 의미 있는 과제와 문제가 제시되어야 하며, 학습자가 학습과정에서 통제권을 확보해야 한다. 또한 다양한 대안이나 관점을 허용하는 실질적인 과제 또는 학습 환경이 제공되어야 하고, 협력학습 환경 조성과 학습자 자신이 구성한 지식이나 의미를 명료화하거나 표현하는 기회가 제공되어야 하며 학습자의 사고를 지원하고 확장시킬 수 있는 학습 환경이나 도구가 제공되어야 한다.[26]

이러한 구성주의적 요건은 전통적 교수현장 안에서 활용되기엔 어려움이 많이 따른다. 전통적 교수 현장에서 학습자의 능동적 참여가 어느 정도 보장된다고 하더라도 학습자 입장에서 중요하고 의미 있는 과제와 문제 제시가 용이하지 않다. 또한 학습자가 학습과정에서 통제권을 확보한다거나 다양한 대안이나 관점을 허용하는 학습 환경 조성은 대단히 어렵다. 왜냐하

26) 강숙희, "지식창출 도구로서의 교육정보 서비스 망의 활용: 구성주의에 입각한 활용 사례들을 중심으로", 《교육학연구》 Vol. 38, No. 1 (2000), pp. 207-234.

면 전통적 교수는 시간과 공간의 제약을 받기 때문이다. 이러한 제약은 다양한 의견을 광범위하게 고려하여 수업을 진행하는데 대단히 큰 걸림돌이 된다. 그런데 온라인 교육 혹은 가상적인 학습공동체는 이와 같은 제약을 극복할 수 있다. 온라인 교육은 교육 자료를 기반으로 학습자 중심의 교육 환경을 제공할 수 있다. 또한 웹이라는 가상공간에서의 맥락이나 실제적 활동상황과 관련된 학습이 가능하게 만들 수 있다는 점에서 구성주의 교육관을 실현할 수 있는 적합한 장이 될 수 있다.[27]

인터넷 교수의 효과

인터넷 교수의 효과는 경제적, 사회적, 정서적인 면에서 생각해 볼 수 있다.[28]

첫째, 경제적 측면에서 인터넷 교수는 동일한 교육환경을 제공하여 저비용으로 고효율을 가능하게 한다. 인터넷 교수를 시작할 때 초기 비용이 들지만, 장기적인 관점에서 인터넷 활용은 저렴한 비용으로 가능하다. 또한 수많은 학습자를 대상으로 온라인 교육이 가능하며 교육 자료 갱신이 용이하다는 것도 장점이다.

둘째, 사회적 측면에서 인터넷 교수는 교수-학습자 간 상호작용의 도구를 통해 다양한 의사소통 통로를 제공하는데, 이러한 도구들로는 화상교육, 채팅, 멀티미디어 게시판과 토론방, 문서 첨부가 가능한 전자메일과 전자 게시판 또는 쪽지, 그리고 링크기능을 가진 게시판과 웹문서 등이다. 또한 인터넷 교수는 협동학습이나 소그룹학습의 기반을 제공하며 또래 집단 상담기능을 제공한다. 예컨대 실시간 의사소통이 가능한 대화방 서비스나 비동시적 의사소통을 위한 게시판 서비스를 통해 다수의 학습자가 소그룹

27) 김명숙, *op. cit.*, p. 87.
28) *Ibid.*, pp. 90-100.

을 형성하고 그 소그룹 안에서 협동학습을 할 수 있게 한다. 그리고 사회적으로 고립된 층을 상대로 은밀한 상담과 만남의 장을 제공할 수 있다. 한편 광범위한 지식을 인터넷을 통해 공유할 수 있으므로 무한한 정보 제공 기능을 감당할 수 있다. 그리고 인터넷은 모든 지역을 연결하기 때문에 교육의 혜택을 받지 못하는 낙후된 지역에도 양질의 교육프로그램을 제공할 수 있는 장점이 있다.

셋째, 정서적 측면에서 인터넷은 성향, 직업, 신앙 유형별로 그룹을 형성할 수 있어서 온라인 수업에서 괴리감을 해소할 수 있고, 그룹 형성에 따른 학습 동기의 유발과 유지를 용이하게 하는 장점이 있다.

4. 성경교수에 있어서 인터넷 활용

일반적으로 교수(teaching)는 교사와 학습자, 교육내용, 교수매체, 교육환경이라는 구성요소들 사이의 상호작용으로 이루어진다. 여기에는 컴퓨터, 프로젝트, 텔레비전, 비디오, 실물투사기 같은 매체가 유용한 수단으로 활용된다. 여기에 인터넷이란 도구가 등장하여 기존의 수업은 웹을 기반으로 하는 수업 형태로 전환되고 있다. 웹을 기초로 효과적인 성경교수를 하기 위해서는 수업의 여러 요소들이 유기적으로 결합되어야 한다. 인터넷을 통한 성경교수는 수업전략 수립, 오프라인 수업, 개별수업, 수업평가로 구성된다.[29]

수업전략 수립은 수업을 시작하기 전에 개발된 매체 안에 단원학습방, 심화학습방, 개별화학습방, 수업게시판, 참고자료실, 자가진단방, 자유토론방, 채팅룸, 검색엔진과 같은 부분들이 제대로 갖추어졌는지 확인하고 각

29) 손원영, "디지털 환경의 웹기반 공과수업", 강희천 외 10인, *op. cit.*, pp. 145-152.

각의 방에 맞는 내용을 올리는 단계이다. 단원학습방에는 성경공과의 각 단원을 소개하고, 관련 자료 및 사이트를 링크시켜둔다. 심화학습방에는 보충자료를 올리고, 개별화학습방에는 수준별 보충학습 자료를 올린다. 수업게시판에는 학생들에게 고지할 내용이나 과제물을 게시한다. 참고자료실에는 학습에 도움이 될만한 자료를 파일형태로 올리고 정보화, 문화, 컴퓨터, 기독교 관련 사이트를 링크시킨다.

오프라인 수업은 웹을 기초로 진행하는 단계이다. 이것은 실제 만나서 이루어지는 성경교수 시간에 해당한다. 숙제를 확인하고 웹에 올려진 학생들의 글 중 임의로 몇 개를 선별하여 토론하는 것으로 수업을 시작한다. 수업은 이미 수업전략 수립 단계에서 올려진 단원학습, 심화학습, 개별학습 내용을 적절하게 제시하면서 이루어진다. 그리고 해당 수업의 적용을 내리고 마무리한다.

개별학습은 성경교수 이후에 학생들이 사이버 공간에서 이루어지는 단계이다. 학생들은 수업게시판을 열람하고, 학습목표를 읽고 자가진단방에 기록하며 스스로 학습 후 효과를 진단한다. 단원학습방의 내용을 스스로 학습하고, 심화학습방, 개별화수업방의 자료도 활용한다. 자기 학습을 통해 해결되지 않은 부분은 자유토론방에 올린다. 또한 채팅을 통해 실시간 상호작용을 한다.

수업평가는 진단평가, 형성평가, 총괄평가를 균형 있게 활용한다. 여기에는 온라인상의 수업 평가와 오프라인상의 수업 평가가 적절하게 이루어져야 한다. 매 주일에 이루어지는 성경교수의 경우에는 수업평가가 짧은 공과 시간 내에 이루어질 수 없다. 그러므로 인터넷을 활용하여 충분한 평가를 갖도록 한다. 그리고 수업평가 내용은 발전적인 방향으로 성경교수에 적용한다.

이상으로 사이버 시대의 등장 배경과 사이버 공간에 대한 조망으로부터 인터넷 교수와 인터넷을 활용하는 성경교수에 대해 살펴보았다. 사이버 시대는 복합적인 디지털 기술의 발달로 급속도로 확산되었고, 특히 초고속 통신망의 발달로 현대 사회에서 하나의 문화로 자리 잡았다. 디지털을 활용하는 N세대는 쌍방향적인 대화에 익숙한 세대이다. 그러므로 성경교수에서도 과거의 아날로그적 방식이 아니라 쌍방향적인 교수방식이 요청된다.

디지털의 발전은 경제적, 사회적, 정서적 측면에서 많은 유익을 가져왔다. 그러나 한편으로는 인터넷의 급격한 발달이 가져오는 폐단도 많이 지적되고 있다. 정보의 과잉은 근거 없는 정보를 양산하고, 거기에 책임을 지지 않는 비윤리적인 상황을 심화시킨다. 또한 가상현실을 실제처럼 인식하므로 진정한 인격적 만남을 상실하게 된다. 또한 인터넷은 사회의 부정성과 타락상을 어린이로부터 모든 계층에 그대로 유포하므로 심각한 도덕적 폐단을 일으킨다. 인터넷은 기업들 간 과열 상거래를 부추긴다. 이처럼 사이버 문화는 유용성도 크지만 그에 상응하는 문제점도 크다는 점을 인식해야 한다. 그러므로 인터넷의 문제를 신중하게 고려하면서 그 유용성을 적극 활용하는 지혜가 성경교사들에게 요청된다. 교사는 인터넷을 활용하여 새로운 세대를 이해하고 흡수하는 노력과 함께 인터넷에 대한 비판적 성찰을 통해 절대불변의 진리인 성경을 바르게 가르치는 일에 주력해야 할 것이다.

✤ 학습 문제

1. N세대의 의미와 대화의 특징에 대해 말해 보라.

2. 사이버 공간에는 어떤 요소들이 있는가?

3. 인터넷 교수의 효과에 대해 생각해 보라.

4. 인터넷을 활용하는 교수방안을 구상해 보라.

〈읽을 거리〉

강희천 외,《디지털환경과 기독교교육》, 서울: 나남출판, 2002.

김영한 외 8인,《사이버문화와 기독교문화 전략》, 서울: 쿰란출판사, 1999.

마크 스미스, 피터 콜록 편,《사이버공간과 공동체》, 조동기 역, 서울: 나남출판, 2001.

오정현,《인터넷목회》, 서울: 규장, 2001.